杏 坛 学 术 论 丛

丛书主编 姜红

政府、市场、媒体及其他

新闻生产中的力量博弈

芮必峰 著

中国传媒大学 出版社

·北京·

图书在版编目(CIP)数据

政府、市场、媒体及其他：新闻生产中的力量博弈/芮必峰著.—北京:中国传媒大学出版社,2018.1

(杏坛学术论丛 / 姜红主编)

ISBN 978-7-5657-2110-6

Ⅰ.①政… Ⅱ.①芮… Ⅲ.①新闻工作—研究—中国 Ⅳ.①G219.2

中国版本图书馆 CIP 数据核字(2017)第 198949 号

杏坛学术论丛

政府、市场、媒体及其他:新闻生产中的力量博弈
ZHENGFU、SHICHANG、MEITI JI QITA:XINWEN SHENGCHAN ZHONG DE LILIANG BOYI

著　　　者	芮必峰
策 划 编 辑	司马兰　姜颖昳
责 任 编 辑	司马兰
特 约 编 辑	刘　英　魏　征
封 面 设 计	拓美设计
责 任 印 制	阳金洲

出版发行	中国传媒大学出版社		
社　　　址	北京市朝阳区定福庄东街 1 号	邮编:100024	
电　　　话	86-10-65450532 或 65450528	传真:010-65779405	
网　　　址	http://www.cucp.com.cn		
经　　　销	全国新华书店		
印　　　刷	北京玺诚印务有限公司		
开　　　本	787mm×1092mm　　1/16		
印　　　张	14.75		
字　　　数	194 千字		
版　　　次	2018 年 1 月第 1 版　2018 年 1 月第 1 次印刷		
书　　　号	ISBN 978-7-5657-2110-6/G·2110	**定　价**	58.00 元

总　序

新媒介形态下新闻传播学话语体系的转型

2015年5月,习近平总书记在哲学社会科学工作座谈会上的讲话中指出:"发挥我国哲学社会科学作用,要注意加强话语体系建设。"而关于如何建设哲学社会科学的话语体系,习总书记强调:"要善于提炼标识性概念,打造易于为国际社会所理解和接受的新概念、新范畴、新表述,引导国际学术界展开研究和讨论。"

马克思在《资本论》中说过,"手推磨产生的是封建主为首的社会,蒸汽机产生的是工业资本家为首的社会"。表达的是技术自主性的思想,显示了技术造就社会制度变革的伟大力量。今天,技术正在改变时代和社会。在一浪赶一浪的新技术浪潮中,互联网无疑是当今时代最耀眼的明星。马化腾称:"今天我们把互联网定义为一种信息能源,就像当时的蒸汽机和电力一样。"①

传统新闻传播学所使用的很多概念,大多是现代性背景下结构功能主义研究范式的产物。在后现代背景中,尤其是在互联网造就的"媒介化社会"中,已经越来越脱离今天的媒介实践,越来越缺乏对媒介现象的解释力。当下中国的新闻传播学,亟须进行一场话语革命和范式革命。

一、学科视野的调整:从"内卷"到"开放"的新闻传播学话语体系

新闻传播学的话语体系重构,首先需要调整研究视野,从传统相对封

---

① 选自马化腾在"2015'互联网＋中国'峰会"上的演讲,见 http://www.tmtpost.com/229957.html。

闭的视野转向开放的视野。这种视野的开放包括三个层面的含义:跨学科、本土化和创新。

第一,跨学科的研究视野。李金铨教授在《传播研究的典范与认同》一文中,提醒新闻传播学研究应警惕"学术内卷化"(involution)。在他看来,所谓"学术内卷化"是指"学者抱住一个小题目在技术上愈求愈精,眼光愈向内看,问题愈分愈细,仿佛躲进自筑的一道墙,得到心理安全,拒绝与外界来往的压力,其结果是不但忘记更大的关怀,更阻碍思想的创新"。这导致传播学研究成果丧失了"公共性",而成为学苑内部的嬉戏。为此,李金铨特别告诫中国传播学研究者:"中国在引进传播学的过程中应该以开放的视野取精用宏,而不是出于短视或无知,只局限在简单的层次和粗糙的面向。"①而沃勒斯坦早就提出"开放社会科学"的命题,他认为"对社会科学知识所做的鲜明的制度性区分具有相当大的人为性"②。

开放社会科学带来学科的多元化和包容性。并没有画地为牢的"新闻学""传播学",新闻传播学科必须与其他学科交融互动。此外,学科也要有一定的边界,只不过这个边界是流动的,动态发展的。互联网的精神是开放、沟通、连接一切。因此,今天的传媒研究绝不可能偏居一隅,在狭小的空间中做孤芳自赏式的研究。其他学科的视角不断给新闻传播学提供新鲜的话语资源。比如对技术的认识,从技术哲学的视角,能看到更深刻的东西;对网络空间、网络事件的认识,社会学和政治学的视角必不可少;而舆论和舆情的研究,通过计算机的大数据挖掘则可以更加准确地把握。

第二,学科话语的本土化视野也是学科开放性的应有之义。沃勒斯坦发现:"十九世纪在欧洲和北美建立起来的社会科学是欧洲中心主义

① 李金铨. 传播研究的典范与认同[J]. 书城,2014(2):51-63.
② 华勒斯坦,等. 开放社会科学[M]. 刘锋,译. 北京:三联书店,1997:41.

的。"①"这种发源于英、法、德、意和美国的 19 世纪社会科学学科的知识范式,是与欧美势力在世界扩张的同时发展起来的。特别是在战后初期美国霸权宰制和世界经济急促增长之下,这种带欧洲中心视点的社会科学学科范式更大规模地在世界各地扩散,成为欠发达国家的学术体制正统模式。"②不仅社会科学的学科范式带有欧洲中心主义的视点,新闻传播学的学科范式也打下了鲜明的西方烙印,特别是美国烙印。以实证主义经验研究为特色的美国传播研究话语体系在输入中国后影响甚广,议程设置(agenda setting)、知识沟(knowledge gap)、使用与满足(uses and gratifications)、沉默的螺旋(spiral silence)、涵化(cultivation)、创新扩散(diffusion of innovation)等概念,构成了传播学科知识地图上的主流话语。

但是,任何一种话语、概念、理论,从一种文化背景进入另一种义化,都要经历一个注定要投"第二胎"的过程,一定会产生"话语折变"。比如"舆情"这个概念就比"舆论"(public opinion)带有更浓厚的中国特色和问题意识;"新闻舆论"也比"新闻宣传"更适合描述当下以互联网为主要阵地的话语场。本土化的概念转换,恰恰是从问题出发,针对本土问题进行学术回应的方式。

第三,构建开放的新闻传播学话语体系,还需要有创新的视野,有对新语词、新概念的宽容和接纳。旧话语无法命名新事物和新现象,这种命名的痛苦,往往发生在范式转换的过程中。所以,海德格尔创造出"座架"这个词来命名和隐喻现代技术。当下的新闻传播实践比学术界更直接面对新技术革命和新传播革命,很多新概念是他们创造出来的。有些概念经过积淀,进入新闻传播学的话语体系,比如"民生新闻"是电视工作者命

① 华勒斯坦,等 . 开放社会科学[M]. 刘锋,译 . 北京:三联书店,1997:55.
② 华勒斯坦,等 . 学科·知识·权力[M]. 刘健芝,等,编译 . 北京:三联书店,1999:3.

名的概念,经过十多年的实践操作和理论研讨,早已被学界普遍认可。今天的"自媒""融媒""浸媒""智媒"等,只要不是概念炒作,即使不严谨不准确,学术界也应该宽容以对。因为,这些新词是创造严谨的学术话语的源头活水。

二、研究领域的拓展:从"事"到"人"的新闻传播学话语体系

中国新闻传播学科早在 20 世纪 70 年代末就有过"人学"与"事学"的讨论,这场讨论的热度仅次于"新闻有学无学"的论争。传统的新闻传播学的话语体系,的确是以"事"(信息)为中心的,而非以"人"(关系)为核心的。在这个"事学"系统中出现的"人",往往只见组织不见个人,只见共性不见个性。互联网将个性化的人的自由表达空间充分展现,人的身份认同、自我展演、网络增权等都成为可能,而学界似乎还没有适应这种骤然而来的"人的解放"。

马克思将社会形态的演进即人的解放进程,概括为从"人的依赖关系"到"以物的依赖性为基础的人的独立性"、再达到"自由个性"的辩证历史过程。[①] 所谓以"人"为中心的话语体系,应该是研究新闻传播如何促进人的"自由个性"的实现,将"为人"视为一切行动的出发点和归宿,尊重人的价值,维护人的权利,实现人的全面发展。

在这一条件下,首先需要重新思考媒介与人的关系。喻国明教授认为,对于"个人"为基本社会传播单位的赋权与"激活"是互联网对于我们这个社会的最大改变。[②] 从组织化、机构化的专业媒体在传播场域中的一家独大,到如今个体化和组织化并存的传媒格局,组织在逐渐坍塌,个人在不断崛起。这个过程虽然还有待进一步观察,但"人"的命题被凸显

---

① 马克思.经济学手稿[M]//马克思恩格斯全集(第 46 卷上),北京:人民出版社,1979:104.
② 喻国明,等.互联网是高维媒介:一种社会传播构造的全新范式——关于现阶段传媒发展若干理论与实践问题的辨正[J].编辑学刊,2015(4):6-12.

出来,人与媒介的关系成为我们这个学科回避不了的中心问题。

出现在传统新闻传播话语体系中的人,要么是组织化的人、职业的人,由此而生成的研究是有关记者的研究,新闻专业主义研究,职业伦理研究,等等;要么是被动的人,比如受众的研究,离不开一个"受"字;要么是理性的人,有关"公众""公共领域"的研究常常言必称哈贝马斯……可是,在网络空间里出现的人,可能是非职业化、非组织化、非理性化的个人。在网络中"可见"的不仅是大多数人的理性观点,也可以是每个人的"自由言说"和情感表达;不仅是触及社会群体利益的"公共事务",也可以是基于个体利益诉求的"个人事务";不仅是大众媒介的"专业表演",也可以是个人充分设计的"自我展演";不仅是某种明确的话语表达,也可以是难以名状的情感、情绪和态度。我们常常引用麦克卢汉的经典论述"媒介是人的延伸",在今天的时代,更需要探讨另一个命题,即"人是媒介的延伸",以及"人如何成为媒介的延伸"。

此外,需要重思人与人的关系。由于机构化、组织化的媒体太过引人注目,人的交往和沟通在传统的新闻传播学科体系中不占主流,网络让个体化的人重新被发现。让·吕克·南希在《无用的共通体》一书中对我们过去一直使用的"community"一词进行解构,所谓"community",过去一直被翻译成"共同体",而南希认为,"共同体"的前提是要有一个"基础或者本原:一个上帝,一种自然本性,一种天分,一个帝国统治权,一个天国,一个民族,一个国家,所有这些'东西'都自为地预设了'一',统一和坚固,都实体化地能够对次级事物进行规定"①。共同体的预设是基于存在某种所谓的一致性的前提,当这种一致性的前提丧失或不那么稳固之后,共同体很难维系。在反基础主义的前提下,南希提出了"共与"的思想,即"在共通之中存在",他认为"共通体是对分离(或削减)的呈现,是对这种

---

① 南希. 无用的共通体[M]. 郭建玲,等,译,郑州:河南大学出版社,2016:9.

区别的呈现,而这种区别则不是个体化,而是在共显着的有限性"。①

意大利哲学家埃斯波西托在《共通体:共同体的起源与归宿》一书中,从词源学意义上考察了共同体的概念,认为共同体与个体之间是一种互相给予的关系。古代共同体被认为是人追求更好生活的方式,现代意义上的共同体则成为通过契约形成的人工构建物。② 人们在交流中获取信息的同时,更多的是体认和共享一种生活方式、一种仪式、一种文化、一种与族群、社区、共同体的精神沟通。

这种关于人的关系的研究,虽然还刚刚开始进入新闻传播学科,但扩大了新闻传播学的研究版图,丰富了学科内涵,更为人文社会科学的研究贡献了有价值的问题。

三、话语模式的转换:从"线"到"网"的新闻传播学话语体系

新闻传播学的话语体系创新,需要话语模式的转换。从传统的以"报学"为中心的理论体系,转向以"网学"为中心的体系;从"线性"的话语模式转向"网状"的模式。

报纸是现代性背景下的典型产物,因为办报纸的人拥有对信息的独占性和垄断性,所以报纸是传播媒介,不断地进行一点向多点、组织向个人的信息撒播。此后的广播和电视虽然分别诉诸听觉和视觉,但并没有改变这种一点传向多点、组织传向个人的传播格局。这种格局和媒介本身与现代性的高度理性化、制度化、精英化的时代特征是联系在一起的。报纸的使命是启蒙,自上而下呈现的是被办报的精英们把关过的,处理过的完整的世界。在报纸的时代,信息是稀缺资源,掌握信息就能把控世界。

---

① 南希. 解构的共通体[M]. 郭建玲,等,译,上海:上海世纪出版集团,2007:53.
② ESPOSITO. Communitas:the origin and destiny of community[M]. translated by Timothy Campbell,San Francisco:Stanford University Press, 2010.

　　这种线性传播体系为新闻传播研究展开的问题域就是：如何传播信息以让受众接受。切特罗姆发现，20世纪40年代，不同研究团体所做的"大众传播研究"备忘录提出的"四个询问性的题目——谁，说了什么，对谁说，产生什么效果——变成界定美国传播研究的范围和问题的主导范畴。""传播的行为科学限制在一个相当狭窄的模式里，它把传播解释为基本上是个说服的过程。"①在此种问题域中，新闻传播学的话语体系最典型的就是拉斯韦尔的"5W"模式：谁，传什么，对谁，通过什么媒介，取得什么效果。"传者""信息""受众""效果"等关键词基本上构成了新闻传播学教科书的经典模式。

　　网络的出现，尤其是移动互联网的普及，带来了革命性的变化。移动互联网本身已经成为一种生活方式，而不仅仅是一种媒体。无论微博、微信、直播、弹幕，移动互联网的信息方式是碎片化的，即时性的，充分交互的，没有报纸那般严整的集纳性。这是典型的后现代生活方式：去中心化、多元、小社区、互动。互联网技术的逻辑是一个网状信息系统的展开，个人可以和机构一样，平等参与分配信息，共同分享信息，实时交互讨论。

　　"网"的话语系统和"线"的话语系统的重要区别在于：线性模式是相对中心化的叙事，媒介与受众并非平等的关系，媒介对受众进行信息传播的目的是控制。而网状模式则在某种程度上颠覆了"传"和"受"的关系，强调的是沟通、互动、协商、共享，话语结构日益多元化。

　　从过去以信息为主导的单向度的话语模式，进入当下以生活方式为主导的多向度的结构模式，随之而来的是一系列的变化：传者的角色，从记录转向参与；新闻生产的过程，从专业化、封闭、后台化，走向去专业化、开放、前台化；新闻传播的文本，从静态的、完整的大叙事，裂变成动态的、

---

① 切特罗姆. 传播媒介与美国人的思想——从莫尔斯到麦克卢汉［M］. 曹静生，黄艾禾，译，北京：中国广播电视出版社，1991：142.

多方参与的、碎片化的小叙事;媒介本身,从精英化的,似乎需要正襟危坐进行阅读的纸媒,迅速替换成无处不在、无时不在、移动互联的手机;受众,从过去的"受"众,到"参"众,再到"用户"……这一切,都有待我们进一步展开深入的研究。

四、研究进路的探索:从"文本"到"实践"的新闻传播学话语体系

曾几何时,新闻传播学科的研究中,"文本"分析、内容分析占了上风,我们学科发表的不少论文都是针对静态的内容和文本的研究。媒介呈现、框架分析、话语分析、叙事研究等成为大量硕、博士论文的选题和研究方法。而与此同时,当代社会科学正在悄悄发生着一场"实践转向"。

美国社会学家西奥多·夏兹金认为:"当命名最为一般的社会事物时,思想家过去所谈论的就是'结构''系统''意义''生活世界''事件'和'行动'。如今,许多理论家给予'实践'以可相提并论的荣耀。实践的不同所指有待于当代不同学科的学者去研究。"[①]而作为一场"确定的思想运动","实践领域是一个研究诸如力量、知识、语言、伦理、权力和科学这类现象的场所"。[②]

从马克思的实践观,到布尔迪厄的实践社会理论,再到当下的"实践社会学",实践进路是一个打破主客两分二元对立的思维方式,以及超越静态的结构—制度分析的重要途径。

静态的文本研究,比较适合针对传统媒体所生产的内容进行研究。因为在传统媒体时代,新闻报道对社会的影响不是明显的、即刻的、变动的,封闭的报道体系对事件和社会的影响可能要很长时间才能看到,而且,被精心选择过的新闻内容很难马上与社会之间形成互动。所以,新闻文本是以相对静止、孤立和断裂的形态呈现。新媒体时代,静态的文本变

---

① 夏兹金,等.当代理论的实践转向[M].柯文,石诚,译,苏州:苏州大学出版社,2010:1.
② 夏兹金,等.当代理论的实践转向[M].柯文,石诚,译,苏州:苏州大学出版社,2010:16.

成流动的文本,不仅网络媒体和传统媒体之间不断形成互动关系,而且,网络这个虚拟空间也不断和现实空间形成互动关系,传播实践和社会实践也会发生互动,常常让一件小事从线上走到线下,变成一场"社会运动"。我们无法再用以往静态的、封闭的观念来看待媒体事件与媒介文本。正如詹姆斯·凯瑞所说:"从仪式的角度看,新闻不是信息,而是戏剧(drama)。它并不是对世界的记述,而是描绘戏剧性力量与行动的舞台;它只存在于历史性的时间中,在我们假定的、常常是替代式的社会角色基础上,邀请我们参与其中。"①

以传统新闻学的关键词"事实"为例,报纸这种媒体的性质决定了报纸上的新闻是一次性的、线性传播的、偏于静态的,报纸的版面有限,决定了新闻的呈现更多是"事实"而非事件发展过程。而互联网所呈现的新闻很少是一次性的、单一视角的、静态的。互联网上的新闻是动态发展的,事件的后续进展如何、公众的关注如何、社会情绪如何,共同推动事件向前发展。所以,作为"事件"的新闻,而不是作为"事实"的新闻,更加接近当下社会的新闻生产实践和话语实践。

结语

格尔茨在《文化的解释》中曾经引用马克斯·韦伯的比喻"人是悬在由他自己所编织的意义之网中的动物",说明"所谓文化就是这样一些由人自己编织的意义之网。因此,对文化的分析不是一种寻求规律的实验科学,而是一种探求意义的解释科学"。② 所谓语言也是人自己所编织的意义之网。如果把话语、概念看作意义之网的网结,那么,对事物的"命名"就是至关重要的,这件事情直接关系到让事物"是其所是"。就像海德

① 凯瑞. 作为文化的传播[M]. 丁未,译,北京:华夏出版社,2005:10.
② 格尔茨. 文化的解释[M]. 韩莉,译,南京:译林出版社,1999:5.

格尔说的,不是人在说话,而是话在说人。① 话语体系之所以重要,因为不同的话语体系会敞开不同的研究"视界"。

今天,我们对新闻传播学话语体系的反思与重构,某种程度上来自互联网带来的"新传播革命"的倒逼,当互联网这张"人类之网"让所有人都身处其中无法逃脱的时候,当我们认识到互联网"是一种重新构造世界的结构性力量"②的时候,重新思考人的生存处境,学科的生存处境,就不是一件无足轻重的事情。

本套丛书命名为"杏坛学术论丛",其立意有二:一者安徽大学新闻传播学院门前有一个"杏坛广场",每年三月杏花如雪,六月杏儿满枝,是学校的一道风景;二者杏坛是传说中孔子聚徒讲学之地,也是道家修炼之所。杏坛之谓,既是自喻,也是自勉,希望我的同事们择定自己的学术之路精进向前,希望安徽大学新闻传播学院的学术之树繁茂丰盛,成为中国新闻传播学研究的一道风景。

姜 红

（安徽大学新闻传播学院院长,

教授,博士生导师）

---

① 海德格尔.语言[M]//海德格尔选集(下),孙周兴,选编,上海:上海三联书店,1996:983.
② 喻国明.互联网是一种高维媒介[J].南方电视学刊,2015(1):15-17.

目 录

序

"人活到了这个年纪,还活不明白?"这是近几年芮必峰和我说的最多的。这作为一种警醒和自省,很好,但其实际逻辑却不通。我们总是说"老糊涂""老懵懂",从没有听说过有"老明白"的,人老了就是老来疯。的确,现在倚老卖老,紧攥着手头以往的那点资本,表示权威依旧的是越来越少,更多的则是另外一种情况,就是觉得从今往后可以脱离之前的一切,以过来人的坦然,专注自己的生活:或打坐修炼,或写字作画,或留恋于钓台,或采菊在东篱,此种优哉游哉,比之前者,自是"明白"了不少。问题是偏要握着手机,左映右照,随时随地展播自己的种种超然和洒脱,其狂人比之年轻人有过之而无不及。这就好比是门虽设而敞开,有意无意折腾自己来吸引他人关注,说到底还是地可偏而心难远,可着劲要聊作少年狂。芮必峰出书就有点与此相仿,故意来事。现在书的出版,简直就像是下饺子,扑腾扑腾往市面上扔,没有谁当成什么事。再者说,像他在高校呆了那么多年,早已是著名了且又自然而然混成了资深,对于自己所写的长长短短,心里还不是镜子般明亮,又何需他人隔靴搔痒?我建议他按照一般做法,写个跋自行了断便好,可他非要我捉笔弄几句不可。我明白,他并不在意我说什么,到了这个年龄,已经无从计较,不过是找个人陪绑,图个好玩热闹罢了。不循常规,正可衬托与众不同。齐美尔就说过,现代都市的人厌烦了单调的标准化的灰色生活,总是要生出一些与别人不一样的醒目形式,引诱他人注意。这种现代都市病,应该是没有年龄界线的。多年友情,我也乐意成全他的这个意愿。好比他老来得子,希望我们这些做叔叔伯伯的出出场,唱个赞道个喜,兴致上来吼几句打油诗什么的，并没有什么过分，不能推脱。

当然也不只如此。正儿八经说起来，这书见证着我与他之间某些有趣的关系，这也是他要我写序的一个理由。芮必峰上大学比我早，后来却阴差阳错与我这个低级生同窗了一年。那是在1983—1984年，我们一起参加了中国人民大学的助教进修班，同时接受新闻学的启蒙。离开中国人民大学后，我们各自回校做老师。好像是隔了不多久，他又进了复旦大学的助教进修班，在上海再回一次锅。记得就在那年的中秋节，他还特地从上海到杭州，我们同在西湖边草地上赏了一回月，好在老天也帮忙。经过如此这般的"双料蒸煮"，他很长时间都安分守己在安徽大学做老师，后又当院长领导这个学院，干得兴致勃勃也颇有成绩。如今已记不清是哪一年，他突然要来复旦大学念个博士。我大吃一惊，实在不解他为何多此一举。当他真的顶着个教授头衔坐在复旦大学教室里当"老童生"时，我已由浙江到了上海，站在复旦大学讲台上手舞足蹈几年了。按现在的时髦说法，我与他的关系发生了断崖式变化，本来的同学却突然有了师生的名分。不仅如此，在他苦读三年跃出"龙门"时，我很荣幸地坐上了答辩委员的席位，亲见亲历他最后答辩的整个过程。现在准备出的这本书，就是他当年的博士论文。这种弯弯绕绕的"乱伦关系"，足见人的一辈子有着太多的不可捉摸，种种机缘说不清道不明，事后看过去常常令人不可思议而又充满回味。好像是列宁说的吧，人生的关键之处往往只有几步路。话是千真万确，问题我们都是凡夫俗子，不是盘坐莲花的佛祖，事先哪能算得到什么是关键，也不可能明了哪几步恰好踩准了点。再者说，什么是关键呢？恐怕也很难有一个统一的标准。一个人是如此，一份报纸一个机构也是如此。我之所以对中国报刊史那种从目的论出发的宏大叙事不以为然，也不全因为后现代史观的影响，本就与自己的生活体验不符。

这一点想法，倒与芮必峰的思路相符。他的论文也不是要证明中国新闻生产是沿着一个特定的不证自明的轨迹，相反，是要从知识、行动、结构等因素入手，来揭示中国新闻生产场域所具有的复杂关系及其独特性，扭转那种十分流行而又十分简约化了的用某一现成模式为定论的做法。在我印象中，这个选题应该来自他当时已经获得的一个国家社科项目，他还曾为此踌躇了一番。他原本是雄心勃勃，打算课题归课题，博士论文再另作一篇的。记得他与我讨论过，我泼了他一盆凉水，力主就以社科项目为选题，不要犯通常都有的博士生幼稚病，好像可以借此做出一番大事业，否则两个东西都做不好。三年时间听上去是不少，实际上能做的很有限，更何况他身兼职务，哪怕再努力超脱，也不可能不受牵制。不知道是我的话起了作用，还是他自己思来想去还是量力而行好，反正最后的结果是"从一而终"了。

现在来看，这个选题一点也不新鲜，甚至与媒介融合、全媒体之类的语境不搭，但在当时应该算是一个热门。在芮必峰之前，复旦大学就有两位博士以新闻生产为题，一是以《南方周末》为个案，另一个是以《南方都市报》编辑部为对象，而且还都是他的同门。或许是想与原有的做法有所切割，或者这就是他那个国家社科项目原本的设想，芮必峰是于制度性因素着眼，将新闻生产置于政治、经济、文化等所构成的一个整体而又动态的关系群落里，来展现媒介机构在其中的上下腾挪，寻求着自己的实践进取路径。在取向上，他是以现象描述为重，试图从经验层面来捕捉具体变化，从看似板结的地方发现断裂，从现实环境的变化来展示各种实用主义式的应对。由此，中国的新闻生产，既有其自身独特的传统和现实境况，也不是通常所看到的一成不变，更不可能九九归一，向着一个规定的方向。因而，根本无法也不能用一个既定的框框，尤其是西方的某个概念来一言以蔽之，而是要从中国本土实践出发，做出合适的评判和结论。

就像每一个人有自己的个性，学者也都有自己的学术癖性，而且是根植于个人的阅历、学识、思维方式及生活习惯，一旦养成，突破很难。芮必峰有着多年的新闻学教学和研究经历，和业界、宣传管理部门都有交往，新闻生产的实际情况多有了解，对那种落不下地的空头搬用多有反感。更关键的是，他和我一样，都是人文背景，长于描述和分析，并且很看重文笔，这对于非中文出身的人来说是很难理解的。至于社会科学那种从理论概念切入并又回到理论，就不太擅长而且也未必对胃口。正是因为如此，当他的论文可以用漂亮的笔调，细致描绘出新闻生产中种种丰富的表现及其独特性时，却也无法避免地陷入另一种难境。因为就研究而言，既然意在讨论几种具有不同力量的关系，就不能不首先对它们有一个理论上的确定和把握，并以此为尺度，立足经验性场域，来衡量它们在中国新闻生产过程中的不同表现和制约。缺少这样的依据，仅仅寄托于描述，不同力量的呈现尚能勉为其难，相互关系的展示则必定捉襟见肘，露出破绽，甚至会被质疑是出自写作者自己的主观所见。至于最后要在结论上做出一个超越描述的理论概括，大多也是心有余而力不足，虽然不妨可以提出一些思想性的建议。我现在越来越感到，做"关系"为题的论文很不讨巧。第一是轻重之间不好处理，太细了显得啰嗦，太粗了好像什么都没有说，或者说的都是早就明白的；第二是"关系"需要比较，既不能少掉其中一个，而且还不能太机械，否则显得生硬和死板。如此种种，其功力要十分了得才行。幸好芮必峰算是老骥伏枥，可以迎难而上，顺利完成自己的论文，但内中所体尝到的甘苦以及留下的遗憾，想必也是有"满腹辛酸泪"。这，还是留待他自己亲身来说吧。

现在想来，"同学"的称呼很有些意思，只是我们习以为常不太去琢磨。很早以前，《读书》杂志上有一篇谈同学的文章，题目就叫"同也不同，学也不学"，让我印象深刻。不过以我的体验，"同"还是有的，"学"则另当别论。所谓的"同"，就是曾经共同学习之难得经历；至于"学"，则完全是个人化的，不可能同也无需同。就拿我和芮必峰参加过的中国人民大学这个进修班来说，同学的来源背景很是复杂：既有像我一样刚刚出校门对新闻学一窍不通的；也有"文化大革命"前毕业于中国人民大学新闻系和北京广播学院,在新闻单位工作多年后再回高校的;还有几个是在中文院系里教了几年书的;更有个别虽然年轻,却已在新闻学术研究上崭露头角初现影响,各自经历不一,年纪相差很大,口音五花八门,看上去就像个大杂烩。但正是在共同"学"中,大杂烩成了一个亲密的群体。大家一起听课,一起拿着马扎开会、看球赛,课余还一起分头收罗资料,编纂了一本文献,以利回去各自方便备课,因为那会儿各个学校新闻学方面的材料几乎都是一穷二白,我至今还保存着这本东西。加上大家住在一层楼,常是串来串去,没大没小,嘻嘻哈哈。空余有练字的,哄吵着怂恿唱京戏的,一起打篮球的,还有下象棋的,赢了的得意,输了的不服,闹成一片。至于书生意气,又恰逢"拨乱反正""解放思想"的好时光,为国事、学问辩论争吵以致面红耳赤,也是家常便饭。库尔德利说得在理,媒介不是事物而是一个事件,正是因了芮必峰这本即将出版的书,牵扯出以往的种种记忆,这些"同学"的音容相貌重新一一浮现在我面前。可惜里面的几位是英年早逝,其中就有我们的班长和书记,两位碰巧都是姓肖。记得结业分手时书记肖(我们都称之老肖)再三叮嘱,让我们找个冬天去银川,他会亲手腌制好羊腿等我们,谁也想不到一别就无机会。人生如果真有紧要之处,应该就是这样一些经历所标记的吧。

同样是读书,当芮必峰来到复旦大学攻博,情形就远不是从前了,我都不记得两人有太多的交往。他在北区,我不住学校附近,地理不便可能是一个原因;博士生的课程安排与我的上课时间,应该也不合拍,难有相同的出现机会。还有一个重要的原因,芮必峰是在工作多年之后重做学生,如今有了难得的静心看书之机会,想必也是有分秒必争之意。记得几次偶尔碰到,他会提到最近又看过了什么,其中一些是他本来就想看而一直没有时间的大部头著作,这让他很兴奋,并且还再三推荐给我。当然了,由于芮必峰入学时在学术上就已名气不小,加上年纪偏大,又一直当领导,待人热情也喜欢好事,资格老镇得住,又能调解矛盾,给人出主意指方向，堪称一个"三好学生"——学术基础好、协调能力好、关系处理好，所以在他的年轻学友群中颇有威信，身边时不时围着向"老芮"请教的人，相信这让他感觉很好，现在的"同"自然也就取代了过去的"同"。这也没有什么奇怪的，喜"新"弃"旧"，得陇望蜀，本就是人之常情。可见"学"随"同"转，只有"学"，没有"同"是不行的。古训早就告诫，人是"性相近，习相远"的。对此，我倒是活"明白"了的。不过，这应该是另一个话头了，还是留着为他下一本书写序用，打住。

黄　旦

论文评阅意见

  论文通过检视影响新闻生产的主要社会力量,寻求一种适合中国国情、有利于新闻生产的"专业化制度空间",这种研究方向值得肯定。

  论文运用知识社会学的方法考察新闻生产的几项重要"社会权力"因素,试图建立一个更好的"人们能够得到良好信息"的新闻生产关系。论文选题难度大,学术价值高。

  论文提出了创新性观点,认为新闻生产的职业自治权应与政府(执政党)、市场和学界以及各种非政府组织为代表的社会权力共同组成"生产性"权力的"合力场";论文提供了新的研究视角,以马克思论述人类历史发展的"三大社会形态"为指导,认为要充分利用"市场"发展新闻生产力,改造传统新闻生产关系,限制"异化"的程度和范围;论文扩展了新的研究领域,分析了"宣传管理"中"统治技术"与"个人技术"之间的辩证关系以及"学习运动""宣传通知""命题作文",指出新闻生产也是新闻关系的再生产。

  论文说理性、思辨性强,闪烁着智慧的火花。该论文是一篇高水平的优秀博士学位论文。

——严三九

  对某些学者的一些观点的评述有新意且深刻。

  对准入制度的分析结合了新形势下的某些改革举措。

  这是一篇优秀的博士学位论文。

  首先是立意新颖、论证深刻,作者真正做到了以论述为主,以阐明自己的观点为主,以构建并论证自己的见解为主。而经过作者认真论证、阐述的观点,不仅有新意,而且站得住,并有相当的说服力。这对一篇长达十余万字的以论为主的论文来说,是难能可贵的。

其次是对国内外、专业内外相关文献的"吃透",在"吃透"的基础上有准确的评说和恰到好处的运用。这种刻苦与睿智共生的成果,不是一朝一夕所能完成的,说明作者有很好的理论功底、驾驭能力和文字水平。

再次是该论文不仅有理论价值,而且有重大的现实意义。

——童兵

论文将新闻生产过程视为一个有独特规律的社会生产活动,强调在尊重其规律的前提下平衡各方利益与关系,具有积极意义。

论文写作中对一些典型的新闻生产活动和具有影响力的研究成果的关照还不够全面。

该论文研究的是多年来困扰我国新闻传播实践和新闻学术研究的一个问题——新闻生产中各种社会权力的作用、关系和角力情况,表现出了作者敏锐的学术眼光和足够的学术勇气,也体现了一个学者应有的学术责任心和社会使命感。论文对我国新闻生产目前面临的集中社会制约因素的分析,对我国特殊的新闻生产环境和新闻生产制度的研究,均为新闻学研究中很少涉及或研究较为薄弱的内容,因而,表现了作者强烈的学术创新意识。论文提出的"通过检视那些影响新闻生产的主要社会力量,寻求一种适合中国国情、有利于新闻生产的专业化制度空间"的观点,为今后的新闻传播实践、新闻事业管理、新闻理论研究都有着积极的理论意义和现实的借鉴意义。

论文写作的学术作风端正,由作者独立完成,文中未发现政治性错误和学术作风问题。该论文达到了博士学位论文的水平。

——段京肃

新闻生产中的社会权力是一个涉及面很广的社会问题,并非纯粹的理论问题,若能结合业界新闻生产实践对各种社会权力进行清除的界定与分析,将会提升论文的实用价值。

该论文运用社会学原理与方法来考察新闻生产及其产品,并集中考察和分析了其中的几项重要"社会权力"因素,以期能寻求建立一种更好的新闻生产关系。命题集中,切口小,问题意识强,使论文选题具有一定的理论价值和较强的现实意义,这样的研究对社会进步与发展有一定的积极作用。

论文结构合理,概念清晰,文本规范,表述清楚、流畅。从选题、结构、行文及表达上来看,作者具有扎实的专业基础理论知识,有较强的独立从事科学研究工作的能力。

——盲审专家

论文从马克思关于三种社会形态的论述出发,谈论所有制与传媒市场化的关系,所提出的四点想法,很有理论高度,它对于进一步讨论中国目前的传媒所有制形式富有指导意义,惜论文出即止,大有未尽之意。

论文在"专业化的制度空间"讨论中提出的"其他社会力量",为读者提供了一个新的思考视角,富有启发性。它在建构新闻专业主义中怎样发挥作用以及发挥怎样的作用仍存在值得讨论的空间。

该论文以马克思和恩格斯的经典文献及理论思想为出发点,从社会学的视角,全面分析了当下中国新闻生产中政府、市场与媒体的关系,文章从"学习运动""宣传通知""命题作文"三个角度就我国宣传管理中"统治技术"和"个人技术"互动关系的讨论富有启发性;从马克思关于三大社会形态的论述出发推论市场化乃传媒发展之必经阶段,并提出积极利用市场化来改造新闻生产关系,具有很现实的借鉴意义。关于在新闻专业主义下,如何正确处理政治权力与媒体的关系的讨论也具有很强的针对性。

论文显示出作者具有很强的思辨能力和较强的理论建构能力，不时闪烁着思想的灵光。论文显示作者在该领域有着比较全面深入的思考，并且逻辑推理严密，引证也比较规范。

——盲审专家

摘　要

　　"新闻是人们了解世界的窗口","窗口展示的视野取决于窗口的大小、窗格的多少、窗玻璃的明暗,以及窗户的朝向是迎着街面还是对着后院" ①。塔奇曼这个形象的比喻是要说明新闻是被生产出来的,它受制于一定的"框架","媒介现实"不是真实的现实,而是媒介组织"制造"出来的现实。但是,那又怎么样呢?问题在于我们似乎无法摆脱依靠媒介的"制造"来了解现实的"宿命"。所以,在揭开"媒介现实"建构和结构之谜的基础上,能否进一步思考如何使新闻生产更加"合理化",让媒介产品更好地满足社会的需要呢?

　　本书运用知识社会学的方法来考察新闻生产及其产品。但是,我们并不打算全面考察那些影响和制约新闻生产的"存在"因素,而是集中考察和分析其中的几项重要"社会权力"因素。目的是想通过这些考察和分析,来寻求建立一种更好的"人们能够得到良好信息"的新闻生产关系。

　　我们吸收了福柯、布尔迪厄、吉登斯等学者关于"权力"的一些基本思想,特别分析了权力的分散性、生产性、可转换性(不是暴力夺取),以及"控制的辩证法"等,分别将政府(执政党)、市场、媒体视为不同的"社会权力"主体,考察它们在我国新闻生产中的实际作用和影响,以及它们之间的关系,并试图通过引入以学界和各种非政府组织为代表的"公共权力",来建构一种更为"理想"的新闻生产的"制度空间"。所以,本书的"社会权力"不同于政治学或法学界对权力所进行的分类,它只是对上述影响新闻生产的几种重要社会"力量"所作的一般性描述。

---

① 塔奇曼. 做新闻[M]. 麻争旗,刘笑盈,徐扬,译. 北京:华夏出版社,2008:30.

舒德森在回顾了西方新闻生产研究的各种理论取向后批评说:"它们既缺乏历史视野也不谙比较研究……媒介研究的动机通常是在缺乏比较视野的情况下构想出来的。"在他看来,新闻生产研究中的这种缺陷"也一定损害了其作为社会科学的长期价值"①。李金铨也认为:"英美的媒介政治学家通常漠视比较的视野,他们的理论架构孕育于工业先进和政治稳定的富裕国家,无法完全解释第三世界复杂而曲折的经验。"②

本书立足当前中国社会政治、经济、文化的特定语境,关注媒体、媒体机构和新闻工作者如何在各种相互交错的社会力量的作用下,从事新闻生产,建构"媒介现实"。在对上述相互作用的分析过程中,我也会对这些力量的形成和变化做必要而简洁的历史扫描,以期发现它们的理路和走向。但是,我的根本目的不在揭开中国"媒介现实"的建构和结构之谜,而在通过检视那些影响新闻生产的主要社会力量,寻求一种适合中国国情且有利于新闻生产的"专业化制度空间"。

在"新闻生产的中国'语境'"一章中,我从"准入制度"和"政治家办报"两方面论述中国新闻生产的"语境"特点,认为它们从"外"(制度)到"内"(观念),安排着新闻生产的基本要素,设置了新闻活动的基本前提。但新闻实践是不断发展的,因而"语境"也是变化的。改革开放30年以来,传统新闻观念和体制与社会实践的冲突随处可见。也正是在这些冲突中,我们看到了新闻生产关系发生的一些微妙变化,以及由此带来的一系列生产方式和产品内容的深刻变化。所以,我的基本观点是,这种表现在"制度"和"观念"层面的语境特点,并不只是一种作为"机械结果"的控制性力量在左右着新闻生产者及其生产过程,像许多媒介政治经济学者和文化批判学者认为的那样;也不是一种无碍于新闻生产者及其生产过

---

① 舒德森. 新闻生产的社会学[M]//库兰,古尔维奇. 大众媒介与社会. 杨击,译. 北京:华夏出版社,2006:185-186.
② 李金铨. 超越西方霸权[M]. 香港:牛津大学出版社,2004:25.

程的可有可无的"背景"或"底色",像一些多元自由主义学者和解释社会学者所做的那样。我将新闻生产的中国"语境"作为这项研究的出发点,同时也将"语境"变化过程中所体现的这种内在逻辑作为整个研究的思想方法。它们支持着我对一些深藏着的"根本关怀"的憧憬。

从具体新闻生产着眼,我国媒体与政府的关系主要表现在与各级党委宣传部门的关系中,即体现在与执政党的关系中。第三章"宣传管理"从"学习运动"、宣传通知、"命题作文"等方面,集中讨论了我国宣传管理中的一些主要方法。但我并不打算系统梳理这些方法的种类,或者详细描述它们的实施过程。我的目的是分析这些方法作为新闻生产"统治技术"的成因,进而揭示它们是如何与"自我技术"一起参与新闻生产并发挥实际作用的。我们用从米歇尔·福柯(Michel Foucault)那里借来的"统治技术"理论来描述影响媒体及其从业者并作用于新闻生产的各种外部结构性因素;而用"自我技术"来描述媒体及其从业者自身对各种"统治技术"的积极回应(而非消极响应)。并分别把它们与吉登斯的"结构"与"行动"这一对概念勾连起来,认为在具体的新闻生产过程中,大量存在的是两者之间冲突中的合作、合作中的冲突,而不是那种要么是"对抗"、要么是"合谋"的二元对立关系。正是在这样的复杂关系中,新闻生产的所谓"空间",或者"临场发挥"中的所谓"场",以及"策略突围"中的所谓"围",被一次次构筑,又被一次次打破。从这个意义上来说,新闻生产同时也是新闻生产关系的再生产。

第四章"市场的逻辑",以马克思关于人类三大社会形态的论述为指导,在对传媒市场化进行社会学分析的基础上,进一步剖析市场逻辑与新闻生产的关系。我的基本观点是,在传媒市场化的过程中,"异化"和"异化"的扬弃实际上走着同一条道路。因此,对传媒市场化做简单的肯定或否定都难免有失偏颇。传媒的历史是整个社会历史的有机组成部分,从社会发展的规律来看,市场化或许是传媒发展的历史进程中必须经历的一个阶段,积极利用市场化来发展现代新闻生产力,改造传统新闻生产关系,努力限制其"异化"的程度和范围,以达到最终超越市场化的目的,这才是正确的态度。

第五章"专业化追求",通过分析功能主义和社会互动论关于"专业主义"的不同解释,并结合多项调查结果,认为在当前中国语境下,将媒体及其从业者对"新闻专业主义"的认同或追求视为对实际新闻生产中"专业权力"的追求,或者"职业权力的意识形态"的建构似乎更加符合实际。同时,我们也认为,媒体及其从业者的"专业权力"之于现代社会是一种"必要"而且"合理"的权力,建构"职业权力的意识形态"自然也有其合理性和必要性。当然,"专业权力"只是现代社会各种权力中的一种权力,媒体及其从业者的"专业权力"也只是各种"专业权力"中的一种。与所有的权力一样,这种权力同样面临着和其他权力的关系问题,并存在一个相互监督和制约的问题。因此,需要构筑一种更加合理的媒介"专业化的制度空间"。我们将这个"空间"设想为由政府、市场、媒体,以及以学界和各种非政府组织为代表的"其他社会权力"构成的一种"合力场",寄希望于充分发挥各种"权力"的建设性作用,把每一种力量当作吉登斯的所谓"反思性监控系统",在制度设计层面为其划分界限、设定范围,使彼此间形成"控制的辩证法",共同推动社会的文明和进步。

Abstract

"News is a window on the world. " "The view through a window depends upon whether the window is large or small, has many panes or few, whether the glass is opaque or clear, whether the window faces a street or a backyard. "[1] Tuchman adopted this vivid analogy to make his point that news is manufactured and confined to its frames, media reality is not a true reality but a reality manufactured by media organizations. But the problem is that we still have to count on media in order to understand reality and that seems to be the destiny. In that sense, based on understanding how media reality is constructed, can we ponder further on how news production could be more rationalized so that it better serves the society?

The thesis explores news production and its products from the perspective of sociology of knowledge. But rather than examining those existing factors that influence and restrict news production in general, the study focuses on analyzing several social power factors in order to seek a better news production relations that helps the public be better informed.

The study absorbs some basic ideas of power from Foucault, Pierre Bourdieuand and Giddens, especially that power is scattered, productive, transformed and the notion of the dialectics of control. It regards

---

① TUCHMAN. Making news, Beijing: HuaXia Publishing House, 2008: 30.

the government(the ruling party), the market and the media as different subjects of social power, and discusses how they influence and interact with news production in China. It also attempts to introduce in public power represented by academia and various NGOs in order to construct more ideal institutional space for news production. The concept of social power in this study is a general description of social powers that influence news production, and is different from that of political study and legal study.

After reviewing various approaches to the study of news production in the west, Schudson commented that, "they either lack a historical perspective or do poor in comparative study", "the motive for media study is often conceived when there is a lack of comparative perspective"; and in his view of point, the drawback in the study of news production "also harms its long-term value as a social science"[1]. Lee also thinks that "American and British media scholars often ignores the perspective of comparison, and their theoretical frames derive from industrialized and politically stable countries, and can't fully interpret complex experiences of the third world. "[2]

The thesis seeks to understand how media institutions and media professionals engage in news production embedded in China's political, economic and cultural contexts, and how various social powers influence and interact with the construct of media reality. There is a general and historical description of how these social powers are formed and

---

① SCHUDSON. Sociology of news production, Beijing: HuaXia Publishing House, 2006: 185 - 186.

② Lee. Beyond western hegemony, Hong Kong: Oxford University Press, 2004: 25.

changed, in order to track down their approaches and specific roles. But the purpose of the study is not to uncover how media reality is constructed and structured in China, but to search for a professionally institutionalized space that is compatible to Chinese reality and benefits news production.

In the second chapter Contexts of "News Production in China", the study starts with discussion of *entry permit system* and *politicians run the newspapers*, which are considered to feature the contexts of news production in China as internal institutional arrangement and external dominant notion. These two set the prerequisite for news production and arrange basic elements accordingly. Even after China has carried out open-door policy for more than thirty years, social practice of news pro duction still drastically conflicts with traditional mentality and system, from which subtle and profound changes of news production relationship, methods of production and news products could be observed. In that sense, the contexts of news production in China, which are featured by both levels of institution and notion, are not the result of a dominant power that controls media professionals and their production, as many political economy media scholars and critical cultural study scholars thought. Nor is it only a backdrop of news production process as held by some liberal pluralists and interpretive sociologists. The study unfolds the contexts of news production in China as the starting point, and also makes use of the logic of changes as the methodology, in support of a dose of optimism towards some hidden *ultimate care*.

In terms of tangible news production, the relationship between media and government or the ruling party, is mainly reflected by media relationship with party propaganda offices at different levels. The third chapter "Propaganda Management" discusses major cases as *political studies movement*, *propaganda policy notice* and *collective media campaign*; explains how they become part of techniques of domination and mingle with technologies of the self to play in news production. The study borrows the concept of techniques of domination from Foucault to describe external factors that influence media professionals and their production, and uses the concept of technologies of the self to describe how media companies and media professionals respond actively to techniques of domination(not passively); and articulates these two concepts with Gidden's concepts of structure and action. The study tends to regard what really exists in news production is featured by conflicts through cooperation, and cooperation through conflicts, rather than the dichotomy of conflict and cooperation.

In that sense *improvisation* or *strategic breakout*, just to name some of the summaries by media scholars, all suggest that the institutionalized space of media production has been constructed and broken over and over. Also in this sense, news production is the reproduction of news production relations.

The fourth chapter "The Logics of the Market", based on Marxist exposition of three social forms and a sociological analysis of media marketization, analyzes in depth the relationship between market logic and news production. The argument is that during the process of media marketization, alienation and sublation of alienation actually take the same path. It is biased to simply criticize or praise media marketization. The history of media is part of the social history, and media marketization is one inevitable phase the media has to go through, which could be exploited in order to transform traditional news production relations, reduce the range of alienation, and develop capability of news production.

Based on different explanations of professionalism from approaches of functionalism and social interaction theory, the fifth chapter "In Pursuit of Professionalism" analyzes several surveys, and tends to consider that within Chinese contexts, it is more realistic to regard the pursuit of professionalism as the pursuit of professional power, or the construct of ideology of professional power. The pursuit of professional power by media and media professionals is necessary and justified for the society, and so is the construct of ideology of professional power. Professional power for the media is only one kind of powers and professional powers, and has the same problem to deal with the relations to other powers and the issue of check and balance. Actually that is all the more reason to construct a more reasonable institutionalized space for the media and media professionals. The study suggests that institutionalized space compose of government, market, media, academia and various NGOs to represent other social powers. In that case it could become a complex field in which each power could serve as part of reflective monitoring system and their roles would be defined and confined at the level of institutional arrangement, hence the dialectics of control could be in place and contributes to the progress of Chinese society.

第一章／绪　论

第一节　问题的提出及理论依据

我们获知外部世界的信息有两种方式：直接经验和间接经验。由于直接经验有限，我们不得不依靠间接经验。新闻传播之所以必要，实缘于此。

直接经验和间接经验又是非常不同的，后者需要一个社会性中介。这个中介不仅有思想、有情感、有意图、有目的，而且有特定的社会地位和社会权力，并存在于错综复杂的社会关系之中。正因为如此，我们往往更相信自己的直接经验。在新闻传播中，传播者所传播的新闻受制于他们的思想、情感、目的、意图及他们的社会地位、社会关系等各种因素。他们是在所有这些，甚至比这些还要多的因素的共同作用下来选择事实及其片段的，然后，还是在这些因素的作用下再对选择的片段重新组织加工，最后通过一定的符号形式形成他们的"报道"。所以有学者甚至认为，新闻报道的客观真实"是个谎言，不是一个理想"。理想，我们说它是一个很好的东西，但达不到。真相不是这样的，它就是个谎言。意大利作家、哲学家安伯托·艾柯（Umberto Eco）研究过这个问题，他说："只有镜子是不说谎的，而我们的符号系统，只要是用符号形成的所有的表达，全部都是谎言,只是不同程度而已。所以,人们想要的客观和公正,并不是绝对意义上的真相,而是指那些'我们本来想知道但有人试图不让我们知道的东西',甚至只不过是'我们希望它是什么样的'。所以,绝对的真相是没有的,人们能够得到的良好信息就是比较合情合理的有意义的信息。"①如此看来,与其追问作为结果的"报道"是否真实、准确、全面、客观、公正,不如研究"从事实到报道"整个新闻生产过程中的各种社会关系,尤其是权力关系,更能够击中问题的要害。

虽然,人际间相互传递新闻的现象在当今社会仍然普遍存在,但比起专职新闻传播机构所从事的大众传播,它的影响面和影响力却要小得多。这也是新闻学从诞生之日起,就把研究重点放在由专职的新闻工作者、专门的新闻采访发布机构所从事的新闻事业上的原因。我们渴望更多的直接经验,但事实上我们不能不更多地依靠间接经验。如今,我们的生活几乎被大众传媒所包围,我们生活在所谓"传媒时代",我们似乎越来越依靠新闻媒介来了解这个世界了,我们所说的"现实"很大程度上是媒介为我们建构的"现实",即"媒介现实"。它是由职业化的组织(新闻机构)和组织化的个人(记者、编辑),按照一定的工作流程"生产"出来的。

自"工业社会"以来,"生产"成了一个使用频率极高的词,不仅广泛用于物质产品,而且频繁地出现在精神产品上:"知识生产""文化生产""影视生产""新闻生产"等,不一而足。老实说,我不大喜欢把"生产"与精神实体联系在一起,那样做会让人产生太多的关于"物质化""机械化""功利化"的联想。"精神最大的功劳是对物化的否定",如果霍克海默(Horkheimer)的话是对的,上述联想实在是对精神的亵渎。不过,话又

---

① 许燕.虚幻的客观与真实——赵汀阳研究员访谈录[M]//李良荣.为中国传媒业把脉——知名学者访谈录.上海:复旦大学出版社,2006.

说回来,针对有组织、大批量、标准化、赢利性等特点,说现代社会的精神产品也是一种"生产"过程,不但在描述上有它的合理性,而且还带有一定的思想上的批判性。其实,法兰克福学派最初就是在批判意义上使用"文化生产"这个概念的。至于"新闻生产",在英语文献中主要有"news production""making news""newsmaking"等表述,它们大多旨在说明"新闻"其实是一种有组织、有计划的社会活动过程的产物,在这个过程中,一些事实被选择、组织并发表,另一些事实则被忽视、省略或者乔装打扮,甚至改头换面①。从知识社会学的观点出发,研究新闻生产的这种组织化和社会性过程,发现其中的作用因素和机制,被认为是揭开"媒介现实"建构和结构之谜的有效途径。

"新闻是人们了解世界的窗口","窗口展示的视野取决于窗口的大小、窗格的多少、窗玻璃的明暗以及窗户的朝向是迎着街面还是对着后院"②。盖伊·塔奇曼(Gaye Tuchman)这个形象的比喻是要说明新闻是被生产出来的,它受制于一定的"框架","媒介现实"不是真实的现实,而是媒介组织"制造"出来的现实。但是,那又怎么样呢? 问题在于我们似乎无法摆脱依靠媒介的"制造"来了解现实的"宿命"。所以,在揭开"媒介现实"建构和结构之谜的基础上,能否进一步思考如何使新闻生产更加"合理化",让媒介产品更好地满足社会的需要呢? 因此,"揭谜"还不是我们的目的,我们的目的是想通过分析新闻生产中的主要作用因素和影响机制,来寻求建立一种更好的"人们能够得到良好信息"的新闻生产关系。

倘若现在的"80后"们有兴趣翻阅一下中国改革开放前的报纸,也许会有一种恍如隔世的感觉。不妨从1976年《人民日报》关于唐山大地震的报道中抄录几段:

---

① making news在有些早期文献中还被用来形容那些以制造知名度为目的的传播行为,这些论点出现在历史学家Daniel J. Boorstin以及Harvey Molotch和Marilyn Leaster的著作中。
② 塔奇曼. 做新闻[M]. 麻争旗,刘笑盈,徐扬,译. 北京:华夏出版社,2008:30.

广大干部和群众满怀信心地说,有毛主席革命路线的指引,有党的坚强领导,有社会主义制度的无比优越性,用马克思主义、列宁主义、毛泽东思想武装起来的、经过无产阶级"文化大革命"和"批林批孔"锻炼的首都人民,在深入批邓、反击右倾翻案风斗争取得伟大胜利的大好形势鼓舞下,一定能够战胜地震灾害,夺取革命和生产的新胜利。……战斗在伟大领袖毛主席身边的首都广大人民群众,决心在党的领导下,团结一致,排除万难,去夺取批邓、反击右倾翻案风的新胜利,夺取革命和生产的更大胜利。(1976.7.31)

十二级台风刮不倒,七级地震震不垮!……小靳庄的贫下中农呵,你们是英雄的人民。……在这次抗灾斗争中,小靳庄党支部不愧为坚强的战斗堡垒,党员、团员不愧为党的优秀儿女,广大贫下中农不愧为社会主义的顶梁柱。

……三十日晚,政治夜校开课了,男女老少满含激动的热泪,学习党中央的慰问电,决心用战胜自然灾害的实际行动,报答毛主席、党中央的亲切关怀。……有个民兵战士写了这样一首诗:"台风卷地眼不眨,七级地震震不垮,阶级斗争为纲牢记住,一张白纸绘新图!"(1976.8.1)

在临时住宿的帐篷里,人们含着热泪阅读党中央的慰问电,一遍又一遍地高呼"毛主席万岁!""中国共产党万岁!"

……深夜,战斗了一天的人们熟睡了,他们还在煤油灯下,学习毛主席的教导,研究怎样以阶级斗争为纲,抓好抗震救灾工作。

……蓬间雀哪里懂得鲲鹏之志,骑在人民头上的党内走资派,哪里能理解用毛泽东思想武装起来的广大革命人民的崇高精神境界!(1976.8.4)

这些也算是新闻吗?谁会去看这样的新闻?它们是真的还是假的?

怎么会"生产"出这样的新闻呢？所有这些由好奇心提出的问题不只是"常识"问题，更是理论问题，具体来说，是知识社会学关注的理论问题。当然，与其说知识社会学关心"知识"的真假、是非，不如说更关心无论是"真理"还是"谬误"，它们作为"知识"是怎样产生并发展的。

　　知识社会学"致力于挖掘知识的社会根源，寻找无所不在的社会结构影响知识和思想的途径""知识社会学主要致力于探究知识与人类社会或人类文化中存在的其他各种要素之间的关系"①，它认为特定时期、特定社会的知识生产与该时期、该社会的结构和文化密切相关。一定社会的组织结构以及文化传统影响并决定着这个社会的知识内容、知识种类和知识形态。从广义上看，大众传媒所进行的新闻报道也是一种知识生产。早在 20 世纪 20 年代，芝加哥社会学派的领军人物之一罗伯特·帕克（Robert Park）就是这么看的。也许正是基于这一思路，美国社会学家罗伯特·金·默顿（Robert King Merton）在其《社会理论和社会结构》中将"知识社会学与大众传播"作为单独的一编，可见他对该问题的重视程度。该书中译本 2006 年由译林出版社出版，共计四编，690 余万字。在默顿看来，"尽管知识社会学与大众传播社会学基本上是各自独立地发展起来的，然而，如果能够把这两个领域中的理论概念、研究方法和经验发现统一起来，那么对知识社会学和大众传播社会学的迅速发展将会大有裨益"②。我没有什么证据能说明西方新闻生产的研究在多大程度上受到默顿这一思想的影响，但我现在的选题确实受到默顿在"考察知识社会学中某些一般性问题和特殊性问题"时的很多启发。甚至可以说，我是试图把知识社会学作为考察新闻生产的理论依据或指导思想的。

　　虽然，知识社会学对知识类型、知识与现实存在的关系，以及受存在

---

① 默顿. 社会理论和社会结构[M]. 唐少杰，齐心，译. 南京：译林出版社，2006：661，682.
② 同①659.

制约的功能等都表示出不同程度的关注,但它的中心论题始终围绕着"知识存在的基础"展开①。所有的知识都受制于一定的社会历史条件,这是各种流派的知识社会学一个共同的假设前提,余下的问题只是验证该假设的方法或路径以及对该假设所做的理论解释。马克思和恩格斯运用"历史唯物主义"的方法,通过对人类社会历史的深入考察,认为物质的"生产关系"构成了观念的上层建筑的"真正基础":

> 统治阶级的思想在每一时代都是占统治地位的思想。这就是说,一个阶级是社会上占统治地位的物质力量,同时也是社会上占统治地位的精神力量。支配着物质生产资料的阶级,同时也支配着精神生产资料,因此,那些没有精神生产资料的人的思想,一般是隶属于这个阶级的。占统治地位的思想不过是占统治地位的物质关系在观念上的表现,不过是以思想的形式表现出来的占统治地位的物质关系;因而,这就是那些使某一个阶级成为统治阶级的关系在观念上的表现,因而也就是这个阶级的统治的思想。②

物质的"生产关系"构成了作为统治权力和观念形态的上层建筑的"真正基础"。毫无疑问,马克思和恩格斯的这一思想至今仍然闪耀着真理的光芒,我将在第四章中运用他们的一些基本思想具体分析作为一种"知识"的新闻生产。但是,必须注意到,马克思和恩格斯的这些论述是针对包括费尔巴哈在内的一切旧唯物主义的,旨在阐明新的唯物史观,就是社会历史发展的根本原因存在于以物质生产为基础的"人的感性活动"即"实践"之中。因此,不能机械地套用这一思想来解释"知识"与物质生产资料占有以及阶级地位之间的关系,也不能把精神产品生产简单地理解为"什么人唱什么歌,什么阶级说什么话"。历史唯物主义重在对社会历

---

① 默顿. 社会理论和社会结构[M]. 唐少杰,齐心,译. 南京:译林出版社,2006:第十四章.
② 马克思,恩格斯. 德意志意识形态(节选本)[M]. 北京:人民出版社,2003.

史发展根本动因的追寻,并通过这种追寻达到不仅"解释世界"而且"改变世界"的目的,而不是像经验社会学所做的那样,通过搜集经验证据来寻求构成一种社会事实的各种原因,或者说是发现一种结果的各种"变量"。后者常常就是西方一些社会学家对马克思主义所做的所谓"修正"或"补充"。

涂尔干"对特定的思维体系和社会组织体系之间相互关系的研究,对知识社会学以后的发展产生了深远的影响"①。沿着涂尔干的思路,舍勒认为,在包括知识生产的人类发展史上没有永恒不变的独立变量,起初阶段是血缘联系和亲属联系制度构成独立变量,后来是政治权力构成独立变量,最后则是经济因素构成独立变量。② 凡勃伦也强调人的思考方式对社会组织的依赖性,认为"人们在工业环境的要求下必须适应的生活规划塑造了指导个人行为的思想习惯……个人只是思想习惯的单一的复合物。而与思想习惯对应的心理机制在一方面可表现为行为,在另一方面则可表现为知识"③。

卡尔·曼海姆(Karl Mannheim)对知识社会学的贡献受到西方学术界的广泛重视,默顿在《社会理论和社会结构》中设专章介绍和分析曼海姆的知识社会学④。存在决定知识是曼海姆研究知识社会学得出的一个基本结论。在他看来,存在不仅促进了各种"知识"的诞生,而且渗透到它们的形式和内容中,同时对我们的经验和观察的深度与广度也起着决定作用。但是,曼海姆所理解的"存在"不同于马克思主义的"实践",他所指的更多是一系列可以被观察到的"社会事实",包括人的社会地位、利益关系、所属群体,甚至"代际差异"等。也许正因为有这么多的"存在",人们

---

① 科塞. 社会学思想名家[M]. 石人,译. 上海:上海人民出版社,2007:125.
② 默顿. 社会理论和社会结构[M]. 唐少杰,齐心,译. 南京:译林出版社,2006:695.
③ 科塞. 社会学思想名家[M]. 石人,译. 上海:上海人民出版社,2007:235.
④ 默顿. 社会理论和社会结构[M]. 唐少杰,齐心,译. 南京:译林出版社,2006:第十五章.

很难从曼海姆的著作中归纳出关于"知识存在基础"方面前后一致的完整观点,"有时,他认为社会力量直接造就精神产品;有时,他又把某种思想形式的出现归结于主观利益;他还宣称人们的注意力导致这种思想而不是那种思想的产生"①。关于精神产品或知识现象的研究方法,曼海姆认为有两类:一类是从"(知识)客体和现象本身的内部"入手,认识并解释它们的意义,这就是阐释学的方法;另一类是从精神产品的"外部"入手,把它们视为社会过程的产物,分析各种"存在"因素对它们的影响和制约情况,这就是知识社会学的方法。本书将运用这种知识社会学的方法来考察新闻生产及其产品,但是,我并不打算全面考察那些影响和制约新闻生产的"存在"因素,而是集中考察和分析其中的几项重要"社会权力"因素。

第二节　研究文献综述

西方关于新闻生产的研究已经有半个多世纪的历史,研究文献非常丰富。要对这些文献进行全面回顾,恐怕很难做到,对我的研究来说或许也没那个必要。所喜的是,我手边有两篇现成的关于西方新闻生产的研究论文,且带有文献综述的性质。一篇是美国加利福尼亚大学传播学教授迈克尔·舒德森(Michael Schudson)的《新闻生产的社会学》,该文最初发表于 1989 年,直到 2000 年被收入英国学者詹姆斯·库兰(James Karen)和美国学者米切尔·古尔维奇(Mitchell Gurvitch)合编的《大众媒介与社会》一书为止,作者曾做过四次修订和更新。另一篇是英国莱斯特大学大众传播研究中心远程教学主任奥利弗·博伊德-巴雷特(Oliver

---

①　科塞. 社会学思想名家[M]. 石人,译. 上海:上海人民出版社,2007:383.

Boyd-Barrett)的《对媒介职业和职业人员的分析》,该文是作者1995年为自己和同事克里斯·纽博尔德(Criss Newbold)合编的《媒介研究的进路》第六章撰写的一篇带有导言或导读性质的文章。两篇文章分别从各自的角度,对西方主要学者关于新闻生产的主要研究成果进行了回顾和梳理,特别是舒德森的文章,不仅对西方关于新闻生产的研究做了全面回顾,而且"试图对研究新闻的社会制造(social manufacture of news)的各种路径做一番条分缕析的工作"①。可以说,他们的工作为我的研究打下了良好而坚实的基础。更可喜的是,上面的两部著作分别由华夏出版社和新华出版社出了中译本。在此,我要感谢两篇文章的中译者,他们省却了我这个英文水平有限的人阅读原文的辛劳。以下我对西方研究文献的综述,就是在上述两篇既具代表性(分别为美英两国学者)、又具权威性(都是本学科领域的知名学者)的文章的基础上做了一些适当的补充,并根据我的解读进行了逻辑上的整理②。

一般认为,西方对新闻生产的正式研究发端于对"新闻选择"的研究,而关于新闻选择的研究则可以追溯到20世纪50年代的"把关人"研究。社会心理学家库尔特·勒温(Kurt Lewin)提出的"把关人"概念启发了一些学者对新闻选择过程的重视和研究。1950年,大卫·曼宁·怀特(David Manning White)对美国一份小型报纸的电报编辑选用电讯稿的情况进行了调查和访谈研究,这项研究得出的基本结论是:什么样的新闻能够得以传播,这在很大程度上依赖于"把关人"的主观因素,这些因素包括"自身的经验、态度和期望"。怀特的研究结果支持了"把关人"的理论预

---

① 舒德森.新闻生产的社会学[M]//库兰,古尔维奇.大众媒介与社会.杨击,译.北京:华夏出版社,2006:164.

② 迈克尔·舒德森的《新闻生产的社会学》和奥利弗·博伊德-巴雷特的《对媒介职业和职业人员的分析》两文分别见《大众媒介与社会》(华夏出版社,2006)和《媒介研究的进路》(新华出版社,2004),以下综述凡来源于这两篇文章的资料不再另注明出处,读者可从这两篇文章的注释中查找这些资料的原始出处。

设:在信息通道上的把关人归根结底是个体的人,他有自己的思想、观点、态度和癖好。在 1950 年以后的近 10 年中,"把关人"研究基本上采取的是一种心理学或社会心理学的理论预设。关注个体及其主观因素,其实是这种预设的必然结果。

如果沿着"个体的主观性"思路往前走,马上就会遇到一个问题:不同的个体有不同的"经验、态度和癖好",是不是不同的编辑会采用不同的把关标准和方式,进而呈现出各色各样的内容呢? 1964 年,瓦尔特·吉尔伯(Walter Gieber)针对威斯康星 16 位电报编辑的研究对此作出了否定回答。吉尔伯发现,所有的编辑在选择新闻时的标准基本是一致的,他们通常是循规蹈矩、照章办事,"考虑的是生产目标、行政惯例以及编辑部的人际关系"。这一发现把研究重心由过去的个体转向了组织,并为进一步扩展到整个社会埋下了伏笔。可以说,真正的新闻生产研究是这种转向的结果。从那以后,"把关人"的理论预设受到了怀疑。学界仍然使用这个概念,只是因为它为信息传播链条上的一个重要环节提供了一个恰当而形象的比喻。"但它并没有从社会学的角度触及'信息'或'新闻'。什么人能成为一个把关人? 为什么? 什么人写的新闻能到达把关人那里? 如何到达? 受到什么样的限制? 有何种期待? 把关人的比喻把新闻制造的复杂性降低到了最低程度——它把新闻制造(newsmaking)看作是某种孤立的行为了,而事实上,新闻制造是某种互动的、循环的运动结果,而把关人的行为也不过是这个循环圈当中的一个环节而已。"[①]

根据社会学的观点,专职的新闻从业者属于"组织化"的个人,他们的职业行为更多受到组织力量的影响;而新闻传播机构属于"社会性"的组织,其运作过程和方式受到各种社会力量的影响。因此,与其研究新闻从

---

① 舒德森. 新闻生产的社会学[M]//库兰,古尔维奇. 大众媒介与社会. 杨击,译. 北京:华夏出版社,2006:166.

业者的个人行为差异,不如研究组织行为模式,而研究组织行为模式又不能不考虑各种社会力量(包括文化)的作用和相互作用。近 40 年来,西方新闻生产研究基本上是在这种社会学观念指导下进行的。这也许就是舒德森以"新闻生产的社会学"为题,来回顾过去各种关于新闻生产的研究路径和理论取向的原因。

关于媒介从业人员如何受制于各种组织力量,比较典型的研究首推沃伦·布里德(Warren Breed)的《新闻编辑室内的社会控制:一项功能主义的研究》[①]。这项以对不同报纸记者的访谈为基础的研究得出的结论是,受出版商控制的编辑部,其编辑方针通常是会被执行的,维持方针执行的变量有:制度性的权威制裁、责任感与对长者的尊敬、对升职的期望、缺乏冲突性的团体忠诚、新闻工作本身的乐趣、新闻本身成为一种价值 6 个因素,其中责任感和对上级的尊重是最重要的,但它会随着报纸的不同而产生波动。类似的研究还有杰里米·滕斯托尔(Jeremy Tunstall)的《专业记者:目标、职业、角色》(1971)、彼得·戈尔丁(Peter Golding)和菲利普·爱利奥特(Philip Elliott)的《新闻部门与广播组织:客观性的制度化》(1979)等。这些研究都共同坚持组织理论或科层制理论(bureaucratic theory)中的一个假设:一个组织的成员总会不断修正自己的价值观,以期与组织的要求相符合。因此,新闻是一种社会组织制造的产品。从 20 世纪 60 年代到 70 年代,这类研究成果向人们集中展示了组织的目标、要求、制度、分工,以及组织内部的人际网络对新闻生产的影响,并基本一致地认为,新闻生产是一种"常规化"(routinization)的过程,因此,新闻并非由不可预测、混乱的事件形成的集合,而是有稳定来源的、可以有效预测和准备,并可以常规管理的"体制化"结果。艾普斯坦花了两年的

---

① 这项 20 世纪 50 年代中后期的研究显然与当时相关研究的路径不同,正如标题中所显示的,它深深打上了功能主义角色社会学的印记。

时间,对全国性新闻网络的节目生产进行了调查,在考察、分析中,他除了进一步强调新闻生产中各种组织、经济力量外,还敏锐地发现了技术对电视新闻生产的限制。后者之于新媒体迅速发展的今天尤其值得重视,正如舒德森在评论上述发现时所指出的:"技术革命的种种后果有待更严谨的历史研究。"的确,传播技术的发展究竟给新闻生产造成了什么样的总体影响? 这方面研究还比较薄弱。安东尼·史密斯(Anthony Smith)可能是第一个全面关注这一问题的人(1980),但没有人用同样的分析技术来继续他的研究。

进入 20 世纪 80 年代以后,新闻生产"组织"路径的研究触角深入到了组织文化领域,包括专业理念、职业文化以及编辑部里的性别构成和族群构成等。1989 年,考林·斯帕克思(Collin Sparks)和斯拉沃克·斯皮里科尔(Slavko Splichal)通过一项跨国的调查,提出这样的观点:不同文化、不同教育类型、不同劳动类型的新闻记者所公开陈述的专业理念并无太大区别。之后,卢兹·赫根(Lutz Hagen,1997)的调查研究也得出同样的结论。但也有学者认为,对这类调查最好保持谨慎。卡洛尔·加克波维兹(Karol Jakubowicz,1995)就指出:对东欧新闻记者来说,要摆脱把新闻实践作为一种政治鼓吹的感觉是相当困难的。与专业理念相联系的是某种所谓共享的职业文化。有研究者发现,在报道同一个国际性事件时,来自意大利、苏联和美国的政治记者往往采用共同的主题,在报道定位上,更多地诉诸"人性"而非各自国家的受众(Hallin and Mancini,1991)。而且,由于各种西方公共机构、私有社团和非营利组织,在东欧和苏联倡导一种以市场为基础的自由主义新闻业模式,使这种趋同性有所增加(Dassin,1998)。对于编辑部人员的构成,有学者以一些有趣的证据向人们显示,新闻编辑室里性别构成的变化确实影响了新闻的内容(Mills,1990)。但另外的研究报告又提出相反的结论:编辑部里性别、族群结构的改变并没有对新闻的界定产生实质性的影响(Beasley,1993)。显然,前者与组织理论强调的路径完全相反,后者才是对该理论信条的维护:一个组织对个体行为者的私人意图是具有强迫性限制的。

沿着组织理论的路径很快就会步入社会学家们所关注的领域。因为任何组织总是存在于社会之中,并和其他社会组织乃至社会的政治、经济、文化力量发生千丝万缕的联系。新闻机构更不例外。从新闻传播着眼,首先遇到的一个问题便是:新闻机构及其记者究竟从哪里获取新闻?由此,新闻生产的研究视角开始从新闻机构转向新闻来源(Cool,1989),或者说,转向在"新闻来源—新闻媒介"的分析框架中考察记者与其新闻源之间的关系(Schlesinger and Tumber,1994)。事实上,早在1975年,美国资深华府记者,后又担任国务院资深新闻官员的伯纳德·罗胥克(Bernard Roshco)在其《制造新闻》(*News Making*)一书中就重点研究过这个问题。罗胥克在书中开宗明义地说,该书重点是"要以新闻报道的内容来分析两个社会学上的课题":第一,新闻界与其他社会组织间的关系,如何影响了新闻界对"新闻"、消息管道,甚至报道方式的选择? 第二,美国新闻界所提供的新闻内容如何受美国社会的主流价值观支配? 作者研究的基本结论是:新闻界与之打交道的基本上是那些社会"能见度"较高的精英和权势组织,"记者一向群聚于权威核心四周,因此,行为或决策足以影响群众福祉的某些人,往往就成为主要的新闻来源"[①]。将新闻生产视为社会精英和权势集团操控的某种现实建构活动,是西方学者比较普遍的观点。盖伊·塔奇曼(Gaye Tuchman,1978)历时11年研究新闻生产的专著,其副标题就是"现实建构之研究"(*A Study in the Construction of Reality*)。马克·费什曼(Mark Fishman,1980)通过对加利福尼亚一家报社开展的参与性观察研究,也发现新闻记者与政府的各种官僚机构保持着高度的一致,"对新闻记者来说,整个世界已经被官僚式地组织

---

① 《制作新闻》已由台湾远流出版公司1994年翻译出版,本文引述根据该版本。

了"。在新闻记者与官员或官僚机构的互动中,一些学者认为后者更占上风(Gans,1979;Bennett,1994;Doman,1994;Schlesinger and Tumber,1994);也有学者认为前者更胜一筹(Hess,1984)。存在于社会组织网络中的新闻机构,其间另一个层面的关系是"记者—编辑"这对关系,但这对关系的研究要比"记者—官员"关系的研究少得多。早期一些关于记者为取悦编辑如何进行自我检查的研究(Breed,1952,1955)虽然具有启发性,但其研究未采用系统的社会学研究方法。20世纪70年代以后的一些个案研究开始注意到编辑干预所产生的一些不良影响(Crouse,1973;Gitlin,1980;Hallin,1986)。针对"记者—编辑"关系,沃尔夫冈·东斯巴赫(Wolfgang Donsbach,1995)和艾塞尔(Esser,1998)分别所做的英德两国的比较研究,则说明了不同历史传统导致的不同劳动分工对新闻生产的影响。

关于新闻生产更加宏观的研究,属于舒德森在《新闻生产的社会学》中归纳的"新闻的政治经济学"和"文化取向"[①]。两种取向的共同特点是关注社会政治、经济、文化等宏观力量对新闻生产的控制和影响,其中哥拉斯哥大学媒介研究小组和伯明翰大学文化研究中心的研究成果具有很强的代表性,对于本书颇具指导和启发意义。我将在下面的有关章节里引用并评述这些成果,这里就不再赘述了。

与西方相比,我国学界对新闻生产的研究还非常有限,尤其是社会学视角的研究更是处在起步阶段。根据我搜索和阅读的结果,这方面研究可分为三个阶段:一是理论思考阶段,二是翻译介绍阶段,三是独立研究阶段。对新闻生产的理论思考较早体现在20世纪80年代国内两部影响较大的教材上,一部是成美、童兵的《新闻理论教程》,其中有一节专门讨

---

① 参阅迈克尔·舒德森:《新闻生产的社会学》,彼得·戈尔丁、格雷厄姆·莫多克:《文化、传播和政治经济学》,见《大众媒介与社会》;李金铨:《媒介政治经济学的悖论——中港台传媒与民主变革的交光互影》,见《超越西方霸权》,牛津大学出版社2004年版;詹姆斯·卡伦:《媒体与权力》第二部分"媒体社会学",清华大学出版社2006年版。

论了"事实—报道者—新闻"三者间的关系,另一部是李良荣的《新闻学概论》,其中专章讨论了"新闻选择"的基本过程。此后对于此问题一些学者陆续发表过一些论文,如黄顺铭的《"镜子"与"探照灯"辨析——对新闻传播学中认识论与建构论的认识思考》、李岩的《意识形态下的大众传播话语秩序》、蔡敏的《传媒话语生产与控制》等。翻译介绍阶段的翻译部分在上面的西方文献综述中已涉及。介绍西方新闻生产研究的论文有陈健强的《新闻生产的社会学思考》、张毓雄的《新闻生产与消费关系浅论》、杨击的《穷人、富人和传媒正义——解读新闻生产中的平民主义策略》、丁和根的《梵·迪克新闻话语结构理论述评》、陈龙的《"霸权理论"与电视意识形态宰制论》、邵培仁的《媒介即意识形态——评法兰克福学派的媒介控制思想》等。

最近几年,国内一些学者开始运用社会学方法对新闻生产进行独立研究,其中具有代表性的成果有:洪兵《转型社会中的新闻生产——〈南方周末〉个案研究(1983年—2001年)》(博士论文文库);张志安《编辑部场域内的新闻生产——〈南方都市报〉个案研究(1995—2005)》(博士论文文库);陆晔等《新闻生产的影响因素——2002年上海新闻从业者调查报告之三》(《新闻记者》,2003,3)、《权力与新闻生产过程》(《二十一世纪》,2003,6);陈阳《我国新闻生产的影响机制之研究:以妇女新闻为个案》(《新闻与传播研究》,2006,2)等①。洪兵通过对《南方周末》创刊以后8年历史的考察,总结归纳了该报新闻生产的一般过程及其特点,并试图用这一个案来反映中国新闻体制改革的艰难历程。张志安则用人种志的研究方法,从编辑部这一更具体的层面共时地考察了《南方都市报》新闻生产的各种环节、因素及其相互关系,进而分析了中国特定语境下市场、媒介与民主建设的复杂关系,希望通过多方努力,能使中国媒体成为更负责任的公共利

---

① 另有杨保军:《简论新闻源主体》(《国际新闻界》2006、6);曾庆香、刘自雄:《论新闻源与新闻的话语主体》(《国际新闻界》2006、1);张洪忠、何艳、许航:《社会转型时期我国新闻从业者的价值取向》(《国际新闻界》2006、10)等也可以视为这个领域的研究成果。

益的代表。陆晔等通过艰苦的调查，真实可信地为我们展示了影响新闻生产的一系列重要因素。她的《权力与新闻生产过程》则以扎实的材料为基础，从宣传管理、媒介组织、消息来源三方面，分析了当代中国新闻生产中的权力运作和实践过程，指出"作为中国媒介特殊的生态要素，宣传管理因素在其中起到重要的作用。但是，在新闻生产的权力纠葛中，制度化的因素只是其中的一小部分，许多非常规、非正式的影响因素的作用是不可小觑的。我们在这里所看到的，不仅是宣传管理、商业需要和专业诉求的简单的相互矛盾，也看到其中的权力和有权力支配的资源是可以相互转化的。这是一种流动的、现在每天每时仍然有可能不断变化的过程，在这个过程当中，我们考察的各种权力关系，不是静态的、一成不变的，而是在不断消解、不断建构和彼此消长的"①。陈阳以妇女新闻为例，从新闻工作的个体、组织、体制三个层面，探讨了新闻生产中关键因素形成的媒介影响机制。

潘忠党、陈韬文、何舟、陈怀林、赵月枝等一批海外学者的研究成果同样值得我们珍视。特别是潘忠党、陈韬文近年来建立在一系列扎实的调查基础上的研究，从方法到结论对我的研究都有很强的启发和借鉴意义。本书的第五章将引述并评论其中的一些重要成果。

"权力"因素是媒介研究中备受关注的问题。且不说媒介政治经济学和文化学派的研究基本上围绕"权力"展开，美国学者赫伯特·阿特休尔(Herbert Altschull)就曾以《权力的媒介》为题来考察新闻传播，同样，英国学者詹姆斯·卡伦(James Karen)(一译库兰)的代表作也以《媒体与权力》命名。

由于所处时代的不同，关注和研究的问题不同，学术界对"权力"的认识也存在较大的差异。马克思主义的权力观主要着眼于阶级和阶级利益，阶级统治权被认为是权力的核心形态，利益冲突被当作主要的权力关系。随着时代的发展，权力形态和关系呈现出多样化趋势，一些理论家从

---

① 陆晔. 权力与新闻生产过程[J]. 二十一世纪,2003,77(6):18-26.

自己的研究出发，开始用不同的视角重新审视权力。如帕森斯、福柯、葛兰西、威廉姆斯、霍尔，以及布尔迪厄、吉登斯等人看到的权力与马克思看到的权力就很不相同。

　　系统清理各种权力观似乎是不必要的①，本书更多地吸收了福柯、布尔迪厄、吉登斯等人关于权力的思想。也许受到培根"知识就是力量（权力）"的启发，福柯在以系谱学方法批判人文科学的过程中，发现了权力和知识之间存在的循环关系，并提出了一种与法权模式完全不同的权力模式。福柯认为，现代权力是一种"关系性"权力，它不仅是分散的、不确定的、形态多样的，而且在本质上是生产性的而非压迫性的，它"致力于生产、培育和规范各种力量，而不是专心于威胁、压制和摧毁它们"②。有学者评论说："福柯对权力的阐释所强调的是现代社会高度分化的性质，以及独立于有意识的主体而运作的'形态多样的'权力机制。这种后现代理论试图把握现代性本身的多元性质。"③

　　布尔迪厄通过对阿尔及利亚的农民、高校教授与学生、作家与艺术家，以及教会的研究，提出了一种关于符号权力的社会学。他把马克思经济利益的观念扩展到文化领域，把社会生活的符号方面与物质方面的关系进行重新理论化，认为文化事实上也是具有一套积累、交换、运行法则的资本形式，符号权力来源于对文化资本的占有和交换关系中。由于任何权力的实施都需要合法化，符号形式在既建构又维持权力结构的过程中，本身也成为一种权力④。吉登斯则关注社会行动与权力之间的逻辑

---

① 关于西方一些著名学者的权力观，可参阅：刘娜．传媒的权力——兼论若干西方著名学者关于"权力"的思考[M]//新闻与传播评论（2006—2007 年卷）．武汉：武汉大学出版社，2007.

② FOUCAULT. The history of sexuality[J]. New York：Vintage Books，1980：136.

③ 凯尔纳，贝斯特．后现代理论——批判性的质疑[M]．张志斌，译．北京：中央编译出版社，2004：66.

④ 布尔迪厄．文化资本与社会炼金术[M]．包亚明，译．上海：上海人民出版社，1997；戴维斯沃茨．文化与权力——布尔迪厄的社会学[M]．陶东风，译．上海：上海译文出版社，2006.

关联问题,认为"行动中包含的权力逻辑上指的就是(主体行动的)转换能力。从这个角度上来说,最广义的'权力'在逻辑上先于主体性及行为的反思性监控的构成",而"社会系统里的权力具有一定的时空连续性,它的前提是行动者或集合体在社会互动的具体情境中,彼此之间例行化了的自主与依附关系。不过,所有的依附形式都提供了某些资源,臣属者可以借助它们来影响居于支配地位的人的活动。这就是我所说的社会系统里的控制的辩证法(dialectics of control)"。和福柯一样,吉登斯也认为,"权力并不是必然和冲突联系在一起的,不论冲突是指利益的分划,还是指各方积极的斗争;而且权力也并不一定是压迫性的"①。

我吸收了上述学者关于"权力"的一些基本思想,特别是权力的分散性、生产性、可转换性(不是暴力夺取)以及"控制的辩证法"等,分别将政府(执政党)、市场、媒介视为不同的"社会权力"主体,考察它们在我国新闻生产中的实际作用和影响及其相互关系,并试图通过另外引入以学界和各种非政府组织为代表的"公共权力",来建构一种更为"理想"的新闻生产的"制度空间"。所以,本书的"社会权力"不同于政治学或法学界对权力所进行的分类,它只是对上述影响新闻生产的几种重要社会"力量"的一般性描述。

第三节　选题意义与论文框架

柏拉图将我们的经验世界比做投射在岩壁上的影子,这多少有些不可知论的成分。因为人类在实践中的"经验的世界"是我们唯一真实的世

---

① 吉登斯.社会的构成[M].李康,李猛,译.北京:生活·读书·新知三联书店,1998:77－78,376－377.

界,是全部知识的合法来源。但如果把柏拉图的比喻用在当今无处不在的新闻媒介上,倒是有几分恰当。有调查表明,当今社会人们关于现实世界存在状况的绝大部分知识来自新闻媒介,我们在很大程度上是按照媒介建构的现实来思想、决策和行动的。于是,善良的人们普遍希望这个"影子"能尽可能地和"实在"相吻合(真实、客观、公正、全面等,都是由于这种希望而建构的一些理论范畴)。然而,影子毕竟是影子,它与"实在"的区别是注定的。两者之间吻合不吻合? 吻合到什么程度? 并不依赖于人们的希望和批评,而是依赖于光源的明暗、摆放的位置、投射的角度、其间的折射物体等。

传统的新闻传播学基本上建立在一系列"希望和批评"的基础上,即希望媒体客观、公正地报道事实,真实、全面地反映现实,批评媒体过度报道某些社会问题,夸大了这些问题的严重性,或忽视了某些问题,甚至有意掩盖了一些问题,从而使这些问题的事态进一步恶化。这种"规范"的新闻传播学自然有其理论意义和现实意义,因为人类应该对自身寄予希望,而批评则是试图从另外一个方向促进希望的达成。但是,"规范"的新闻传播学有两大致命的弱点。第一,它过于宏大,以至于自说自话,严重脱离新闻传播的实践。大量研究尽管貌似有理,但对新闻传播实践没有多少实际意义。就和我们许多进入媒体工作的新闻传播学专业的毕业生所说的那样:新闻学"有理无用","理论上一大套,实践上做不到"。近年来,国内有些学者为了追求体系的宏大、理论的"完美",使这种情况变得越加严重。第二,与此相联系,"规范"的新闻传播学研究往往缺少原创性。无论中外,这类研究都是大量借用别的学科的概念、术语和研究成果,与此相反,别的学科极少借用新闻学的概念、术语,更少引用其研究成果。究其原因,在这类研究中,许多问题可能只是新闻传播涉及而非自身固有的。不妨认真想一想,"真实""客观""公正"是新闻传播自身所固有的问题吗? 换句话说,依靠对新闻传播的研究能厘清甚至解决这些问题吗? 还有"党性""指导性"

"群众性"以及"舆论监督"呢？再有"新闻自由""新闻价值""新闻专业主义"，如果把前面的"新闻"两个字拿掉（像有些学者实际所做的那样），情况又会怎样呢？"主义可拿来，问题需自产"，我想，这句话对于我们这门学科的成长尤为重要。新闻传播学的研究者如果能发现本学科所固有的问题，并坚持不懈地研究下去，或许能有更多的原创性成果出现。

究竟哪些问题属于新闻传播自身固有的问题？这还需要进一步研究。大体上说，如果没有新闻传播，尤其是没有大众传媒所从事的新闻传播就不存在的问题，即属于新闻传播自身固有的问题。以此观之，从我们新近经验的部分事实中选出一些片段，到为告知另一些人而做的表述，尤其是那些专职的新闻工作者从获取事实到最终形成人们在媒体上见到的报道，其间所有的作用和制约因素以及它们之间的相互关系，肯定是新闻传播自身固有的问题。本书研究的正是这些问题，虽然我们并不打算考察影响和制约新闻生产的所有因素，而仅仅关注几种主要的"社会权力"。

"从事实到报道"是整个新闻传播流程中的基础性环节，离开了这个环节，下面"从报道到受众（或公众）"的环节就无从谈起。总体上看，在西方学界，前一个环节属"新闻生产"研究范畴，后一个环节属"效果"研究范畴。无论是从逻辑的观点看还是从历史的观点来看，"新闻生产"研究都应该是"效果"研究的基础。让我们再回顾一下前面提到的"影子"的比喻。我们如果只是一味地纠缠于"影子"与"实在"是否吻合、吻合到什么程度，而不去探究光源摆放的位置、明暗程度、其间的折射物体等，恐怕就会永远不明就里。正如罗胥克在《制作新闻》一书的开篇中所说那样，"如果我们只是紧咬新闻媒体的某些弱点或错误不放、只是一味地要求新闻界更主动、提供更独到的见解、更完整的报道，我们恐怕就错认了问题的核心"[①]。媒体存在于各种社会关系之中，就和其他任何社会组织一样，

---

① 罗胥克. 制作新闻[M]. 姜雪影，译. 台北：远流出版公司，1994：9.

它不仅受制于这些关系，而且由于自身也是利益主体，它还会利用自己的"权力"参与社会关系的建构。从这个意义上看，"官方媒体"和"民间媒体"都很难做到客观、公正。"有说话的自由是应该的。但是有不同的声音不等于这样一种逻辑——好像官方的声音就是隐瞒真相的，而民间的声音就是真的——完全没有这个必然关系"①。认识并指出这些问题无疑是必要的，过去关于新闻生产的研究大多如此。但社会毕竟需要媒体这样一种"公共信息平台"，如何才能让它更好地为人们提供"比较合理的有意义的信息"，服务于社会，恐怕更加重要。诚如马克思所言："哲学家们只是用不同的方式解释世界，而问题在于改变世界。"②本书试图通过考察新闻生产中的"社会权力"及其相互关系，探讨媒体更好地服务于社会的可能性。

英国学者詹姆斯·卡伦在厘清传播学的理路时指出：西方传播学存在两种截然对立的研究视角，一种是"自由多元主义"的美国视角，另一种是"马克思主义"的欧洲视角③。

多元主义者把社会视为由相互竞争的利益群体组成的复合体。其中，没有哪一个群体能够始终占据宰制的地位。媒体机构也被视为受到一定限制的组织系统。但它们同时享有相当程度的自主权，独立于国家政府部门、党派和体制化的压力群体之外而存在。媒体的控制权掌握在一群独立自主的精英阶层的管理人员手中，他们把相当程度的灵活性赋予媒体从业者。

马克思主义者认为，资本主义社会是一个由阶级宰制的社会；媒

① 许燕．虚幻的客观与真实——赵汀阳研究员访谈录[M]//李良荣．为中国传媒业把脉——知名学者访谈录．上海：复旦大学出版社，2006：86.
② 参阅马克思：《关于费尔巴哈的提纲》。
③ 卡伦．媒介与权力[M]．史安斌，董关鹏，译．北京：清华大学出版社，2006：第二部分媒体社会学．

体被视作一个意识形态的竞技场，不同阶级的观点在此进行较量——尽管这种较量是在有某些阶级所宰制的语境下展开的；媒体最终控制权日益集中到垄断资本的手中；媒体从业人员在沉浸于自治的幻觉当中的同时，被宰制性的文化准则所同化，并且将它们内化于自身。

这两种对立的视角在新闻生产的研究中同样都能得到印证。自由多元主义者坚信，在他们那样的自由民主社会里，媒介享有高度的自主权，按照纯粹的帕森斯社会学表述，美国媒体不仅独立于政府，而且也独立于其他政治、经济或民间团体等社会"亚系统"。因此，新闻生产更多被视为媒介组织在专业主义指导下的自主行为，媒介产品充其量是在尊重其他社会组织和个人（自由主义的基本信条）的前提下，与这些组织和个人之间"互动"的产物。从20世纪50年代出现的"把关人"研究，到塔奇曼关于新闻生产的经典研究，无不贯穿上述基本信念和视角。

主要集中于欧洲的"马克思主义者"则反驳道，西方媒体的所有权和结构特点早已明白无误地显示出它们的垄断性质，表面独立的媒介组织实质上只能是工商巨头的代言人和资本驱动的傀儡。这一基本信念与研究视角尤其被媒介政治经济学者所坚持。英国伯明翰大学当代文化研究中心的学者们更是认为，西方媒体被一种隐性的意识形态所控制，由于这种宰制性意识形态已经内化到新闻工作者和新闻机构自身当中，人们很容易产生媒介独立的错觉。

两种信念，两个视角，两种观点，针锋相对，互不相让，且都言之凿凿，持之有据。但稍加分析不难发现，它们背后则隐藏着一个共同的预设前提：理想的媒体应该是真正独立自主的媒体。无论是沾沾自喜于"民主政治"的经验学派，还是不满于"资本主义"的批判学派，对此都坚信不疑。美国新闻学者詹姆斯·凯瑞（James Carey）甚至认为："除了在民主的语境之下，新闻业作为一种实践是不可想象的；实际上，新闻业可以被有效地理解为民主的别名……苏联也曾有媒体，就如同曾有传播和某些类似于新闻业的东西一样。但那里不存在新闻业，因为那里没有民主，以及赖以产生新闻的社会实践。"①换句话说，真正的新闻业只存在于西方自由民主国家。这不仅不符合世界多元政治格局下的新闻传播实践，而且在理论上也疑点重重。

首先，目前的民主政治仍处在实践中，即便在西方国家也有不同的实践模式，更别说世界范围了。以西方的民主政治为正宗无疑是对其他民族国家政治实践的否定，是西方中心主义或"西方霸权"的典型表现。其次，对自由独立媒体的追求和向往，是社会学结构功能主义理论的伴生物或衍生物。根据结构功能主义理论，一个社会的良性运行有赖于各个子系统依据其在该社会整个结构中应该发挥的功能而自主运作。然而，社会学中的其他许多理论，如互动理论、构成或结构化理论（吉登斯）、交往理论（哈贝马斯）、场域/权力理论（布尔迪厄）等，早已对传统的结构功能主义提出质疑和挑战。最后，与个人的独立自由不同，作为组织的媒介机构的独立自由似乎主要还是在于努力达到客观、公正，进而更好地服务于公众利益，但问题在于自由独立的媒介是否就能，抑或更可能达到客观、公正，更好地服务于公共利益？起码西方马克思主义者不这么认为。

对于媒介，在自由和干预之间，有着太广的空间地带可供不同的政治实践进行选择。关键不在于秉持什么先验的理论假设，而是要在世界政治、经济、文化格局中把握特定时空的脉络或语境（context）。一般意义上的民主政治已经为世界绝大多数民族国家所接受，但具体的民主政治实践则千差万别。一如现代性在西方和非西方具有不同的解放潜能，媒

---

① CAREY. After word：the culture in question［M］//MUNSON，WARREN. James Carey：A critical reader. Minneapolis：University of Minnesota Press，1997：332.

介体制在两种语境下也有不同的选择可能。

可是,在我们的许多研究中,关于理想媒体的西方理论预设仿佛成了一种不证自明的"逻辑起点"。传播学或新闻学研究的西方化,不只是个研究对象或材料的西方化,更重要的是很多预设理论前提的西方化。"有人潜意识里觉得,外国学者提供普遍理论,中国学者只能证明那个理论在特殊环境的真伪。"①社会科学的实践性决定了其历史性,这种历史性又深深植根于特定的民族国家的具体实践中。据此,新闻传播研究(当然包括新闻生产研究)的本土化既不应该是用西方的理论来整理和分析中国的材料,也不能不顾学说积累甚至抛弃基本的学术规范去另外建构一种"本土传播学"。如李金铨所言,"唯有不亢不卑,对具体的经验现象提出原创的解释,既照顾理论的普遍性,又充分豁显文化的特殊性,在各层次展现同中有异和异中有同,最后才能向支配的结构争鸣"②,正所谓"入乎霸权,出乎霸权"。

在我着手写作这本书时,美国社会学家盖伊·塔奇曼(Gaye Tuchman)的 *Making News* 的中译本面世了③。据说这是塔奇曼历时 11 年的研究结晶,作者"用解释社会学的观点,说明新闻是社会建构的产品,是新闻专业人员按照日常工作惯例完成的产品"。无论从认识论(知识论)出发,还是从解释社会学着眼,说新闻报道属意识范畴,是社会建构的产物,都不能说是什么新鲜的观点。然而,我们却不能将塔奇曼的著作仅仅视为认识论或解释社会学的实证性演绎。作者利用 11 年的时间进行实地观察和访谈,回答了"新闻是通过哪些环节实现社会建构的""日常发生的事情是怎样被转变成所谓的新闻这种具有现实时空的故事的",从而完成了一次"实践的理论化"(practical theorizing)过程,在吉登斯看来,"这种

① 李金铨. 超越西方霸权[M]. 香港:牛津大学出版社,2004.
② 李金铨. 超越西方霸权[M]. 香港:牛津大学出版社,2004:19-20.
③ *Making News* 中译名为《做新闻》,由麻争旗、刘笑盈、徐扬译,华夏出版社 2008 年 8 月出版。

'实践的理论化'正是社会行动者建构或'产生'行为至关重要的因素"①。也许正因为如此,刘易斯·科赛(Lewis Coser)认为"《做新闻》是一部关于新闻媒介研究的开拓性著作"。

关于这部著作的理论价值和启迪意义,黄旦在中译本长长的《导读》中有着详细阐述,我完全赞同。可是,由于塔奇曼的"实践"(观察和访谈及其对象)完全取自美国,根据这些实践所"化出"的理论,其局限性自然是不言而喻的。和所有的自由多元主义者一样,塔奇曼预设的前提是独立于政府和其他社会组织的媒体。所以他的研究以媒介、媒介组织和新闻从业者为中心,"考察新闻机构和新闻工作者机构是如何结合在一起的……报纸和电视作为复杂的组织所必须遵循的程序,以及新闻工作者所承担的职业关怀……关注新闻专业主义以及来自新闻专业主义的决定是如何成为组织需要的产物"②。虽然,这种考察和关注对新闻生产的研究是十分必要的,但对那些根据另外的政治理论和实践进行设计与定位的新闻业来说却显得有些不得要领。舒德森在回顾西方新闻生产研究的各种理论取向后批评说:"它们既缺乏历史视野也不谙比较研究……媒介研究的动机通常是在缺乏比较视野的情况下构想出来的。"在他看来,新闻生产研究中的这种缺陷"也一定损害了其作为社会科学的长期价值"③。李金铨也认为:"英美的媒介政治学家通常漠视比较的视野,他们的理论架构孕育于工业先进和政治稳定的富裕国家,无法完全解释第三世界复杂而曲折的经验。"④

本书立足当前中国社会政治、经济、文化的特定语境,重点关注媒介、媒介机构和新闻工作者如何在各种社会力量的作用下,以及在和这些力

---

① 吉登斯. 社会学方法的新规则[M]. 田佑中,译. 北京:社会科学文献出版社,2003:130.
② 塔奇曼. 做新闻[M]. 麻争旗,刘笑盈,徐扬,译. 北京:华夏出版社,2008:30.
③ 舒德森. 新闻生产的社会学[M]//库兰,古尔维奇:大众媒介与社会,杨击,译. 北京:华夏出版社,2006:185-186.
④ 李金铨. 超越西方霸权[M]. 香港:牛津大学出版社,2004:25.

量的相互作用中从事新闻生产、建构"媒介现实"的。在对上述作用和相互作用的分析过程中,我也会对这些力量的形成和变化做必要而简洁的历史扫描,以期发现它们的理路和走向。但是,本书的根本目的不在揭开中国"媒介现实"的建构和结构之谜,而在通过检视那些影响新闻生产的主要社会力量,寻求一种适合中国国情、有利于新闻生产的"专业化制度空间"。为此,我对本书"绪论"以后的内容安排如下:

第二章"新闻生产的中国'语境'",从"准入制度"和"政治家办报"两方面论述中国新闻生产的"语境"特点,认为它们从"外"(制度)到"内"(观念),安排着新闻生产的基本要素,设置了新闻活动的基本前提。但实践是发展的,因此"语境"也是变化的。改革开放 30 年来,传统新闻观念和体制与社会实践的冲突随处可见。也正是在这些冲突中,我们看到了新闻生产关系发生的一些微妙变化,以及由此带来的生产方式和产品内容的一系列深刻变化。所以,我们的基本观点是:这种表现在"制度"和"观念"层面的语境特点,并不只是一种作为"机械结果"的控制性力量左右着新闻生产者及其生产过程,如同许多媒介政治经济学者和文化批判学者所认为的那样;也不是一种无碍于新闻生产者及其生产过程的可有可无的"背景"或"底色",如同一些多元自由主义学者和解释社会学者所做的那样。我将新闻生产的中国"语境"作为这项研究的出发点,同时也将"语境"的变化过程中所体现的这种内在逻辑作为整个研究的思想方法,它们支撑着我对一些深藏着的"根本关怀"的憧憬。

第三章"宣传管理",从具体新闻生产着眼,我国媒体与政府的关系主要表现在与各级党委宣传部门的关系,即与执政党的关系中。本章从"学习运动"、宣传通知、"命题作文"等方面,集中讨论我国宣传管理中的一些主要方法。但我并不打算系统梳理这些方法的种类,或者详细描述它们的实施过程。我的目的是分析这些方法作为新闻生产"统治技术"的成因,进而揭示它们是如何与"自我技术"一起参与新闻生产并发挥实际作用的。我们用从福柯那里借来的"统治技术"来描述影响媒体及其从业者并作用于新闻生产的各种外部结构性因素；而用"自我技术"来描述媒体及其从业者自身对各种"统治技术"的积极回应（而非消极响应）。并分别把它们与吉登斯的"结构"与"行动"这一对概念勾连起来，认为在具体新闻生产过程中，大量存在的是两者之间冲突中的合作、合作中的冲突，而不是那种要么是"对抗"，要么是"合谋"的二元对立关系。正是在这样的复杂关系中，新闻生产的所谓"空间"，或者"临场发挥"中的所谓"场"，以及"策略突围"中的所谓"围"，被一次次构筑，又被一次次打破。从这个意义上说，新闻生产同时也是新闻生产关系的再生产。

第四章"市场的逻辑"，以马克思关于人类三大社会形态的论述为指导，在对传媒市场化进行社会学分析的基础上，进一步剖析市场逻辑与新闻生产的关系。我的基本观点是：在传媒市场化的过程中，"异化"和"异化"的扬弃实际上走着同一条道路。因此，对传媒市场化做简单的肯定或否定都难免有失偏颇。传媒的历史是整个社会历史的有机组成部分，从社会发展规律来看，市场化或许是传媒发展历史上必须经历的一个阶段，积极利用它来发展现代新闻生产力，改造传统新闻生产关系，努力限制其"异化"的程度和范围，以达到最终超越它的目的，这才是正确的态度。

第五章"专业化追求"，通过分析功能主义和社会互动论关于"专业主义"的不同解释，并结合多项调查结果，我认为在当前中国的语境下，将媒体及其从业者对"新闻专业主义"的认同或追求视为对实际新闻生产中"专业权力"的追求，或者"专业权力的意识形态"的建构似乎更加符合实际。同时我也认为，媒体及其从业者的"专业权力"之于现代社会是一种"必要"而且"合理"的权力，建构"专业权力的意识形态"自然也有其合理性和必要性。当然，"专业权力"只是现代社会各种权力中的一种权力，媒体及其从业者的"专业权力"也只是各种"专业权力"中的一种"专业权力"；和所有的权力一样，它同样面临着和其他权力的关系问题，并存在一个相互监督和制约的问题。因此,需要构筑一种更加合理的媒介"专业化的制度空间"。我们将这个"空间"设想为由政府、市场、媒体以及以学界和各种非政府组织为代表的"其他社会权力"构成的一种"合力场",希望充分发挥各种"权力"的建设性作用,把每一种力量当作吉登斯所谓的"反思性监控系统",在制度设计层面为其划分界限、设定范围,使彼此间形成"控制的辩证法",共同推动社会的文明和进步。

第四节　关于材料与方法

本书使用的材料由四部分构成:(一)针对这项研究,我和我的学生所做的实地调查、深度访谈和个案分析。具体说,我们选择了两家报社(一家党报和一家都市报)、两家电视台(分别为省市两级)和一家电台(省会城市)分别进行了一周左右的实地调查;对这些机构的主要记者做跟踪采访与记录;选择记者、部主任、分管新闻的总编(台长)三个层次的对象进行深度访谈;选择一些典型案例(如一次"宣传战役"、一次社会危机事件的报道、一次典型报道的组织宣传等)进行个案分析;研究一个时期中央、省、市三级宣传部门的宣传指示和通知以及媒体的贯彻执行情况。(二)公开发表的有关新闻生产的调查报告,如陆晔等关于上海新闻从业者状况的调查;潘忠党、陈韬文对于上海、杭州两城市的新闻从业者所做的问卷调查;吴飞等关于新闻职业道德的调查;刘朝霞、李岩等关于新闻娱乐化的调查等。[①] (三)公开出版的访谈资料和业界人士具体描述新闻生产的书籍,如张志安对深度报道记者所做的大量访谈;李良荣主编的《为中

---

① 所有这些调查研究成果我们在具体引用时再另行交待出处,在此先一并致谢。

国传媒业把脉——知名学者访谈录》《企业与传媒：竞合之道——财富精英访谈录》；王永亮、成思行主编的对中国传播学者的访谈；李大同的《冰点故事》《用新闻影响今天》；孙玉胜的《十年：从改变电视的语态开始》；《南方周末》编辑出版的《后台》（第一、二辑）等。（四）一些学界朋友和同学提供的尚未公开发表的访谈记录和有关资料，他们是潘忠党、洪兵、章平、张涛甫、董媛媛、吴辉等，尽管有很多资料我还没能很好地有效利用，但我仍要对他们无私的帮助表达深深的谢意。

我曾经说过，改革开放 30 年来，中国新闻学研究曾经历过"清理遗产、厘清概念、寻找方法"等不同阶段[①]。我觉得这些对于新闻学科的建设是至关重要的，尤其是后者。一门不注重方法的学科不可能建立起实质性的理论，在科学共同体中也难以确立其"合法"地位。我们可以列举很多现象来说明新闻学的不成熟，比如，发表新闻学的"学术论文"似乎用不着接受多少学术训练，一些新闻学术刊物充斥着各种无需证明的"学术观点"或经验感言，任何一个在业界工作多年的人都可以站到这门学科的学术讲坛上高谈阔论，甚至"指手画脚"，这些对于包括经济学、政治学、法学、社会学在内的其他一些"应用性"学科来说似乎都是难以想象的。大约从 20 世纪 90 年代中期开始，特别是在海外一批华人新闻传播学者的积极倡导下，方法论问题受到国内新闻传播学界的广泛重视。总体上看，它对这门学科的发展是一件大好事。但同样是从学科发展考虑，我还是想在这里"借题发挥"，提出几个值得注意的问题。

第一，方法是手段而非目的。这应该属于常识问题，之所以要在这里嚼舌，是因为这些年来我常常在不同场合"遭遇"这个常识问题。比如一篇有理有据的论文每每被一些人批评"缺少方法"；一个思路清楚的开题报告有时候却被围绕"方法"的追问弄得进退维谷；一些研究生为了寻找

---

① 林晖. 历史的探索[M]. 武汉：武汉大学出版社，2009：449.

一些有据可查的"方法"往往东拼西凑,甚至生拉硬拽。在社会科学中,方法更多的是检验一组假说的逻辑程序,在它之前有个"研究的问题",之后还有"怎样得出受检验的假说的理论"。如果这一前一后的两个问题不解决好,所有的方法都可能是缘木求鱼或花拳绣腿。默顿在谈论这个问题时有两段话对我们既有启发性又有针对性,不妨照录:"在知道怎样检验一组假说与知道怎样得出受检验之假说的理论之间还有着明显的、决定性的区别。我的印象是当前社会学的教育在很大程度上是为了使学生理解前者而不是后者。""对程序逻辑的关注具有独特的科学功能,因为这种逻辑是指导和评估理论和经验研究的主要标准。这也反映出不成熟科学发展中所遇到的困难。正如学习新技艺的学徒自觉地对照师傅检查这些技艺的每一部分,而师傅则胸有成竹地按习惯行事,同样,一个还未达到科学地位的学科的解释者也同样要费力地说明其程序的逻辑基础。充斥社会学、经济学、心理学领域的关于方法论的低劣书籍在早已成熟的自然科学领域中很少见到。无论它们的学术功能是什么,这些方法论的著述包含了尚未成熟的学科的前景:急于表现它在科学界具有完全地位的资格。但是,非常明显,社会学家为了说明或讲解其目的所运用的适当科学方法的事例通常都引自社会学自身之外的诸学科。"①如果把这些话中的"社会学"换成"新闻学",其针对性会一目了然。

第二,方法是多种多样的,采用什么方法要根据研究的问题和论证的需要。现在一说方法,很多人脑子里出现的就是一系列实证方法,甚至是其中的定量方法。如果把方法理解为一种程序的逻辑工具,那么它就既包括实证的也包括批判的,既包括定量的也包括定性的,既包括"科学"的也包括"人文"的。总之,它们的核心是"逻辑",而不是其他。辩证唯物主义和历史唯物主义的逻辑、现象学的逻辑、结构主义/符号学的逻辑、阐释

---

① 默顿.社会理论和社会结构[M].唐少杰,齐心,译.南京:译林出版社,2006:202-203.

学的逻辑、精神分析学的逻辑,以及一般归纳和演绎的形式逻辑,统统都可以成为很好的方法。根据不同的研究需要选择不同的方法,实在没有必要画地为牢,抱定某种方法而拒斥其他方法。也许一个刻板的实证主义者怎么也不会想到,戈夫曼(Goffman)会从各种虚构作品中挑选例子,来"向读者'展示'共同知识的那些不言自明的形式",并说明和证明自己的理论。吉登斯特别提到,社会学研究中不必要对一些属于常识的"共同知识"采用民族志的"厚描"(thick description)方法,"如果学者研究的活动具有一般化的特征,那些面对这些'发现'的人对此又十分熟悉,'厚描'就是不必要的。因而,如果研究主要关注的是制度分析,在这些分析中,把行动者当成大规模的集合体来分析,或者把他们看作在出于研究考虑而界定的方面'具有典型性'的人,也不需要'厚描'"①。不仅是适应性,运用一些调查、试验方法还应该考虑经济性,常常看到一些既费钱又费时的研究,大量表格、数据后面的结论却是属于"人不吃饭是要死的"之类的"共同知识",确实给人一种"大希望"之后"大失望"的强烈反差。

第三,社会科学和自然科学是不同的,不是所有适应自然科学的方法都适应社会科学。由于历史和文化的原因,诞生于西方的社会科学在争取"合法性"的过程中曾大量借鉴甚至模仿自然科学方法,就连马克斯·韦伯(Max Weber)也一方面承认"人与物不同,要理解人不能仅从外部表现即人的行动去研究,还要研究内在的动机",另一方面他又认为"自然科学和社会科学的区别来源于研究意图上的区别,而不在于科学方法和概念方法是否适用于人类行动这一对象"②。然而,进入 20 世纪中后期,"人们认识到,经验主义哲学在自然科学中的地位正不断削弱,这种趋势对社会科学也产生了深刻的影响。这不仅仅意味着社会科学与自然科学

① 吉登斯. 社会的构成[M]. 李康,李猛,译. 北京:生活·读书·新知三联书店,1998:413.
② 科塞. 社会学思想名家[M]. 石人,译. 上海:上海人民出版社,2007:194.

之间的差异比正统共识的倡护者们所深信的更为巨大,而且,就我们现在看来,有关自然科学的哲学也必须将社会理论新兴学派所关注的那些现象——尤其是语言和意义的阐释——纳入考察范围"①。默顿将托马斯(Thomas)的"情境定义"作为阐述"自证预言"(self-fulfilling prophecy)的出发点,认为它是社会科学中面临的一个普遍现象。所谓自证预言,是说一种事态之所以存在,恰恰是由宣布它存在的事实决定的。这就是说,在社会科学中,研究活动和研究者往往与研究对象之间存在着交互解释的情况,即"双重解释"(double hermeneutic)。所以,"我们无法将社会科学的理论和结论与它们所探讨的意义及行动世界截然分开;此外,普通行动者(lay actors)也是社会理论家,他们的理论参与构成了作为职业社会观察者或社会科学家的研究对象的活动和制度"②。确实,无论如何我们都难以想象,研究矿物质或软体动物的方法和概念能够完全适用于人和人类社会的研究。还是我常说的那句话:"你问我爱你有多深?"比较恰当的回答只能是:"月亮代表我的心。"

总之,我提倡科学方法,但反对科学主义。

至于说到我这本书所用的方法,实在很难总结出一二三来。我只是想尽量追求论之有据,即观点和材料的统一;言之成理,即逻辑的"合理"以及"逻辑与历史的统一"。究竟做到没有以及做得怎样,只能敬请方家批评了。

---

① 可参阅吉登斯:《社会的构成》,第 35 页;另外,关于社会科学与自然科学的区别还可参阅该书第 54、55、56 页,以及卡西尔的《人论》。

② 可参阅吉登斯:《社会的构成》,第 54 页;关于"情境定义"和"自证预言"可参阅默顿:《社会理论与社会结构》,第十三章,以及第 30 - 32 页、257 - 259 页,吉登斯:《社会的构成》,第 469页。

第二章 / 新闻生产的中国"语境"

　　具体的新闻生产是在具体的社会语境（context）下进行的。"语境"这个词在英语中是"上下文"的意思，毫无疑问，它会随着具体文本的变化而变化。比如一个词的"语境"可能是一个句子，一个句子的"语境"可能是一个段落，一个段落的"语境"可能是一篇文章，如此等等。所以要真的厘清"语境"一词的含义也并非一件容易的事情。但本章目的不在于此，而是打算从基本制度安排和指导思想入手，抓取中国新闻生产的"语境"特点，发现其中的变化，尽量使我们的研究不仅仅见"木"而且见"林"。

　　关于社会科学研究，李金铨从美国著名批判社会学家米尔斯（Mills）那里得到启示："从个人最深刻的经验向外推，思考扩及普遍的社会现象，最后竟联系到一些根本的关怀，以至于发展成一种学术志业，那么学术工作就构成一个整体，而不是割裂的。"①对于这种治学方法和境界，我虽不能至，却心向往之。

　　根据我"个人最深刻的经验"，中国新闻生产的基本制度安排是"准入制度"，基本指导思想是"政治家办报"。它们从"外"（制度）到"内"（观念），安排着新闻生产的基本要素，设置了新闻活动的基本前提。但这只是问题的一方面，问题的另一方面，任何社会语境都是社会实践主体参与建构的结果。实践是发展的，因此"语境"也是变化的。我的基本观点是：这种表现在"制度"和"观念"层面的语境特点，并不只是一种作为"机械结果"的控制性力量，左右着新闻生产者及其生产过程，像许多媒介政治经

---

① 李金铨. 超越西方霸权[M]. 香港：牛津大学出版社，2004：5.

济学者和文化批判学者认为的那样；也不是一种无碍于新闻生产者及其生产过程的可有可无的"背景"或"底色"，像一些多元自由主义学者和解释社会学者所做的那样。

改革开放30年来，传统新闻观念和体制与社会实践的冲突随处可见。也正是在这些冲突中，我们看到了新闻生产关系发生的一些微妙变化，以及由此带来的生产方式和产品内容的一系列深刻变化。我将新闻生产的中国"语境"作为这项研究的出发点，同时也将"语境"变化过程中所体现的这种内在逻辑作为整个研究的思想方法。它们支持着我对一些深藏着的"根本关怀"的憧憬和乐观。

第一节　准入制度

在我国，新闻生产实行的是"准入制"或"许可证制"，即办报、办台（包括新闻网站）必须由国家有关行政部门批准。1950年公布的《全国报纸杂志登记暂行办法草案》规定：各地出版报纸杂志必须一律进行申请登记，经地方新闻出版行政机构初审，并转呈新闻出版总署核定，取得登记证后方可出版发行。中华人民共和国成立后，曾有少量民间的、党外的报纸存在。到1952年底，对所有私有性质的报纸都实行了公私合营。1953年后，以民间面目出现或民主党派主办的报纸只剩5家，且全部实现了公营。自此，中国不再有私营报纸的存在。对于广播，从一开始，我国的基本政策就是"国家经营""禁止私人经营"。[①] 新中国成立之初形成的新闻生产"准入制"一直延续至今。

---

① 详细内容可参见：方汉奇. 中国新闻事业通史（第3卷）[M]. 北京：中国人民大学出版社，1999：第二十一章，第一节.

根据现行法规,准入制度包括以下主要内容①:

一、只有经国家批准的县(处)级以上单位、国家行政机关才能从事新闻生产活动,任何个人和未经批准的组织不得从事这项活动。2001年12月25日国务院颁布的《出版管理条例》(2002年2月1日起施行)第十一条规定,成立出版单位要"有符合国务院出版行政部门认定的主办单位及其主管单位"。根据1993年6月29日新闻出版署发布的《关于出版单位的主办单位和主管单位职责的暂行规定》,"主办单位是指出版单位的上级领导部门。主管单位是指出版单位创办时的申请者,并是该出版单位的主办单位(两个或两个以上主办单位的则为主要主办单位)的上级主管部门。主管单位,在中央应是部级(含副部级)以上单位;在省、自治区、直辖市应是厅(局)级以上单位;在自治州、设县的市和省、自治区设立的行政公署,应是局(处)级以上单位;在县级行政区域,应是县(处)级领导机关。""主管单位、主办单位与出版单位之间必须是领导与被领导的关系,不能是挂靠与被挂靠的关系。出版单位的主要负责人员应是主办单位所属的在职人员,禁止将出版单位承包给其他组织和个人。"

《广播电视管理条例》(1997年8月11日国务院令第228号公布,自1997年9月1日起施行)第十条规定:"广播电台、电视台由县、不设区的市以上人民政府广播电视行政部门设立,其中教育电视台可以由设区的市、自治州以上人民政府教育行政部门设立。其他任何单位和个人不得设立广播电台、电视台。国家禁止设立外资经营、中外合资经营和中外合作经营的广播电台、电视台。"第三十一条规定:"广播电视节目由广播电台、电视台和省级以上人民政府广播电视行政部门批准设立的广播电视

---

① 随着新闻改革的深入,准入制度中的不少具体规定已经被突破,其中一些突破来自官方或得到官方的认可,有些则是心照不宣地默许,前者如报刊管理中的"管办分离",广播电视中的"局台分离",后者如大量无证记者和编辑在从事实际新闻工作。但是到目前为止,准入制度的指导思想和基本宗旨并未改变,国家对有关法规也未进行清理,也就是说,这些法规在法律上依然有效。

节目制作经营单位制作。广播电台、电视台不得播放未取得广播电视节目制作经营许可的单位制作的广播电视节目。"2004年8月18日国家广播电影电视总局颁布的《广播电台电视台审批管理办法》(自2004年9月20日起施行)第五条,对《广播电视管理条例》做了一些变通和补充:"广播电台、电视台原则上由县、不设区的市以上广播电视行政部门或经批准的广播影视集团(总台)设立,其中教育电视台可以由设区的市、自治州以上教育行政部门设立。"第十八条:"广电总局对经批准设立的广播电台、电视台颁发《广播电视播出机构许可证》,并同时对批准开办的每套广播电视节目颁发《广播电视频道许可证》。许可证有效期为三年,自颁发之日起计算。"

二、新闻出版单位要在上级主办单位和主管单位的直接领导、管理和监督下从事新闻生产活动。《关于出版单位的主办单位和主管单位职责的暂行规定》第八条:"主办单位对所办出版单位负有下列职责:(一)领导、监督出版单位遵照中国共产党的基本路线、方针、政策和国家的法律、法规、政策以及办社(报、刊)方针、宗旨、专业范围,做好出版工作及有关各项工作;审核出版单位的重要宣传、报道或选题计划,审核批准重要稿件(书稿、评论、报道等)的出版或发表;决定所属出版单位的出版物发行或不发行;对出版单位在出版物内容等方面发生的严重错误和其他重大问题,承担直接领导责任。……(四)审核出版单位的内部机构的设置,考核并提出任免出版单位的负责人的建议,报主管单位批准。(五)向主管单位汇报出版单位的工作情况,贯彻落实主管单位的有关决定和意见。"第九条:"主管单位对所属的出版单位及其主办单位负有下列职责:(一)监督出版单位及其主办单位贯彻执行中国共产党的基本路线、方针、政策和国家的法律、法规、政策;采取行政措施和经济措施保证出版单位的出版工作,坚持为人民服务、为社会主义服务的方向,坚持以社会效益为最高准则;有权决定所属出版单位的出版物发行或不发行;对出版单位在出版物内容等方面发生的严重错误和其他重大问题,承担领导责任。(二)审核批准出版单位的重大宣传、报道或选题计划,批准有重要影响的稿件的出版或发表;决定出版单位或出版物停办或变更,并向新闻出版行政管理部门提出书面报告。(三)对主办单位对出版单位的领导和管理工作进行检查、监督、指导,并可提出意见或做出决定……"。"第十条,主办单位与主管单位是同一机构的,该机构对本规定第八、九条规定的职责均应履行。"

三、新闻采编人员的从业资格和条件需经上级主管部门审核,并由新闻出版行政部门批准认可。《新闻记者证管理办法》(2005 年 1 月 10 日新闻出版总署令第 28 号发布,自 2005 年 3 月 1 日起施行。下简称《管理办法》)第二条规定:"全国新闻机构使用统一样式的记者证,证件名称为新闻记者证。新闻记者证是我国新闻机构的新闻采编人员从事新闻采访活动使用的有效工作身份证件,由新闻出版总署统一印制并核发。"根据该办法第二章有关条款规定,除解放军和武警部队外,各级新闻机构采编人员的记者证需经主管部门审核资格条件后,向当地新闻出版行政部门申报、领取,并向新闻出版总署备案,新闻记者证申请、审核和发放工作统一通过新闻出版总署的"全国新闻记者证管理及核验网络系统"进行。该《管理办法》第十三条规定:"新闻记者证持有者从事新闻采访的合法权益受法律保护。"新闻记者证每年审核一次,五年统一换发一次。该《管理办法》第二十五条规定:"新闻机构的主管单位应履行对所属新闻机构新闻记者证的申领审核和规范使用的管理责任,依法对违反本办法的新闻机构、新闻采编人员进行处理,对情节严重的向发证机关申请注销其新闻记者证。"2001 年 6 月 18 日发布的《新闻出版总署关于进一步加强记者证管理的通知》指出:"记者证是由国家新闻出版行政管理部门统一制作的我国新闻单位进行正常采访活动时的合法身份证明。"《报纸出版管理规定》(2005 年 9 月 30 日新闻出版总署令第 32 号发布,自 2005 年 12 月 1

日起施行)第四十一条指出:"报纸出版单位的新闻采编人员从事新闻采访活动,必须持有新闻出版总署统一核发的新闻记者证,并遵守新闻出版总署《新闻记者证管理办法》的有关规定。"

四、国家广电总局是各级广播电台和电视台的最高行政管理部门,国家新闻出版总署对全国报刊拥有统一管理权。根据《广播电视管理条例》中"广播电台、电视台由县、不设区的市以上人民政府广播电视行政部门设立"的规定,各级广播电台、电视台都是国家广电总局及其领导下的各级广播电视行政部门的附属机构。国家新闻出版总署对全国报刊的管理权主要体现在:第一,报刊出版的审批权;第二,新闻记者证的核发权;第三,建立在审读、评估、核验等制度上的监督权。《报纸出版管理规定》第四章第四十七条规定:"报纸出版管理实施报纸出版事后审读制度、报纸出版质量评估制度、报纸出版年度核验制度和报纸出版从业人员资格管理制度。"第四十八条规定:"新闻出版总署负责全国报纸审读工作。地方各级新闻出版行政部门负责对本行政区域内出版的报纸进行审读。下级新闻出版行政部门要定期向上一级新闻出版行政部门提交审读报告。主管单位须对其主管的报纸进行审读,定期向所在地新闻出版行政部门报送审读报告。报纸出版单位应建立报纸阅评制度,定期写出阅评报告。新闻出版行政部门根据管理工作需要,可以随时调阅、检查报纸出版单位的阅评报告。"

从新闻生产的角度看,"准入制"的实质在于国家集中控制生产上游的基本要素资源,以便实现对中游生产过程,特别是下游产品内容和形式的全面控制。将所有新闻生产组织和从业者纳入国家统一管理,全部新闻生产资料收归国家所有和调配,有利于保证新闻传播服从并服务于国家的统一意志,而社会主义国家是人民当家作主的国家,国家意志集中体现的是人民意志。"准入制"就是在基本制度层面上以法规的形式对这一思想的确立。

以国家集中管理和指挥的方式实现物质生产和精神生产效益最大化的构想来自列宁。在写于十月革命前夕的《国家与革命》中，列宁将共产主义社会第一阶段——社会主义社会的基本经济形态设想为一个"国家辛迪加"（The State Syndicate），即一个由国家垄断经营的大公司。他认为，在社会主义国家，"全体公民都变成了国家（武装工人）的职员，全体公民都成了一个全民的、国家的'辛迪加'的职员和工人……整个社会将成为一个管理处，成为一个劳动平等、报酬平等的工厂"①。在列宁看来，这样不仅能克服资本主义生产中生产资料的私人占有与社会化大生产之间的矛盾，实现资源的有效配置，使生产效益最大化，同时还能消灭剥削，真正实现人与人之间的平等。

对于物质生产中"集中计划经济"的由来和问题，吴敬琏已有详细论述和分析②。在精神生产领域，列宁同样认为，生产资料的私人占有只能满足少数富人的精神文化需求，无法实现广大劳动者的自由。关于包括出版自由在内的各种自由，列宁指出：

> 在以金钱势力为基础的社会中，在广大劳动者一贫如洗而一小撮富人过着寄生生活的社会中，不可能有实际的和真正的"自由"。作家先生，你能离开你的资产阶级出版家而自由吗？你能离开那些要求你作诲淫的小说和图画、用卖淫来"补充""神圣"舞台艺术的资产阶级公众而自由吗？……资产阶级的作家、画家和女演员的自由，不过是他们依赖钱袋、依赖收买和依赖豢养的一种假面具（或一种伪装）罢了。③

具体到出版自由，列宁认为，在资本主义社会，"出版自由就是富人有

---

① 列宁选集（第3卷）[M]. 北京：人民出版社，1995：202.
② 吴敬琏. 当代中国经济改革[M]. 上海：上海远东出版社，2003：第一章，第2、3节.
③ 列宁全集（2版）：第12卷[M]. 北京：人民出版社，1990：96.

出版报纸的自由，就是由资本家霸占一切报刊。这种霸占的实际结果是使包括最自由的国家在内的世界各国到处都有卖身投靠的报刊"①。他还说："资本主义使报纸成为资本主义的企业，成为富人发财、向富人提供消息和消遣的工具，成为欺骗和愚弄劳动群众的工具。"②他得出结论："在全世界，凡是有资本家的地方，所谓出版自由，就是收买报纸、收买作家的自由，就是买通、收买和炮制'舆论'帮助资产阶级的自由。"③所以列宁强调"问题不在于'出版自由'，而在于剥削者对他们占有的印刷所和纸张拥有神圣的所有权！！！"④因此，要保证全体公民享有出版自由，首要的就是要摆脱大资本的控制，剥夺资本家对出版业的所有权，使生产的基本要素资源由代表国家的苏维埃政府来掌握和分配。这样资产阶级在形式上的出版自由就能变成无产阶级在实际上的出版自由。1919 年 3 月，俄共(布)八大通过的党纲集中体现了列宁的上述思想：

> 资产阶级民主在形式上把集会、结社、出版权等政治权利和政治自由扩大到全体公民，但实际上，行政上的实践，主要是劳动者经济上的从属地位，总是使劳动者在资产阶级民主下即使享有一点点权利和自由也不可能广泛使用，与此相反，无产阶级民主首先不是形式上宣布权利和自由，而是实际上将这些权利和自由给予受资本主义压迫的各阶级的居民，即无产者和农民。为此，苏维埃政府要从资产阶级手里没收建筑物、印刷所和储藏的纸张等，把它们完全交给劳动者及组织。⑤

中国共产党领导的新闻界学习苏联理论和经验，早在抗日战争时期

---

①　列宁全集(2 版)：第 33 卷[M].北京：人民出版社,1990:47.
②　列宁全集(2 版)：第 40 卷[M].北京：人民出版社,1990:335.
③　列宁全集(2 版)：第 42 卷[M].北京：人民出版社,1990:85.
④　列宁全集(2 版)：第 32 卷[M].北京：人民出版社,1990:230.
⑤　参阅《苏联共产党决议汇编》，第 2 分册，第 43 页。

就开始了,延安整风中的新闻改革第一次将这些理论和经验固定下来。新中国成立初期,我们在经济、政治和文化等各领域全面学习苏联。毛泽东根据马克思主义关于经济基础和上层建筑的关系学说,将意识形态领域的高度集权与经济建设领域的集中计划联系起来。1957 年,他在批评党内"修正主义"时指出:"他们混同反映社会主义国家集体经济的新闻事业与反映资本主义国家无政府状态和集团竞争的经济的新闻事业。……他们反对为了实现计划经济所必需的对于文化教育事业(包括新闻事业在内的)必要的但不是过分集中的领导、计划和控制。"①不久,毛泽东对上述思想做出进一步提炼:"在社会主义国家,报纸是社会主义经济即在公有制基础上的计划经济通过新闻手段的反映,和资本主义国家报纸是无政府状态的与集团竞争的经济通过新闻手段的反映不相同。"②

与列宁的思想相比较,这里有一个值得注意的变化。那就是列宁主张的国家所有、集中管理,更多是从"保障劳动者表达自己意见的实际自由"考虑;毛泽东主张的集中领导、计划和控制,则更多强调与计划经济体制的适应及实现计划经济的需要。

利用报纸开展工作是毛泽东的一贯主张。延安整风时期发出的《为改造党报的通知》指出:"报纸是党的宣传鼓动工作最有力的工具,每天与数十万的群众联系并影响他们,因此,把报纸办好,是党的一个中心工作。"③在《解放日报》改版座谈会上,毛泽东明确要求:"利用《解放日报》,应当是各机关经常的业务之一。经过报纸把一个部门的经验传播出去,就可推动其他部门工作的改造。我们今天来整顿三风,必须要好好利用报纸。"④

---

① 毛泽东.事情正在起变化[N].人民日报,1957-05-15.
② 毛泽东.《文汇报》在一个时期内的资产阶级方向[N].人民日报,1957-06-14.
③ 中国社会科学院新闻研究所.中国共产党新闻工作文件汇编(上册)[M].北京:新华出版社,1980:126.
④ 毛泽东.毛泽东新闻工作文选[M].北京:新华出版社,1983:19.

从 1950 年公布的《全国报纸杂志登记暂行办法草案》，到随后对私营报纸实行的改造，再到现行的有关法规，整个准入制度的确立过程，既有列宁思想和苏联社会主义实践的广泛影响，也渗透着延安整风形成的传统。童兵指出，新中国成立以后，"党领导下的社会主义新闻事业应该实现何种体制？这是共和国成立后亟待解决的问题。当然，延安清凉山时期的新闻体制基本搬到了新中国，但新的体制中也有《真理报》、塔斯社、全苏广播体系的广泛影响"①。

准入制度把新闻生产纳入了国家行政权力控制之下，使媒体组织成为各级权力的"舆论机关"。因此，与西方发达资本主义国家不同，中国新闻机构不是现代社会分工条件下，独立于其他社会集团（尤其是政府）的专业自治组织，而是各级行政组织的附属机构，是国家机器上的"齿轮和螺丝钉"。表面看，他们是新闻生产单位，直接生产着新闻产品；事实上，各级党委和政府才是新闻生产的总指挥与总调度。在这种特定语境下，如果按照西方学者关于新闻生产的"一般叙事"——将新闻机构自身的专业理念和组织程序视为"新闻框架"②——显然不得要领。无论是从"反映"或"建构"现实出发，还是从"干预生活"着眼，媒体外部的政治权力都是中国新闻生产中一股强大的介入或干预力量。前者，从各个时期、各级党委宣传部门的"宣传报道通知""新闻宣传工作方案""宣传报道意见"等

---

① 童兵.主体与喉舌［M］.郑州：河南人民出版社，1994：57.

② 西方关于新闻生产的研究大多如此，其中 Gaye Tuchman 的 *Making News* 尤为典型，该书第一章"作为框架的新闻"开宗明义："本书把新闻看作一种框架，并考察这个框架是如何建构的，或者说考察新闻机构和新闻工作者机构是如何结合在一起的。考察的重心是报纸和电视作为复杂的组织所必然遵循的程序，以及新闻工作者所承担的职业关怀……本书更关注新闻专业主义以及来自新闻专业主义的决定是如何成为组织需要的产物的。"（塔奇曼.做新闻［M］.麻争旗，等，译.北京：华夏出版社，2008：30.）Todd Gitlin 在 *The Whole World is Watching* 中也认为："新闻业的惯例是以新闻组织的经济利益和政治兴趣为基础的，往往从对各种社会现实的筛选中得到体现。日复一日，常规的组织程序界定了'报道'，塑造了领导人以及他们所持的观点，并且传达了该如何认识领导人的态度。只有在政治危机或起主导作用的意识形态出现较大变化的时候，政治、经济领导才会偶尔直接介入或干涉现行的新闻惯例。"（吉特林.新左派运动的媒介镜像［M］.张锐，译.北京：华夏出版社，2007：11.）

规定和要求中可以看出(第三章将专门论述);后者,在中央电视台《焦点访谈》"自上而下的舆论监督"中能够得到证明。第十三届中国新闻奖一等奖和第六届范长江新闻奖得主、《中国青年报》首席记者刘畅连续两个季度给《焦点访谈》做评委,看了大量的节目后得出结论:"《焦点访谈》的叙事模式是什么呢,就是中央政府怎么规定,地方政府怎么违反。这种叙事逻辑的实质,其实就是媒体代表中央监督地方,其前提就是中央政府是绝对正确的,出台的每条政策都是无可置疑的,然后我来监督你为什么不这么办。"①在我们的访谈过程中,也多次听到过总编辑、部主任或栏目主编对这种"常规"(routine)的体认:"很多问题不是我们能够决定的,我们只是高级打工仔,上面的指示你不能不执行,体制就是这样的。"

社会实践是在变化和发展的,相比之下,任何规制总是滞后的。"体制"并不是一套固定社会关系的内在网络模式,或者隐藏在社会表层肌理下的深层密码。"体制"是一整套富有生成能力的系统,社会实践主体在持续不断的实践过程中既依靠这一系统,又改变和创造了这一系统。正如马克思所言:人在其不能选择的条件中创造自己的历史。

第二节　政治家办报

"政治家办报"是毛泽东在和吴冷西的两次谈话中分别提出的。1957年6月7日,毛泽东找胡乔木和即将接任邓拓担任《人民日报》总编辑的吴冷西谈话时提出:"写文章尤其是社论,一定要从政治上总揽全局,紧密

---

① 张志安.记者如何专业[M].广州:南方日报出版社,2007:126.

结合政治形势,这叫做政治家办报。"①时隔两年,即 1959 年 6 月,毛泽东在与吴冷西的另一次谈话中再次提出:"新闻工作,要看是政治家办,还是书生办。有些人是书生,最大的缺点是多谋寡断。刘备、孙权、袁绍都有这个缺点,曹操就多谋善断。要反对多端寡要,没有要点,言不及义。要一下子看到问题所在⋯⋯搞新闻工作,要政治家办报。"②此后,毛泽东的这一主张反复出现在中共关于新闻宣传工作的各种文件和领导人讲话,以及新闻学的教科书中,并被不断阐发,与"喉舌论"和"党性原则"一起成为新闻工作的一条金科玉律。

究竟如何理解毛泽东的"政治家办报"? 这恐怕还要从特定的历史"语境"出发。

1957 年 2 月,中央召开最高国务会议,毛泽东在会上做了《关于正确处理人民内部矛盾的问题》的报告;3 月召开宣传工作会议,毛泽东到会讲话并与新闻出版界的代表座谈。这是毛泽东部署全党开展整风运动的两个重要会议,而对于这两个重要的会议,当时的《人民日报》并没有进行重点宣传,致使一些民主党派的报纸,以"百花齐放、百家争鸣"为由,开始向共产党"鸣、放",提出了一些毛泽东难以接受的意见,以至于毛泽东不得不思考"反击"。对中央机关报的迟钝,毛泽东极为不满,认为《人民日报》没有把握舆论的主动权,让非党报纸抢了先机甚至钻了空子。为此,毛泽东专门把时任《人民日报》总编辑的邓拓找去进行了严厉训斥:"过去我说你们是书生办报,不对,应当说是死人办报""最高国务会议发了消息,为什么不发社论? ⋯⋯宣传会议不发消息是个错误⋯⋯党的报纸对党的政策要及时宣传。最高国务会议以后,《人民日报》没有声音,非党报

① 吴冷西. 新闻的阶级性及其他——毛主席几次谈话的回忆[M]//中共中央文献研究室缅怀毛泽东. 北京:中央文献出版社,1993:203.

② 毛泽东. 毛泽东新闻工作文选[M]. 北京:新华出版社,1983:215 - 216.

纸在起领导作用。党报被动,党的领导也被动,这里有鬼。"①两个月后,毛泽东决定由吴冷西接替邓拓担任《人民日报》总编辑。"政治家办报"就是在接任前的那次谈话中首次提出的。据吴冷西回忆,在这次谈话中,毛泽东说他对邓拓的严厉批评是"猛击一掌,为使他们惊醒过来"。毛泽东把他和邓拓的谈话归纳为四点:一是报纸的宣传,要联系当前的政治,写新闻、文章要这样,写社论更要这样;二是中央的每一项重要决策,报纸都要有具体部署,要订出写哪些社论、文章和新闻的计划,并贯彻执行;三是《人民日报》要在现有的条件下改进工作,包括领导工作;四是要吸收报社以外的专家、学者、作家参加报纸工作,要团结好他们。②

1958 年下半年至 1959 年上半年,毛泽东在大量事实面前开始认识到"大跃进"和"人民公社运动"中的一些失误,并多次在一些场合做了自我批评。在 1959 年 6 月 12 日至 13 日召开的中央政治局扩大会议上,毛泽东谈到报纸宣传时说:"现在我们宣传上遇到困难。去年是那样讲的,今天又怎(这)么讲。现在《人民日报》和《内部参考》是两本经。人民日报社和新华社搞两面派。公开报道尽讲好的,《内部参考》讲不好的。当然,《内部参考》还是要办,不好的事情还是(要)有个地方讲。但公开报道老是这样只讲好的,不是办法。去年说了许多大话、假话,应该逐步转过来。自己过去立的菩萨,现在自己不要再拜了……过去报纸上说的虚夸的数字、过高的指标,现在根本不去理它,转过来就是。关于如何转,这个问题请中央书记处研究。"③1959 年 6 月 20 日,中央召开政治局会议讨论宣传上如何转向的问题。会上毛泽东说:"现在宣传上要转,非转不可。总的

① 朱正.1957 年的夏季:从百家争鸣到两家争鸣[M].郑州:河南人民出版社,1998:47;毛泽东对邓拓的这次训斥在胡乔木、王若水等人的回忆文章中均有记载。
② 吴冷西.新闻的阶级性及其他——毛主席几次谈话的回忆[M]//中共中央文献研究室.缅怀毛泽东.北京:中央文献出版社,1993:204-206.
③ 吴冷西.忆毛主席[M].北京:新华出版社,1995:59.

说，反右斗争起，《人民日报》比过去好，老气没有了，但去年吹得太凶、太多、太大。现在的问题是改正缺点、错误。如果不改，《人民日报》就有变成《中央日报》的危险，新华社也有变成中央社的危险。我看《人民日报》，只看一些新闻和一些学术文章，对其他的东西不大有兴趣，它们吸引不了我。不过《参考资料》和《内部参考》我每天必看，这两种刊物，应该让更多的人看到。记者协会办的《新闻工作动态》也不错，反映了新闻界的一些思想动向，可以看。但公开的宣传，不论新华社、人民日报社或广播电台，都要来一个转变，不能像目前这样顾左右而言他。"最后，毛泽东重申了不久前他和吴冷西谈话的内容："报纸办得好坏，要看你是政治家办报还是书生办报。我是提倡政治家办报的，但有些同志是书生，最大的缺点是优柔寡断。袁绍、刘备、孙权都有这个缺点，都是优柔寡断，而曹操则是多谋善断。我们做事情不要独断，要多谋，但多谋还要善断，不要多谋寡断，也不要多谋寡要，没有抓住要点，言不及义，这都不好。听了许多意见之后，要一下子抓住问题的要害。曹操批评袁绍，说他志大智少，色厉而内荏，就是说没有头脑。办报也要多谋善断，要一眼看准，立即抓住、抓紧，形势一变，要转得快。"①

　　上述最后几句话值得回味："办报也要多谋善断，要一眼看准，立即抓住、抓紧，形势一变，要转得快。"不难发现，毛泽东两次谈论政治家办报有一个共同的背景，那就是他自己提出的思想，制定的政策在实践面前遇到问题后，就会需要做出调整甚至完全改变。这时候的报纸往往"跟不上他的思想"（胡乔木、邓拓、吴冷西、陆定一等都在不同场合表达过这种共同的苦恼），毛泽东也因此对报纸不满。当年批评邓拓时毛泽东就说过："我看你像汉元帝，优柔寡断。"可见毛泽东是非常看中"善断"的。"文人（书

---

① 吴冷西.新闻的阶级性及其他——毛主席几次谈话的回忆[M]//中共中央文献研究室.缅怀毛泽东.北京:中央文献出版社,1993:36-141.

生)办报"多谋寡断,思而不行,轻则跟不上政治家的脚步,重则给你来个"不党、不私、不卖、不盲",毛泽东自然不喜欢。有意思的是,上述讨论"宣传要转"的政治局会议一结束,刘少奇就对吴冷西说:"毛主席说的多谋善断,你们首先要多谋,然后也要善断。"①这一前一后的关系问题的确太微妙,也太难为吴冷西了。终于到了1966年3月,吴冷西因为没能处理好这种"谋"与"断"的关系,几乎遭遇10年前毛泽东对其前任邓拓同样严厉的批评。

1965年11月,姚文元抛出《评新编历史剧〈海瑞罢官〉》,武断地认为该剧借古喻今,并联系1962年的"单干风""翻案风",对吴晗进行政治攻击。吴冷西认为这是把文艺评论变为政治问题,不同意在《人民日报》上转载。1965年年底至1966年3月,毛泽东正紧锣密鼓地筹备发动一场"史无前例"的"文化大革命",《人民日报》却毫不"善断",仍然按照《二月提纲》的精神组织"言不及义"的学术讨论。1966年3月18日下午,在杭州西湖西南岸刘庄召开的一个小会结束前,毛泽东突然转向吴冷西说:"《人民日报》登过不少乌七八糟的东西,提倡鬼戏,捧海瑞,犯了错误。我过去批评你们不搞理论,从报纸创办时起就批评,批评过多次。我说过我学蒋介石,他不看《中央日报》,我也不看《人民日报》,因为没有什么看头。你们的《学术研究》是我逼出来的。我看你是半马克思主义,三十未立,四十半惑,五十能否知天命,要看努力。要不断进步,否则要垮台……你们的编辑也不高明,登了那么多坏东西,没有马克思主义,或者只有三分之一甚至四分之一的马克思主义。"②

毛泽东提倡的"政治家办报"的核心内容在于,报纸是政治家从事政治活动的工具,办报要想政治家之所想,急政治家之所急,跟上政治家的思想和步伐。更生动的说法就是毛泽东本人的"一眼看准,立即抓

① 吴冷西.新闻的阶级性及其他——毛主席几次谈话的回忆[M]//中共中央文献研究室.缅怀毛泽东.北京:中央文献出版社,1993:36—141.
② 吴冷西.忆毛主席[M].北京:新华出版社,1996.

住、抓紧,形势一变,要转得快";其基本形式主要体现在各种文章、言论尤其是社论上。当然,这种从历史分析中抓住的"要害",已经经过了一次抽象(语言的无奈)。因为这里面还存在许许多多非常具体的问题,如想哪些政治家之所想?急哪些政治家之所急?什么才叫"准"?怎样才算"紧"?如何去"转"?这些"要害中的要害"都是语言所无法描述的。而"从政治上总揽全局,紧密结合政治形势"云云不过是对上述核心内容的"二次抽象",到了"政治家办报"则是更高层次的抽象了。抽象的结果便是属于"要害"的核心部分越来越小,而可阐发的空间却越来越大,用语言学的术语来说,就是"所指"越来越弱,"能指"越来越强,或者从解释社会学来看,"自反性"(reflexive)越来越强,"指称性"(indexicality,又译"索引性")却越来越弱。正因为如此,"政治家办报"才可能在后来被一再倡导并不断赋予新的内容,成为几十年来中国共产党指导新闻工作的一条重要原则。

1996年1月,江泽民《在接见解放军报社师以上干部时的讲话》中指出:"(政治家办报)这一指示精神至今仍然具有重要的指导意义……因此,报社的同志,必须讲政治,必须具有良好的政治素质,具有很强的政治鉴别力和政治敏锐性,必须树立高度的政治责任感。每个同志都要自觉地在思想上、政治上与党中央保持一致,在任何复杂多变的形势面前,都要保持清醒的头脑。这是坚持正确的办报方向,始终保持正确的舆论导向的关键所在。"事实上,从"以阶级斗争为纲"到"以经济建设为中心",再到"三个代表""以人为本""科学发展观",作为一条抽象原则的"政治家办报"都同样具有重要的指导意义。但在不同的历史时期这一原则的内涵及其指导方式却是不同的。2006年4月,中宣部副部长李东生在全国"新闻媒体负责同志培训班"开班式上,做了题为《坚持政治家办报、坚持遵循新闻规律》的主题报告,应该能够代表"官方"对这一原则的最新阐释。以下是这个报告的部分摘录:

政治家办报的新闻思想高度概括了党对新闻工作者的政治要求,精辟阐明了政治与新闻的关系,深刻揭示了新闻媒体与社会发展现实紧密相连的规律。

政治家办报就是要求报刊从业者用政治家的立场、眼光、敏锐性和思想方法,选择素材、组织报道、处理新闻、把握基调。政治家办报不仅体现在办报者的思想意识、价值取向、是非判断等主观世界中,而且体现于报刊的选题、选材、标题、版面等采编工作中。

有人认为时事政治报道政治要求高,要有政治意识,其他报道与政治家办报关系不大。这种理解也是片面的。马克思经典作家认为"政治是经济的最集中的表现",经济报道脱离了政治意识就会出现偏差。行业新闻往往涉及行业政策解读、行业问题分析等,缺乏对国家宏观政治、经济政策的把握,同样也会出现偏差。社会新闻同样要有政治意识。

我们讲政治家办报,强调的是一种政治责任、政治意识和社会职责,强调的是为社会发展添砖加瓦而不是诋毁破坏。

与毛泽东的"政治家办报"相比,这里的"政治家办报"有了一些明显变化。第一,它的"合法性"已经不再因为它是"最高指示",而是因为它"精辟阐明了政治与新闻的关系,深刻揭示了新闻媒体与社会发展现实紧密相连的规律"。对"合法性"来源的不同诉求反映了社会环境的深刻变化,以及由此带来的管理思想和管理方式的变化。诉诸权威的管理带有更多的压制性,诉诸科学(规律)的管理则蕴含着一定的生产性或创造性潜力。第二,它已经不再是那种"重断轻谋"的对党报的特殊要求,而是对新闻工作和新闻工作者的普遍要求,就是说各级各类媒体都要遵循这一要求。第三,它已经不再主要关注社论、文章、言论这样一些"非新闻"生产领域,而是贯穿诸如选题、选材、策划、标题、版面等新闻生产的始终,影响着新闻生产的各个环节。第四，"政治家办报"已经不再是按照政治长官的意志办报，甚至不仅仅指"在思想上、政治上与党中央保持一致"①，而是泛化为"一种政治责任、政治意识和社会职责，强调的是为社会发展添砖加瓦而不是诋毁破坏"。因此，它不仅能够自然涵盖党和政府对新闻媒介的一系列具体要求，如"坚持团结稳定鼓劲、正面宣传为主""坚持'三贴近'，在'三深入'中感动自己，用新闻作品感动社会""主动积极健康引导受众，履行新闻从业者的社会职责"②等，而且能够与"遵循新闻规律"巧妙地勾连起来。经过重新阐释的"政治家办报"开始变得伸缩自如、充满张力，在"为社会发展添砖加瓦而不是诋毁破坏"这条底线的基础上，对不同媒体提出不同要求。

"政治家办报"内涵的变化反映了社会实践的变化，也反映了党对新闻工作管理思想的变化，同时折射出社会实践主体，包括新闻生产实践主体的能动性。对于具体的"政治家办报"，马达就说过："所谓'政治家办报'问题，是由于对形势认识的不一致而引发的，毛泽东的批评也是针对报纸写社论、发消息的当与不当而发的。它并不是作为新闻工作者的政治标准和行为规范来讲的，也不是对所有新闻从业人员必须遵守的工作原则、工作纪律的要求来说的。"他结合自己的办报体会指出：笼统地提"政治家办报"，一是容易把一个个具体问题都泛化为政治问题，不利于新闻工作从实际情况和广大人民群众的需要出发；二是不利于新闻工作者主观能动性的发挥，为个别领导人直接干预新闻生产提供依据。"因此，不需要笼统地提'政治家办报'，而应该提倡新闻工作者特别是总编辑，懂得党的路线方针政策，能联系人民群众，成为党的正确主张的宣传者，成为人民利益的捍卫者，成为广大读者的知心朋友。那是什么家呢？如果一定要安上什么家的名称，他应该

---

① 中共中央文献编辑委员会.江泽民文选(第一卷)[M].北京：人民出版社,2006：565.
② 芮必峰."政治家办报"的历史解读[J].新闻与写作,2009(2)：72—74.

是党和人民需要的思想家和社会活动家。"①正是包括新闻工作者在内的社会实践主体,通过思想和行为对传统观念及体制的革故鼎新,推动着中国新闻改革和整个社会改革的进程。

第三节　中心扩散

潘忠党用"边缘突破"描述和概括中国新闻改革的基本特征。他在一篇文章中解释道:"粗略地说,传媒内容的意识形态导向属于'中心'地带,传媒的经营机制与组织结构属于'边缘'地带;传媒的新闻类内容属于'中心'地带,传媒的娱乐和消费类内容属于'边缘'地带。但是,我们这里用'中心'与'边缘'所做的理论划分超出了这些具体的类别区分,更强调政治权力和意识形态话语的构成与辐射的结构形态。在这个理论层面,'中心'与'边缘'在改革中的互动不仅表现于改革的内容,而且表现在改革实施的结构性方式。迄今为止,改革的方式一直是一些创新的实践先起于党的新闻体制的边缘地带,其中一些在中心地带得到再现,或者受到党政权威的首肯。当这二者之一发生于某创新实践时,该创新就被'验证'(certified)为符合党的路线,也因此可能被固化为现存体制的组成部分。这就是我以前所讲的改革的'边缘突破'方式。"②但如果用历史的或动态的观点来看,所谓"中心"和"边缘"并不是一种既定的结构,改革开放前的中国传媒,几乎不存在潘忠党所说的"边缘","边缘"的形成正是改革的结

---

① 马达. 关于"政治家办报"[M]//马达自述——办报生涯60年. 北京:文汇出版社,2004.
② 潘忠党:《有限创新与媒介变迁:改革中的中国新闻业》,该文系潘忠党根据自己的英文原作改写,以电子邮件发给我的。原作的简缩版发表于 BROMLEY, ROMANO. Journalism and Democracy in Asia[M]. London:Routledge,2009:96-107. 关于"边缘突破",见潘忠党. 新闻改革与新闻体制的改造[J]. 新闻与传播研究,1997(3):21.

果而不是前提条件,这在媒介结构的变化中显得尤为明显。观察新闻改革中媒介结构的变化,我们会发现,它很像湖面上被石子击出的波纹,由中心向外一点点扩散。所以我选择"中心扩散"来描述和概括这种变化。

新中国成立以后,除屈指可数的几份新中国成立前出版的进步民主人士主办的报纸外,基本上都是各级党委、政府机关、事业单位和军队办的报纸。1953年,全国专区以上报纸有258种,其中共产党机关报有151种,占报纸总数的59%,剩下的工会报纸、农民报纸、青少年报纸、专业报纸、少数民族文字报纸、人民军队报纸,其主办单位都归属共产党领导下的各级政府行政、事业机关或军队政治部门,合起来占报纸总数的35%。[①] 如果把党报看作狭义的"机关报",这类报纸可视为广义的"机关报",因为它们的主办部门或主管部门都是国家"机关"。在以后的30多年里,这种围绕以《人民日报》为首的党报而形成的"机关报一统天下"的格局一直是中国报业的基本格局。出版报纸必须有"主办、主管单位"的严格规定,正是对这种基本格局的法律维护。这一格局可以用同心圆来形象地表示:第一个圆是共产党的机关报(《人民日报》是圆心),围绕这个圆的是国家各级机关和组织办的报纸。

进入20世纪80年代,中国报纸种类和数量大幅度增加。据1985年的调查数据显示,自1980年1月1日至1985年3月1日,全国新办报纸1 008家,平均不到两天就有一份新报纸问世。到1990年底,全国已有报纸1 442家,其中共产党机关报406家,占28.2%,比例的相对下降是因为总数的增加和品种的扩大。1953年的报纸被划分为8类;1990年的统计把报纸分成27类,在这27类报纸中,共产党机关报的比例仍占据绝对优势,比位居第二的经济报(占9.5%)高出近20个百分点。平均期发数仅次于广播电视报,位居第二,比位居第三的学生、少年儿童报高出近一

---

① 方汉奇. 中国新闻事业通史(第三卷)[M]. 北京:中国人民大学出版社,1999:第二十一章,
  第一节.

倍。^①所以,整个 20 世纪 80 年代的第一个办报高潮基本上是上述同心圆的扩大,中国报业的总体格局没有变化。

但是,中国社会的宏观背景毕竟发生了很大变化,其中最具影响力的变化是执政党的中心工作由"阶级斗争"转向了"经济建设"。它引发的一个直接后果是经济、文化与政治在一定程度上的分离。在"以阶级斗争为纲"的时代,中国的经济、文化,甚至老百姓的日常生活都被完全"政治化"了,政治是这个国家的"统帅"和"灵魂",一切围绕政治,一切服从政治。"喉舌论""政治家办报"等新闻观念和各级党政机关办报、政府办台的制度性安排,正是这套"社会系统"在新闻实践领域的必然体现。当这套可见的表层"社会系统"被社会"结构化"过程部分打破时,体现于新闻实践领域的思想观念和制度安排也会做出一定程度的回应,这种回应又可以被视为新的"结构化"过程的一部分。^②

在新闻实践领域,对部分被打破的"社会系统"所做出的回应主要表现在以下几个方面:

首先是一批新复刊或创刊的晚报对"机关报"模式的挣脱,如《南昌晚报》(1979 年 11 月)、《春城晚报》(1980 年 1 月)、《北京晚报》(1980 年 2 月)、《羊城晚报》(1980 年 2 月)、《新民晚报》(1982 年 1 月)等。虽然这些报纸在组织架构上仍然隶属于市级党报,而且在办报方针上也难以摆脱机关报的影响,即使像著名老报人赵超构主持的《新民晚报》,也在编辑方针中把"宣传政策"列于"传播知识,移风易俗,丰富生活"之前。但它们已经不是直接附属于党政部门的"舆论机关",而是作为依附于机关报的"报

---

① 方汉奇. 中国新闻事业通史(第三卷)[M]. 北京:中国人民大学出版社,1999:504,506.

② 在吉登斯的社会"结构化"理论中,与"结构"不同,"社会系统"指的仅仅是社会互动具体可见的表层模式,而前者则是有生成能力的规则和资源的"虚拟性秩序"(virtual order),它使得行动者在日常生活中能再生产他们自认为对常规情形合适的实践活动,从这个意义上看,"结构"也是"结构化"的动态过程。吉登斯. 社会的构成[M]. 李康,李猛,译. 北京:生活·读书·新知三联书店,1998:第一章.

中报",和这一时期出现的"星期刊""周末版""文摘报"等一起,处在上述同心圆的更外围,因而才有可能假"突出一个'晚'字""补日报之不足"之名,实现吉登斯所谓的"控制的辩证法"(dialectic of control),在内容上注重文娱性和社会性,强调新闻报道的接近性、可读性等。

1981年1月4日,《中国青年报》出版了新中国的第一个周末版《中国青年报·星期刊》。这份《中国青年报·星期刊》一开始就有喧宾夺主之势——主报《中国青年报》是对开四版,它却是对开八版。1982年1月2日,南京日报社主办的《周末》报创刊,这是一张四开四版的知识性、文艺性周报,也是新中国第一家以"周末"冠名的周报。此后的"周末版"可谓雨后春笋,以至于到1994年,中宣部、新闻出版署联合发布《关于加强管理进一步办好报纸"周末版"的意见》。这些由"机关报"派生的晚报、"周末版"都在一定程度上将报纸提供信息(新闻)与娱乐的功能置于主导性的政策宣传和政治教化之上,并受到读者的广泛欢迎。例如,南京日报社的《周末》创刊一年多,发行量就从39 000份猛增到227 000份[①];根据1982年对于北京某些区域的调查,《北京晚报》的自费订户占全部订户的99.04%,而1985年《北京日报》的自费订户只占全部订户的7.9%[②]。

其次是一批经济、信息服务类报纸的涌现,尽管它们绝大多数还属于广义的"机关报",但解读经济政策、分析经济形式、提供信息服务开始成为它们的追求。它们在不经意间突出了报纸的信息传播功能,淡化了过去那种硬性宣传功能,成为继延安"整风运动"后第一批脱离传统功能定位(政治宣传)的报纸[③]。

最后就是体制内的新闻"行为主体"(acting subject)开始反思(reflexivity)自己的实践,向"常规"发问,一些新入行的新闻人则以自己的新

① 刘用亚. 一份受欢迎的周报——《周末》[J]. 新闻战线,1983(12).
② 梁博祥. 我国晚报事业发展概况[M]//中国新闻年鉴. 北京:中国社会科学出版社,1987:28.
③ 李良荣. 15年来新闻改革的回顾与展望[J]. 新闻大学,1995(1).

闻实践向"新华体"发起挑战。《人民日报》发表的《中国改革的历史方位》《改革阵痛中的觉悟》《鲁布革冲击》等,以及《中国青年报》的《大学生成才追踪记》《护士职业调查札记》《第五代》、关于大兴安岭特大火灾的"红、黑、绿"三篇报道、《命运备忘录》《中国铁路悲歌》《倾斜的金字塔》等一批影响巨大的"深度报道",反映了新闻生产者对常规新闻报道模式的挣脱。这些报道"以'进行时'取代'完成时';以多视角取代单视角;以研究、透视型取代结论型;以'灰色带'取代'非黑即白'"①,在传统格局下的媒体中显得卓尔不群,特别引人注目。

20 世纪 90 年代开始的中国第二次办报高潮,可以说是传统"准入制"下各级党政部门对新闻生产基本资源的最后一场争夺。报纸数量最多时达到 2 200 余种。梁衡在《报业结构——1996》一文中披露:当时,"全国的大报发行量在急速下滑",如《人民日报》在 1979 年的发行量是619 万份,到 1996 年初则只有 209 万份,差不多同一时期,《光明日报》则由 147 万份的最高纪录降到 1996 年初的 32 万份;而"地方各局办的小机关报却从无到有猛增到 628 种"。针对小报利用"国家的钱"和"政府给的权"挤压大报的现象,中央办公厅和国务院办公厅于 1996 年 12 月发出了《关于加强新闻出版广播电视事业管理的通知》(37 号文件),1997 年 3月,新闻出版署根据"两办精神"发出了《关于报业治理工作的意见》,开始治理"散、滥"。其实报刊"散、滥"是县(处)级单位和领导机关可以拿国家的钱办报办刊的必然结果,有学者甚至将其根源追溯到"全党办报"这样的既定新闻观念之中②。

治理"散、滥"的效果并不明显。梁衡指出:治理中存在的问题"一是大量的内部报刊转为内部资料后,有个如何进一步管理和防止反弹的问

① 李大同. 冰点故事[M]. 桂林:广西师范大学出版社,2005.
② 黄旦. 党组织办报与"手工业"工作方式——"全党办报"的历史学诠释[J]. 新闻大学,2004(3):14-19.

题。二是现在压掉了一大批厅局报刊，但各省又上报了一批"。终于，在1999年8月30日，中央中办、国办下发了《关于调整中央国家机关和省、自治区、直辖市厅局报刊结构的通知》（30号文件），对报刊市场进行第二轮整顿。新闻出版署随即下发了《关于落实中央"两办"30号文件调整报刊结构的意见》。从此，新闻出版系统开始推行"政报分离""政刊分开"，政府职能部门不再直接办报办刊，退出具体出版的经营领域。2003年7月，中办、国办再次发布《关于进一步治理党政部门报刊散滥和利用职权发行，减轻基层和农民负担的通知》（19号文件），并出台相关《实施细则》。这是新中国成立后对报刊所做的一次重大的结构性调整，也是对报刊准入制度所做的一次重要改革。根据当时的设想，"管办分离"不只是人、财、物的简单分离，重要的是主管部门由过去对报刊社的"领导"变成了"监督"，意味着主管部门在保证大的政治方向的前提下，不再具体干预报刊社的新闻采编、经营管理等业务工作，使报刊社有了更大的办报（刊）自主权①。从"主办、主管制"到"管办分离"，中国报刊似乎在摆脱对行政权力依附的道路上迈出了重要的一步。宋木文评论说："它是为适应改革和发展的新形势，做必要的调整与探索，以做到有利于管理上的宏观调控，有利于出版单位在市场经济的环境中自主经营和自身发展，有利于解

---

① 关于"管办分离"，新闻出版总署2003年7月25日印发的《关于进一步治理党政部门报刊散滥和利用职权发行，减轻基层和农民负担的通知的实施细则》是这样解释的："中央党政部门所办报刊，除公报、政报、文告外，要与部门实行管办分离，由读者自费订阅。管办分离指在坚持《出版管理条例》确定的主管主办制度前提下，对报刊管理方式做出的一种调整。具体要求是：1. 人员分离。报刊社工作人员不得与党政部门公务员混岗。各级党政部门现职领导干部不得兼任报刊社社长、总（主）编、顾问或编委会成员、理事等职务。党政部门工作人员不得在部门所属报刊社兼职。不得以党政部门名义参与协办报刊。2. 财务分离。报刊社实行自主经营、独立核算。党政部门不得以任何名目向报刊社收取管理费、发行费和其他费用，更不得把报刊经营收入变成机关的'小金库'。3. 发行分离。党政部门及其工作人员不得为报刊发行和承揽广告业务提供各种便利，不得参与报刊的经营活动，不得利用部门职权搞摊派发行。管办分离后，主管部门仍要履行主管职责。主要包括对报刊的舆论导向、出版质量进行监管；监督国有资产的保值增值，防止国有资产流失；加强领导班子建设，任免报刊社主要负责人。"

决什么人能办出版所必需的法律法规的依据。"①

在这次报刊治理中,除停办的 677 种报刊外,划转到报业集团、广电集团、出版集团等新闻出版单位主管、主办的报刊有 302 种,实行管办分离的有 310 种②。后面这 600 多种报刊,尤其是划转的 302 种报刊,不再直接附属于一级党政组织,而是报刊社或传媒集团的"子报"。"母报把方向,子报闯市场",它们是完全意义上的"报中报",处在上文所谓同心圆的最外层,在此过程中兴起的绝大部分都市报和财经报刊属于此类。

我们关于报业结构的描述,从 19 号文件的《实施细则》中可以得到印证。《实施细则》把我国的报刊分为三大块:一是党报、党刊,中央保留《人民日报》和《求是》杂志,省级党委也可保留一报一刊,市级只保留党委机关报;二是国家部委主办、主管的全国性行业报刊,5 年以上无违规记录且经营情况良好的,可继续保留,但必须实行管办分离;三是省级及以下行业协会、学会、研究会等主办的报刊和县级报刊,实行关、停、并、转。这样,中国党报、党刊的界定就非常清楚了,即"三报"(《人民日报》、省级党委机关报和市级党委机关报)、"两刊"(《求是》和省级党委机关刊物),其余报刊都不属于党报、党刊。

可以说,从 20 世纪 90 年代末开始的报刊整顿,是对传统新闻生产关系的一次重大调整,必将极大地促进新闻生产力的发展。据不完全统计,到 2001 年年初,全国晚报和都市类报纸总数为 197 家,党报所辖的有 145 家③。童兵在一篇文章中认为,都市报"已成为中国报业中最有可持续发展实力,最有进取活力、最有品牌价值和最有社会影响力的报群之一"④。与前面说的晚报不同,它们并不只是"日报之补充",以娱乐消遣和社会新

---

① 宋木文.出版单位主办主管制度的由来与调整的探索[J].出版科学,2003(4):4-6.
② 《中央报刊治理协调领导小组办公室就有关问题答记者问》(2006 年 12 月 29 日)。
③ 新闻出版总署报刊司司长刘波 2001 年 4 月《在全国都市类报纸座谈会上的讲话》。
④ 童兵.试论中国都市报的第二次创业[J].新闻记者,2005(4):9-11.

闻为主打产品,而是试图以全方位的信息量、服务性、实用性、可读性全面介入社会生活,与传统机关报(日报)展开竞争。《华西都市报》总编辑席文举在2001年4月全国都市类报纸座谈会上所做的题为《迈向主流报纸》的发言,几乎就是向以传统机关报为代表的"老式综合性报纸"的"宣战书"。其实,早在1997年省级都市报与晚报就开始集结,成立了省级晚报、都市报协作网,后来演变为协作年会,轮流坐庄,交流经验,密切协作关系,明确提出了力争成为主流媒体的奋斗目标。在下面的章节中我们将看到,这批立志成为"新主流媒体"的报纸如何改革生产观念和生产方式,并促进新闻生产关系的进一步改变。

从2004年秋季开始的广播电视体制改革与报刊有所不同。从具体举措上说,这次广电体制改革的主要内容可概括为8个字:"并局升台,局台分离。"所谓"并局"就是将原广播电视局与同级有关行政职能相近的局(如文化局、新闻出版局)合并,组建集文化、广电、新闻出版等行政管理职能为一体的新的政府组成部门;"升台"就是合并电台、电视台,组建广播电视台(集团、总台),并升格为当地党委和政府的直属事业单位;"分离"就是按照"政事分开、管办分离"的原则,将局台分开,成为规格相等、互不隶属的同级机构。可见改革后的显著变化,是广播电视播出机构由原来的县以上政府广播电视主管部门设立,变成了现在的当地党委和政府直接设立。广播电视播出机构由原来的政府序列变成了现在的党委序列,由原来的隶属于同级政府行政主管部门领导管理,变成了现在的隶属于当地党委和政府直接领导管理。从表面来看,其意识形态属性更加突出了。但广播电视同样面临激烈的市场竞争,党委和政府不可能出钱养活它们,于是它们便充分利用政府所给的频道(率)资源,以"台中台"的方式进行回应。2003年,央视国际频道在直播伊拉克战争中名声大振;同年5月,新闻频道开播,经济生活频道改称为"经济频道";年末,少儿频道开播。加之各省、市电视台的改版,这一年被视为中国"电视频道革命年"①。现在一般城市电视台除综合频道外都有四五个以上的频道,电台则在"人民台"下设分台。从新闻生产角度着眼,我们很容易发现综合频道以及"人民台"与这些"台中台"新闻节目之间的明显区别。

无论是从报刊还是广电来看,中国新闻生产的"语境"正在发生重大变化。这些变化既是新闻改革的结果,同时也是构成改革的原因。同样的"生产关系"下存在两种不同的"生产方式",两种生产方式相互作用甚至摩擦,不断"建构"着生产关系,一种全新的生产方式能否被催生出来,又将依赖于更大领域里的"结构化"(一种以循环方式进入社会再生产的人类实践)过程。这可以说是目前中国新闻生产面临的总体境遇。

第四节　外围突进

如果把传统新闻体制设想为一种既定结构,真正从"边缘"或者外围对业内已存在的新闻体制进行"突破"的主要力量有三股:一是业外资本,二是"流浪记者",三是互联网络。

为了应对加入 WTO 和顺应竞争日益激烈的媒介市场②,"资源整合"和"资本运作"成为进入新世纪以来中国媒体的热门话题。不论是相对独立的"报中报"还是以"党报为龙头"的传媒集团,都纷纷引入"资本经营"

---

① 张小争.中国电视业大拐点[M]//吴飞.传媒竞争力.北京:中国传媒大学出版社,2005:104.

② 正如学界和业界共同总结的那样,如今的媒介遵循的是"大投入大产出,小投入不产出"的模式,可见竞争的激烈以及资本在竞争中的重要性。

的理念,从政策的缝隙中寻找吸纳非报业资本的可能。与此同时,作为国家垄断经营的新闻媒体,其总体上的经营利润是有政策保障的,现实中的传媒或报业集团大多也是盈利的,如果经营得好,盈利空间会更大。追逐利润的资本自然觊觎这块诱人的蛋糕。根据有关法规,目前国家严格禁止包括国有资本在内的非传媒资本进入广播、电视、报纸等传统媒体的新闻生产领域,但对业外资本进入广告、发行等非新闻生产领域并没有限制。

业外资本进入媒体较原始的方式是广告公司或其他机构以"包版面""包节目"等方式进入,目前这种情况仍在市场化程度较高的媒体中普遍存在,它给新闻生产带来的负面影响是不言而喻的,当然这也并不是它的全部。1998年年初,《北京日报》《北京晚报》《北京青年报》共同创办《北京晨报》,那还是一种业内相互融资的方式。1999年,陕西《华商报》与吉林省文化厅合作办《新文化报》,这实际上已经是一种投资关系了。到了2000年,《成都商报》在与同城的《华西都市报》进行了一场市场拼杀之后,通过其控股的成都博瑞传播有限公司,成功地借壳上市,非报业资本开始真正介入媒体。相比之下,四川托普集团试图出资4 000万元直接控股《蜀报》和《商务早报》,却被行业主管部门立即叫停。贪婪的资本终于明白了一个本该明白的道理:在目前的中国,国家对传媒的绝对控制权是不允许被动摇的。到目前为止,我国传媒主要采取的还是产权资本运作方式,基本做法有:(1)媒介子公司控股上市公司,即媒体利用成立的合资或全资子公司,通过收购上市公司的股票来控股并重组上市公司;(2)媒介子公司直接上市,即媒体将优质经营性资产剥离后进行重组,注册成立具有独立法人资格的子公司上市;(3)合资经营,即传媒以部分经营资产为资本与业外资本结合,成立参股或控股公司。[①] 无论上述三种方式中

---

① 黄进.中国传媒的资本游戏[M]//吴飞.传媒竞争力.北京:中国传媒大学,2005:87.

的哪一种,都反映了中国传媒对现行政策的积极应对和有效回应——既满足吸纳业外资本的需要,又绕过政策壁垒,规避政策风险。

国家对广播电视的资本运作似乎采取更加谨慎的态度。2001 年 8 月,中宣部、广电总局和新闻出版总署发布的《关于深化新闻出版广播影视业改革的若干意见》规定:广电传输网络公司可以吸收国有资本进行股份制改造,并可在内地证券交易所申请上市。该规定仅仅在远离广播电视节目内容的传输网络方面开了个小口,而且还做了种种限制,如吸纳的系统外资金必须是国有大型企业单位,且不得超过 49%,经股份制改造后的公司只能在内地上市等。此后成立的陕西广电网络公司成功借壳上市,得到时任国家广电总局局长徐光春的肯定。如同版面是报刊的基本资源,频道(率)是广播电视的基本资源。这一资源目前由国家垄断,但国家却不能拿钱完全开发。"频道(率)经营"不得不被提上议事日程。2004年 2 月,国家广电总局出台《关于促进广播影视产业发展的意见》,在确保频道(率)作为国家专有资源不得出售,确保节目终审权和播出权牢牢掌握在电台、电视台手中的前提下,对除新闻宣传以外的节目频道可以吸收社会资本,实行企业化运作。这样一来,1997 年颁布的《广播电视管理条例》事实上已经被部分突破①,尽管这些突破还都发生在"既定新闻观念"和市场经济要求的"缓冲地带"。

虽然到目前为止,所有的业外资本还不能直接进入采编业务领域,但投入要求回报,资本追逐利润的本性必然带来媒介市场更加激烈的竞争,大的投资决策必然要快速启动市场的占领和扩张,以便快速实现利益回报。媒介市场是"内容为王",一切经营上的策略,诸如价格、发行、广告

---

① 如根据《广播电视管理条例》规定,只有政府所属的广电行政部门可设立电台和电视台,其他任何单位和个人不得设立。禁止设立外资经营、中外合资经营和中外合作经营的广播电台、电视台。但"局台分离"后电台、电视台已直属上级党委和政府领导;电台、电视台的基本资源是频道(率),社会资本进入频道(率)意味着这些资本的持有者可以参与经营电台、电视台的某些频道(率),事实上也意味着政府垄断的打破。

等,最终将依赖于媒介的内容生产。从这个意义上说,"编""营"是无法分开的。

由"资本战"引发的市场竞争又进一步引发对人才的迫切需求和激烈争夺。20世纪90年代初期,比较集中地出现在得市场经济风气之先的广州等南方城市的"流浪记者",无疑是上述逻辑的一个缩影。中国首批"流浪记者"的代表人物赵世龙是这样描述"流浪记者"的:

> 流浪记者族群其实是20世纪90年代初,随着人们寻找机会、寻求思想与体制的解放的大潮涌现的。那时,它只是新闻媒体从业人员中一个很小的群落。之前,媒体还是计划体制中干部群体中相对顽固的一个堡垒,编辑记者是有编制的,这编制还和户口、档案连在一起,分房、医疗、养老等福利,都以在不在编制内为前提。改革开放使得人群的流动越来越多,在南方重镇广州,首先出现了一小撮从事文化传播行业的自由流浪人群,流浪记者是这一小撮人群中更小的一小撮,他们被称作招聘记者,区别于有编制的体制内的大多数人。

> 招聘记者在业内混,每前进一步都要比在编的同行们多付出几分汗水,因为他们往往没有编制,户籍也不在工作地,也没有住房。严格意义上讲,他们就是新闻临时工,是"三无人员"层中最高级的一层。这不是笑话,和我一批的一位流浪记者,就曾经在他租住的出租屋内被治安联防队员在查证时殴打……

> 1998年以后,各大报社几乎都出现了流浪记者的身影。1999年,新闻出版署开始允许地方主要的党报给流浪记者"上户口",颁发正式的记者证。严格意义上讲,我是1999年年初开始脱离流浪记者族群的……这时,很多大一点的新闻单位都开始了"双轨制",即实行全员招聘,在编、不在编都要进行岗位竞聘,没有竞聘上的在编人员要调岗和待岗,这算是进了一大步。但在选拔干部时,在编与不在编

还是有分别。可以说,原始意义上的流浪记者完全消失于 2000 年前后。

但随着全员招聘的开始,新型的流浪记者又开始产生——这是因为随着改革开放的深入,社会上普遍采取全员招聘制,记者族群也是如此。我们以前羡慕不已的大学毕业生带着编制直接分到新闻单位的事也少了,大多数都采取合同招聘制。流浪记者所代表的那份自由用人的机制,其合理成分现在已进入了我们的社会机制中,这也是时代的一个进步。①

可见,严格意义上的"流浪记者"指的是 20 世纪最后 10 年那一批没有事业单位编制的招聘记者。他们既没有计划体制下编辑记者的"干部身份",也没有国家新闻出版署核发的"记者证"②,甚至没有工作所在地的户籍,这是中国社会转型过程中的一种特殊现象。这批"体制外"的新闻生产者,绝对人数可能并不算很多,但在新闻界以及社会上产生的影响和由此造成的对新闻生产"常规体制"的冲击却不可小觑。只要听听赵世龙、王克勤、杨海鹏、曹西弘、曾华锋、石野、魏东等人的名字,再看看他们的作品就可以明显感觉到这批人的影响力。南方报业传媒集团副总编辑江艺平后来回忆说:"那两年,有那么些'流浪记者',从体制外到体制内来……关于流浪记者,从有关部门一路打招呼下来,说这些人是不可信任的,要控制使用,但《南方周末》觉得他们非常可贵,要让他们的利益得到保障。在当时的南周,他们确实对体制内的人构成了很大威胁,因

---

① 刘根社. 在流浪中追寻理想[J]. 今传媒,2005(5):49-51.
② 《新闻记者证管理办法》规定:"新闻记者证是我国新闻机构的新闻采编人员从事新闻采访活动使用的有效工作身份证件""新闻记者证持有者从事新闻采访的合法权益受法律保护。"这些"流浪记者"既"无从事新闻采访活动使用的有效工作身份证件",其新闻采访活动自然不受法律保护。如果他们的报道能引起较大的社会反响,又在权力、势力(政治和经济)能够容忍的范围内,所在媒体可以此提高声誉,"法律"也会睁一只眼闭一只眼;如果他们的报道得罪了某些势力,媒体往往以"招聘人员"推卸责任,"法律"则指认他们为"假记者"。

为过去端着铁饭碗可以混日子,虽然在南周这样一个比较好的环境,但体制内的人养成习惯,没有危机感,觉得可以很轻松地打发日子,这些人(流浪记者)来了以后,是挺大的一种威胁。"①江艺平提供的下面两个细节,则是对被动的体制"结构"与社会行为主体积极的"建构"之间的关系的生动说明:曾任《南方周末》"消费广场"编辑的曹西弘在 1997 年和 1998 年关于公民维权的报道,一些被监督的企业通过各种关系对其施加压力,"上面要求这个人不能留在报社,当时大家就跟他商量,委屈他变个名字,他就用了'东白'的笔名",社长也装不知道,上面问起打个马虎眼就过去了。在《南方周末》每周召开的例会上,"老总都会不遗余力地鼓吹(体制内和体制外的人)要站在一个起跑线上,体制内的人如果干得不好也会被淘汰。一种声音不断地被强调,并且成为现实的必然选择,它就会变成共识,加之(体制外的)这些人确实很优秀,给《南方周末》带来了很大的发展空间,(新体制建构的)阻力也不是很大"②。从"流浪记者"最初出现,到 1999 年新闻出版署允许地方主要党报给他们"上户口"(申请核发记者证),经过了 10 年时间,一方面他们终于被"体制"所接纳,另一方面这种接纳过程本身又是对"体制"的改造。如今,绝大多数新闻单位都采用"聘任制",可以预见,不久的将来,区别新闻生产者身份的"双轨制"将成为历史。

与"流浪记者"不同,"草根记者"指的是利用便捷的科技手段(主要是数码技术和互联网络),并以个人身份从事新闻采集和发布活动的一般社会公民,他们的最大特点是新闻采集和发布活动不受专业新闻组织的约束。

从有关法规的制定情况来看,对于互联网自身的技术力量以及在中

---

① 张志安对江艺平的访谈。张志安.记者如何专业[M].广州:南方日报出版社,2007:43-44.
② 同①45.

国迅速普及的程度,政府管理部门显然是估计不足的。《互联网出版管理暂行条例》(2002年6月27日新闻出版总署、信息产业部令第17号发布,自2002年8月1日起施行)第六条规定:"从事互联网出版活动,必须经过批准。未经批准,任何单位或个人不得开展互联网出版活动。"第八条规定:"申请从事互联网出版业务,应当由主办者向所在地省、自治区、直辖市新闻出版行政部门提出申请,经省、自治区、直辖市新闻出版行政部门审核同意后,报新闻出版总署审批。"第二十四条规定:"未经批准,擅自从事互联网出版活动的,由省、自治区、直辖市新闻出版行政部门或者新闻出版总署予以取缔,没收从事发非法出版活动的主要设备、专用工具及违法所得,违法经营额1万元以上的,并处违法经营额5倍以上10倍以下罚款;违法经营额不足1万元的,并处1万元以上5万元以下罚款。"《互联网站从事登载新闻业务管理暂行规定》(2000年10月8日国务院新闻办公室、信息产业部发布)第五条规定:"中央新闻单位、中央国家机关各部门新闻单位以及省、自治区、直辖市和省、自治区人民政府所在地的市直属新闻单位依法建立的互联网站(以下简称新闻网站),经批准可以从事登载新闻业务。其他新闻单位不单独建立新闻网站,经批准可以在中央新闻单位或者省、自治区、直辖市直属新闻单位建立的新闻网站建立新闻网页从事登载新闻业务。"第六条规定:"不同级别的新闻单位建立新闻网站(页)须经相应级别的政府新闻办或主管部门审核同意,并报国务院新闻办公室审核批准。"第七条、第八条规定,非新闻单位依法建立的综合性互联网站从事登载新闻业务,"应当经主办单位所在地省、自治区、直辖市人民政府新闻办公室审核同意,报国务院新闻办公室批准",且只能"登载中央新闻单位、中央国家机关各部门新闻单位以及省、自治区、直辖市直属新闻单位发布的新闻的业务,但不得登载自行采写的新闻和其他来源的新闻"。而"非新闻单位依法建立的其他互联网站,不得从事登载新闻业务。"第十一条、第十二条还规定,综合性非新闻单位网站登载各级新闻单位发布的新闻应当与有关新闻单位签订协议，报所在地人民政府新闻办公室备案，并注明新闻来源和日期。

2007年2月26日，湖南卖菜小伙周曙光将重庆拆迁户的"孤岛"照片传到网上，图片说明："重庆市九龙坡区杨家坪步行街边上。作者站在轻轨杨家坪站的站台上照的这张相片"。就是这张普通网民拍摄的照片引发了一场关于重庆"钉子户"报道的"新闻大战"。

2007年10月15日，陕西发现华南虎的照片见报后第三天，天涯杂谈网友"第一印象"就给版主"党指挥枪"发送了一条短消息：照片里有许多疑点！两人讨论之后，"党指挥枪"发出了质疑照片的第一个帖子《陕西华南虎又是假新闻?》，"华南虎事件"由此拉开序幕。

2008年3月20日，一位在北京工作的23岁青年饶谨，创办了一个域名为ANTI-CNN.COM的网站，标题为："西藏真相：西方媒体污蔑中国报道全记录"，揭露了一些西方媒体对"3·14"事件的歪曲和不实报道。网站在其首页显著位置标明："本网站是网民自发建立的揭露某些歪曲事实的媒体进行不客观报道的非政府网站。我们并不反对媒体本身，我们只反对媒体的不客观报道。我们并不反对西方人民，但是我们反对偏见。"这一"反CNN"网站随即成为广大网民自发揭批西方偏激媒体的重要阵地，起到了传统媒体无法起到的积极作用。

事实上，由数字和互联网提供技术支撑的这种"草根新闻"（Grassroots Journalism）和"草根记者"在西方国家早已出现。例如，被视为博客祖师爷的麦特·德拉吉（Matt Drudge），就建有"德拉吉报道"（Drudge Report）个人网站。1997年8月31日，该网站在美国率先发布了戴安娜王妃魂断巴黎的消息，比美国有线新闻网（CNN）的报道早了7分钟；1998年1月17日，德拉吉首先披露了克林顿与莱温斯基有染的"拉链门事件"；2008年2月28日，"德拉吉报道"又率先捅破了哈里王子正在阿富汗服役的秘密，这一消息随即成为全球众多媒体的头条，结果英国军方不得不把哈里王子从阿富汗撤出。此外,像 2000 年一架协和飞机在巴黎坠毁、2004 年东南亚海啸与美国士兵虐囚、2005 年美国卡特里娜飓风和伦敦大爆炸,这些重大新闻的第一手图片无不出自"草根记者"之手。2000 年 2 月 22 日,韩国人吴连镐创办 Oh My News 网站,打出"每个公民都是记者"的口号,到 2004 年韩国已拥有 4 万多名"草根记者",他们活跃在韩国乃至世界各地,通过互联网向该网站提供文字稿件、图片或影像资料。还有 NEWPUBLICA 网站,自称是"供大家分享的新闻网络",上面都是"草根记者"上传的新闻和图片。该网站称他们有 3.1 万名记者,活跃在全球 130 个国家,用相机和键盘从事着另类的新闻生产。路透社和雅虎还开设了 You Witness News(你来见证新闻)投稿系统,在雅虎网站上发表"草根记者"的作品。

美国专栏作家丹·吉尔莫(Dan Gillmor)是关注"草根新闻"的代表人物。2004 年 7 月,他写作的 *We the Media:Grassroots Journalism by the People,for the People* 一书面世。2005 年 3 月,该书繁体中文版在中国台湾出版,书名译为《草根媒体——部落格传奇》("部落格"为 Blog 的中译名)。书序中写道:"感谢互联网,让媒体集团无法再垄断新闻。新兴的草根新闻记者掌握住发球权。即时把新闻播送给全球阅听大众已经成为可能。有了笔记本电脑、手机和数码相机,读者摇身一变成为记者,他们改变新闻的形式,从演说形式变成对话形式。"①

单从技术手段看,"草根新闻"对传统新闻生产具有一定的颠覆性。但从中国具体的新闻生产"语境"出发,"草根新闻"仍然受到新闻制度和社会观念两个层面的双重拷问,前者涉及诸如新闻采集和发布、舆论监督等权利,后者涉及公信力、伦理道德等一系列问题。然而,推动"草根新闻"的引擎并不仅仅是技术力量,更有广泛的民主力量,这两股力

---

① 闵大洪. 草根媒体:传播格局中的新力量[J]. 青年记者,2008(15):9 - 11.

量几乎活跃在当今中国社会生活的各个领域。在新闻生产领域,从多数城市电视台推出的"民生新闻""DV新闻""公民新闻"等,到2006年年底《成都商报》推出的"QQ记者",都可以发现这两股力量的身影。如果把这种"技术民主"和发展中的"社会民主"结合起来思考,其意义将不可估量。

第三章 / 宣传管理

　　我国媒体的日常新闻生产是在各级党委宣传部门的直接领导下开展的。所以从具体的新闻生产着眼，在我国，媒体与政府的关系更多地表现为与执政党的关系。宣传管理作为中国共产党对新闻生产的一种宏观管理方式，区别于来自政府方面的"行政管理"。虽然在实际运行中，两种管理往往相互联系、相互配合，但从管理渠道、权限范围和管理形式上还是容易区分的。本章所关注的"宣传管理"，是各级党委及其宣传部门对新闻生产的政治管理，通常采用的形式是会议部署、以文件形式下达的宣传意见或电话通知、阅评反馈等，其约束机制主要是党的组织机制，即通过"宣传纪律"对媒体领导及相关人员进行组织处罚（如批评、通报、调离、撤职等），特殊情况下才直接以"行政"的名义对媒体及其从业者进行处罚。

　　宣传管理因其直接服务于意识形态的建构和维护而成为新闻生产中的一种"统治技术"。"统治技术"和"自我技术"是我从米歇尔·福柯那里借来的术语。1982年，福柯在反思自己的研究工作时总结说："如果我们要想分析主体在西方文明中的谱系，我们就不仅要考虑统治技术，而且还要考虑自我技术。我们还必须指出这两种类型的自我之间的关系。当我从前研究精神病院、监狱等机构时，也许我更多强调的是统治技术……但是，在今后的几年中，我将从自我技术方面入手去研究权力关系。"①福柯的反思，涉及长期存在于西方社会学研究中"结构"与"行动"的二元对立。

---

① 凯尔纳,贝斯特. 后现代理论［M］. 张志斌,译. 北京:中央编译出版社,2004:78-79.

对于福柯的理论我一直持保留态度,更不打算用它来研究我们的问题,但如果把"统治技术"与"结构",把"自我技术"与"行动"这对概念勾连起来,福柯的这两个术语对我的研究还是十分有用的。它们能够被有效地纳入吉登斯的"结构化"理论,通过"结构二重性"①,解释新闻生产中媒介及其从业者与各种外部社会力量的建构性关系。我把"统治技术"视为影响媒体及其从业者,进而作用于新闻生产的各种外部结构性因素,包括意识形态的、政治的、市场的等;而把"自我技术"视为媒体及其从业者自身对各种"统治技术"的积极回应(而非消极响应)。

本章从"学习运动""宣传通知""命题作文"等方面,集中讨论我国宣传管理中的一些主要方法。但我并不打算系统梳理这些方法的种类,或者详细描述它们的实施过程。我的目的是分析这些方法作为新闻生产"统治技术"的成因,进而揭示它们如何与"自我技术"一起参与新闻生产,发挥实际作用。

第一节 "学习运动"

这里的"学习运动"指的是中国共产党在新闻界领导、发动和开展的思想教育活动,其源头可以追溯到"延安整风"时期的新闻改革和 1947 年的"反'客里空'运动"。我认为,对于宣传管理来说,"学习运动"是一项极具中国特色的基础性工程,它作为新闻生产的一项"统治技术",通过"自我技术"的中介进入新闻生产,并作用于具体的新闻生产过程。对此,我

---

① 吉登斯. 社会的构成[M]. 李康,李猛,译. 北京:生活·读书·新知三联书店,1998:第一章,第 4 节.

国学术界还鲜有研究，这不能不说是新闻生产研究领域中的一个缺憾。

本节试图以 2003 年以来中宣部在全国新闻界开展的"三项学习教育活动"为例，沿着汤普森所谓"深度解释学的方法论架构"的思路①，说明和解释"学习运动"何以成为新闻生产的一项"统治技术"，进而部分吸收吉登斯阐述的"策略行为"分析原则②，分析它是如何通过"自我技术"的中介进入新闻生产领域的。

在进入分析之前我需要做几点说明：（一）汤普森所谓"深度解释学的方法论架构"主要是用来分析"意识形态"的，所以与他总结的"意识形态的运行模式"③密切相关，因此，我将根据需要灵活对两者进行运用。（二）汤普森使用的一些术语在汉语表达中有时不够清晰（也许是翻译的缘故），对有些术语我将根据自己的理解进行重新命名。（三）由于我的目的不在全面分析意识形态建构过程，我不会在"深度解释学的方法论架构"的各个分析环节上平均用力，而是根据不同的研究需要侧重不同的分析环节。

2003 年 10 月，中共中央宣传部、广播电影电视总局、新闻出版总署、

---

① "深度解释学的方法论架构"是英国文化学者约翰·B. 汤普森在吸收"深度解释学"基础上，提出的"一种研究象征形式的方法论总架构"，但在《意识形态与现代文化》一书中，汤普森的主要目的是要用它来分析"意识形态"中的意义与权力关系。在汤普森看来，"通过集中注意意义与权力之间的相互关系，注意象征形式可以用于建立和支撑统治关系的方式，意识形态分析就有了一种与众不同的、批判的性质。它提出了关于使用象征形式和解释、自我反思与批判之间关系的新问题"。我认为，汤普森所"集中注意"的问题与我的问题是契合的，而通过这种"集中注意"所提出的"新问题"也是本书十分关注的。"深度解释学的方法论架构"分为"社会—历史分析、正式的或推论性分析，以及解释/再解释"三个阶段，每个阶段又被划分为若干不同环节。汤普森. 意识形态与现代文化[M]. 高铦，译. 南京：译林出版社，2005：第六章，第二节.

② "策略行为分析"（analysis of strategic conduct）是吉登斯"结构化"理论中一种重要的社会分析形式，它暂时悬置对在社会层面上不断再生产出来的制度的分析，集中考察行动者是如何反思性地监控自身的行为，如何利用规则与资源构成互动。吉登斯指出："对于分析策略行为来说，下面几条原则具有重要的意义：充分描述行动者的认知能力；细致说明动机；解释控制辩证法。"我认为，借鉴这种形式分析本书中的所谓"自我技术"既适合又必要。吉登斯. 社会的构成[M]. 李康，李猛，译. 北京：生活·读书·新知三联书店，1998：第六章，第二节.

③ 汤普森. 意识形态与现代文化[M]. 高铦，译. 南京：译林出版社，2005：67 - 75.

中华全国新闻工作者协会联合发出《关于在新闻战线深入开展"三个代表"重要思想、马克思主义新闻观、职业精神职业道德学习教育活动的通知》(下文简称《通知》),要求在全国新闻界广泛深入地开展"三个代表"重要思想、马克思主义新闻观、职业精神职业道德的"三项学习教育活动"。开展这次学习的目的《通知》上说得非常明白,就是"使各级新闻单位和广大新闻工作者增强用'三个代表'重要思想统领新闻工作的自觉性和坚定性,增强贯彻执行党的新闻工作方针原则的自觉性和坚定性,增强弘扬职业精神、恪守职业道德、维护队伍形象的自觉性和坚定性"。

汤普森把意识形态理解为一套"服务于建立和支持统治关系"的象征形式。[①] 我以为,这一基于历史和逻辑分析形成的理解是有说服力的。据此,我们可以把"三项学习教育活动"理解为:服务于巩固和加强宣传管理中管理者与被管理者不平等关系的意识形态建构,在这种关系中前者似乎理所当然地被理解为"上",后者为"下";前者为使动者,后者为受动者。我们的问题是,这种建构是如何进行并何以可能?

和以往的"学习运动"一样,"三项学习教育活动"的开展有着具体的社会—历史背景。这里似乎用不着花太多篇幅对具体的社会—历史背景进行描述,而只需指出一些"背景特征"就能基本满足我们的分析要求:(一)"三项学习教育活动"是在全面贯彻党的十六大和十六届三中全会精神,认真学习贯彻胡锦涛总书记关于深入学习贯彻"三个代表"重要思想的讲话精神的同时展开的;(二)经过20多年的改革开放,尤其在新闻媒体走向市场、新闻生产关系发生某些改变的情况下,中国共产党一贯重视和强调的新闻观在一些人那里受到这样或那样的怀疑,甚至发生不同程度的动摇;(三)社会各界对新闻界存在的"有偿新闻、虚假报道、低俗之风、不良广告",特别是"繁峙矿难"中一些中央和地方媒体的记者收取"封

① 汤普森. 意识形态与现代文化[M]. 高铦,译. 南京:译林出版社,2005:63.

口费"等消极腐败现象强烈不满。可见,"三项学习教育活动"的内容设计具有很强的针对性。常识只能告诉我们,这种针对性有利于提高学习教育活动的成效,而解释学方法的分析则能够揭示,针对性本身就是"意识形态运行模式"中的一种"象征建构策略"①。

"三个代表"重要思想是中国共产党在新的历史条件下对自身执政基础、地位、性质和作用的重新认识。这一思想之于新时期中国政治生活的重要性,在其与马克思列宁主义、毛泽东思想和邓小平理论的并列形式中得到清楚体现。由于这一思想是"与时俱进"的产物,需要一个马克斯·韦伯提出的所谓"合法化"②过程,才能更好地发挥"统领新闻宣传工作"(当然包括其他工作,这里是从我的论题着眼)的作用。所以《通知》把学习宣传"三个代表"重要思想作为"首要政治任务",摆在"三项学习教育活动"的首位。《通知》提出,要通过学习教育,使广大新闻工作者深刻认识学习贯彻"三个代表"重要思想的重大意义,深刻理解在新的历史条件下,坚持"三个代表"重要思想,就是真正坚持马克思列宁主义、毛泽东思想和邓小平理论。学习教育要在全面把握"三个代表"重要思想的科学体系上下功夫,全面深刻地把握贯彻这一重要思想关键在坚持与时俱进、核心在坚持党的先进性、本质在坚持执政为民的根本要求,着重领会其科学内涵和精神实质,着力掌握其科学态度和创新精神,努力在武装头脑、指导实践、推动工作、改造主观世界上取得新进展、新成效。

引述《通知》内容的目的是为了省却对具体"学习材料"进行繁琐的"推论性分析"(汤普森分析模式中要求的一种分析,包括符号学分析、句法分析、叙述分析、论点分析等),进而直接从《通知》内容中得出我们的结论:这项学习内容,侧重通过"合理化""普遍化"等"象征建构策略",以实

① 汤普森. 意识形态与现代文化[M]. 高铦,译. 南京:译林出版社,2005.
② 韦伯. 经济与社会:解释性社会学纲要[M]. 伯克利:加利福尼亚大学出版社,1978:第三章.

现其"统领新闻宣传工作"的"合法化",起到巩固和加强党对新闻工作政治领导权的作用。所谓"合理化"是指通过一系列理由来捍卫象征意义,说服人们支持它们;"普遍化"是指将某种思想与人们普遍接受的思想或全体人的利益联系在一起。在我们引述的《通知》内容中,韦伯提出的三类"合法化"诉求根据,即理性根据、传统根据、感召力根据,都得到了"象征建构策略"的有效表达。如"合理化"策略表达:"三个代表"重要思想是一个"科学体系",有其深刻的"科学内涵",是"科学态度"和"创新精神"的有机统一(诉求于理性);"普遍化"策略表达:"三个代表"重要思想"真正坚持马克思列宁主义、毛泽东思想"(诉求于传统),其"关键在坚持与时俱进、核心在坚持党的先进性、本质在坚持执政为民"(诉求于理性和感召力)。正是通过这样的策略诉求,一种思想才可能内化为人的"自觉性",并通过这种"自觉性"外化为"统领"行动的"坚定性"。

从"深度解释学的方法论"来看,以上直接依据《通知》内容的分析未免有些简单化,但它基本能够回答我们的问题,即在宣传管理中,"学习运动"何以成为服务于巩固和加强管理者与被管理者不平等关系的意识形态建构。为了既遵循分析的合理性又兼顾行文的简洁性,以下我还将贯彻这种分析策略。

马克思主义新闻观教育可以视为汤普森总结的意识形态建构中的"统一化"运行模式,侧重于巩固和加强党对新闻工作的思想领导权。根据我的理解,该模式通过在象征层面上建立一种统一的"能指"形式,把象征意义生产者所倡导的内容包罗在这个统一的"能指"形式内,而不问其间的差异和分歧,从而建立和支撑统治关系。其典型策略是"标准化"和与之相联系的"统一象征化"①。

---

① 汤普森. 意识形态与现代文化[M]. 高铦,译. 南京:译林出版社,2005:71-72.

还是让我们回到《通知》内容："要通过学习教育,使广大新闻工作者深刻认识新闻舆论工作在意识形态领域的特殊重要性,牢固树立马克思主义新闻观,打牢从事党的新闻工作的思想基础,增强识别和抵制错误思想侵蚀的能力,更加坚定自觉地用'三个代表'重要思想统领新闻工作,用马克思主义新闻观指导新闻工作,始终坚持新闻工作的党性原则,坚持把正确舆论导向放在首位,坚持为人民服务、为社会主义服务,坚持新闻的真实性原则,坚持政治家办报办台;进一步增强政治意识、大局意识、责任意识,唱响主旋律、打好主动仗、掌握主动权,把好关、把好度、把好导向,贴近实际、贴近生活、贴近群众,为全面建设小康社会营造良好的思想舆论环境。"这里的"马克思主义新闻观"几乎包含了宣传管理者(也是象征意义的生产者)所提倡的关于新闻宣传的全部主要观点,这些观点被统一于象征层面上建立的一套标准框架中,并被宣传为象征交流的共同"思想基础",而一切与之相左的观点则通过"排他"策略被宣布为"错误思想",与此同时,它们也在"马克思主义"的名义下完成了一次"合法化"建构。

关于职业精神、职业道德的学习教育,《通知》提出:"要通过学习教育,使广大新闻工作者深刻认识到,新闻职业精神是马克思主义新闻观的具体体现。新闻职业道德是新闻工作者在职业活动中应当遵循的道德规范和行为准则。忠于党和人民,坚持党性原则,坚持正确导向,坚持实事求是,是新闻职业精神的核心。广大新闻工作者要大力弘扬新闻职业精神,树立新闻职业应具备的职业观念、职业态度、职业纪律、职业作风。要努力做到'敬业奉献、诚实公正、清正廉洁、团结协作、严守法纪',自觉维护新闻工作的崇高社会声誉和新闻工作者的良好社会形象。"

新闻职业精神和职业道德,作为学术概念很难与"坚持党性原则,坚持正确导向"等政治要求联系在一起。我把这里采取的意识形态运行模式概括为"具体—普遍化":将一个具有广泛认同性的具体概念普遍化,使其内涵缩小外延扩大，或者"通过叙述一项过渡性的历史事态为永久性的、自然的、不受时间限制的方式来建立和支撑统治关系"①。结合前文关于"三项学习教育"具体社会—历史背景特征的概括，这场"学习运动"的整个内容设计都可以纳入"具体—普遍化"模式加以分析，即表面有针对性的学习内容实际满足的是"服务于建立和支撑统治关系"的普遍化要求，这种满足是通过确立克洛德·勒福尔（Claude Lefort）所谓的"在社会历史中心'没有历史的'社会维度"②来实现的。可见，"学习运动"作为宣传管理的基础性工程，其内容的针对性不是目的而是手段，是"意识形态运行模式"中的一种"象征建构策略"。

但是，意识形态的象征意义必须在其生产者和接受者之间的互动中才能发挥其"统治"作用。也就是说，宣传管理中意识形态建构策略的效用是通过新闻生产者（个人/组织）的"策略行为"发挥的。"策略行为"（strategic conduct）是吉登斯在阐述"结构化理论"过程中使用的术语，指的是社会行动者反思性地监控自身行为，并利用一定的规则和资源进行互动。显然，站在吉登斯的立场上，"象征建构策略"也是一种"策略行为"。这里为了避免混淆，也是从研究的需要出发，我将在下面的分析中，采用本章开始时界定的"自我技术"来置换"策略行为"概念，以便把我的研究焦点集中于新闻生产者对"学习运动"的积极回应。我认为，这一置换一点也不影响我们对于吉登斯分析"策略行为"的原则——充分描述行动者的认知能力、细致说明动机、解释控制辩证法——的使用。

以下是 2006 年 4 月 17 日至 21 日，中宣部、中国记协和新闻战线"三项学习教育"活动领导小组在京举办"新闻媒体负责同志培训班"③，部分

①② 汤普森. 意识形态与现代文化[M]. 高铦，译. 南京：译林出版社，2005：73.

③ 中央主要媒体子报、子刊，各地主要晚报、都市类、财经类报刊负责人，各省、区、市和新疆生产建设兵团党委宣传部新闻（出版）处长，部分高校新闻传播院系、研究机构负责人共 196 人参加了培训班。资料来源：中宣部新闻局主办《内部通信》2006 年增刊，"新闻媒体负责同志培训班专辑"（2006 年 4 月）。

学员的发言：

《大河报》总编辑庞新智：通过几天的培训，确实收获很多，特别是李东生同志所作的《坚持政治家办报、坚持遵循新闻规律》的报告，为我们开阔了思路，指明了方向，字里行间都渗透着中宣部领导对我们的期望，可以说是其情殷殷，其言切切。我们将把这个精神带回去，认真学习，认真领会，认真传达，认真贯彻，继续探求正确导向和"三贴近"二者之间的统一，使报纸沿着正确的办报理念健康发展，向党和人民交上满意的答卷。

《楚天都市报》总编辑曹山旭：把好导向是都市报纸可持续发展的首要前提，这既是我参加这次培训班的主要收获和体会，也是我们《楚天都市报》十年来在努力实践着的政治任务。

瞭望周刊社党组书记、总编辑姬斌：对照李东生同志题为《坚持政治家办报、坚持遵循新闻规律》的讲话中提出的要求，联系瞭望周刊社探索主流新闻周刊如何适应社会主义市场经济的新形势实现更有效传播的实践，倍感胡锦涛总书记强调的"现代社会，宣传舆论工作的社会影响力越来越大，能不能把宣传舆论工作抓在手上，关系人心向背，关系事业兴衰，关系党的执政地位"指示的重要意义。作为党的新闻工作者，必须时刻不忘职责，不断提高履行职责的能力。

新华社记者张严平：有一次我问他（穆青）："你经历过那么多事情，你对你曾经信仰过的东西，经过那么多年，有没有过一点点动摇，哪怕是一点点。"穆青非常平静地、没有任何犹豫地回答："没有。"我问："为什么？"他依然非常平静地回答："有两条。第一，我相信我们党，不但能够战胜外来的敌人，也能战胜自己的失误和失败。这已经被历史反复验证过的，已经是不可怀疑的了；第二，我还是相信那句话,道路是曲折的,前途是光明的。"穆青之所以是穆青,就在于他所具备的两个灵魂的支柱,一是他内心的爱——对祖国的爱、对人民的爱、对党的事业的爱、对同志的爱;再一个就是他坚定不移的信仰。他之所以写出一个又一个感动了几代人的典型人物,就在于他有这样一颗喷涌着理想的爱、激情燃烧的心!

《解放军报》记者杜献洲:走向高原,走向界碑,也是走向新的精神境界……在神圣的界碑面前,在国家领土、领海安全完整这个大课题面前,在一座座官兵的坟茔面前,能对新闻的严肃性、庄严性有新的认识。如果把新闻作为挣钱的商品,就不必思考这些问题;如果把新闻作为一种凝聚民族精神、为民族的伟大复兴服务的工具,就应该重视新闻的严肃性、庄严性,担当更多的社会责任。

这些发言充分说明,所有参加学习的人对于类似的"学习运动",都拥有一套在先前的"社会化"过程中就已经获得的丰富知识。第一,他们明白自己在这套系统中的受教育者定位,并承认教育者的支配地位,他们的发言都以体会和心得的形式出现。这种关于"社会定位"的认知能力,从前三位担任媒体领导职务,与后两位不担任职务的一般记者的不同发言内容和表达方式中,也得到了明显的反映:前者代表媒体并表达出一种对所辖媒体所担负的具体责任,后者传达的则是个人感受——表达了一种对党、人民和祖国的责任。我们一方面要指出,这种在结构上"作为表意、支配与合法化过程的特定交织关系构成的"定位,在具体的社会互动中,"指定一个人的确切'身份'……这一身份成了某种'类别',伴有一系列特定的规范约束"①;另一方面更要看到,参加学习的人在这种"定位过程"中表现出来的认知能力和自主性,它作为一种"自我技术",对"统治技术"

---

① 吉登斯.社会的构成[M].李康,李猛,译.北京:生活·读书·新知三联书店,1998:161.

做出回应,后者只有通过前者才能实现自身。下面我还将进一步发现"自我技术"的这种重要性。

第二,参加学习的人对学习内容其实早已耳熟能详。经验告诉我们,他们都能够滔滔不绝地复述宣传管理者倡导的各种主要观点。上面引述的发言中,各媒体负责人都表示他们一直在履行这些观念。因此,学习对他们来说并非获取"新知",而是巩固和加强"常识",对此,他们同样非常清楚。但由于对"伴有一系列特定的规范约束"的"社会定位"的认知,他们不得不以"收获很多""开阔了思路""指明了方向",以及"对照……要求,联系……实践,倍感……重要"这类一般化叙述,来对这一切加以必要的掩饰。后面两位记者的发言则可以视为采用具体化叙述进行掩饰的极佳例子,即以具体事例或具体化描写阐述抽象的观念,其中的事例和描写貌似新东西,实为掩饰对"常识"的重复,抽去这些事例和描写,情况将会变得一目了然。如果我们能再结合生活中与这类媒体负责人或记者、编辑"日常接触"的经验,联系欧文·戈夫曼(Erving Goffman)的"前台"和"后台"理论来思考这个问题,可能会越发清楚。事实上,在学习活动中教育者对于受教育者的这种"自我技术"也心知肚明,而依靠并利用"自我技术"恰恰是吉登斯所谓"控制的辩证法"。我将在后面的章节中对此进行解释。

说明上述"自我技术"的动机似乎是困难的,因为那会涉及大量心理学问题。我基本不具备心理学知识,也不想把问题弄得那么复杂。这里只能根据经验和常识形成我的一些推论:(1)所有"学习运动"中的受教育者,也就是新闻工作者,都拥有一份相对固定和体面的社会职业,不仅具有一定的社会地位,其收入也应该处于社会平均水平之上。一些身处媒体领导岗位或资深的记者、编辑,还可能拥有更高的社会地位和更多的经济收入。(2)他们都熟悉管理体制的宰制性力量,并明白各自在宣传管理系统中的定位。(3)他们大都受过系统的正规教育,具有一些知识分子的普遍特点,如独立精神、批判意识、以知识报效社会的情怀等。(4)他们可能不会满足于现状。(5)他们中的绝大多数人,都不会愿意去冒降低甚至失去已有社会地位和经济收入的风险,来抵抗管理体制的宰制性力量,挣脱自己在宣传管理系统中的定位。

这些推论可以在张志安对一些知名媒体从业人员的深度访谈中得到进一步的证实:

> 中央电视台《焦点访谈》记者曲长缨:"我们只能在现有的体制和政策前提下去做节目……""我们国家的媒体都是在党和政府领导与指挥下行动的,哪有纯粹的民间媒体呢? 这是由政治体制、经济体制和新闻体制决定的,不可能逾越体制之外去搞别的。""我觉得《焦点访谈》已经走到现行体制能够容纳的边际了……""在现有体制下,不要去抱怨外界的因素,只能是有多大的笼屉蒸多大的馒头,不要指望馒头大得超过笼屉。"

> 《中国青年报》"冰点"原副主编卢跃刚:"在我们现在社会里面,只有一件事是有的,就是独一无二的执政党,肯定要覆盖全部……""你想想,那是一个庞大的体系,你是一个人,你向整个体系是挑战式的、公开的、真名实姓的,你是体制内的人么?"

> 《南方周末》原副主编方进玉:"南方周末一直有句口号,'有不能说出来的真话,但是绝不能说假话',现在可能只剩半句了,前半句当然得保留着,因为太多真话还是说不出来,但不说假话,有时候可能做不到。这个'假话',主要是一些空话、套话,出于生计考虑,不得不这么做。存在的就是合理的。这也是一种妥协。"①

---

① 张志安. 记者如何专业[M]. 广州:南方日报出版社,2007:24,65,67-69,94.

第二节 "宣传通知"

在国内关于新闻生产有限的研究文献中,宣传管理大多被当作一种"结构性制约"因素,甚至被当作某种压制性权力因素来考察的①。而我要尽力表明的观点则是:对于新闻生产来说,作为一种社会系统的宣传管理兼具制约性(constraining)和使动性(enabling)。在这里,如果把制约性理解为在某一既定情境中,某种宣传管理形式(如"宣传通知")对特定新闻生产者选择余地的限制性,那么,使动性就是新闻生产者在既定的主客观条件下做出合乎理性(把动机与行为带来的后果对应起来)选择的可能性,两者既相辅相成又相互牵制。诚如吉登斯所言:"形形色色的制约形式也都在不同方式上成为使动的形式。它们在限制或拒绝某种行动可能性的同时,也有助于开启另外一些行动可能性。"②当然,在一项具体的研究中可以进行某种方法论上的悬置,但必须尽量避免理论上的顾此失彼。这一节我想通过考察"宣传通知"以及一些媒体的贯彻执行情况,来分析宣传管理对于新闻生产所兼具的制约性和使动性及其相互关系。

所谓"宣传通知",指的是各级党委宣传部门(有时也涉及联合有关部门)针对某一时期或某一方面的新闻报道(个别情况下也可能针对某一则新闻报道)向新闻生产者(组织/个人)下达的具体指示,一般包括"宣传提示"和"报道注意"两大类型,前者侧重于从正面对报道重点、宣传口径提出要求,后者侧重于对一些报道内容的限制,其中对报道内容做出具体限制的,通常被视为"宣传禁令"。在一份以正式文件形式下达的宣传通知中,往往同时包括这两方面内容。

2008 年初,国际粮油价格普遍上涨,国内价格市场受到影响。2008 年 3 月 26 日,中宣部与国家发改委联合下发《关于做好当前价格形势宣传报道的意见》的通知①(下简称《通知》),要求各媒体"从讲政治、讲大局的高度,充分认识做好当前价格形势宣传报道的重要性,坚持正面宣传为主,牢牢把握正确舆论导向,精心组织价格形势和价格监管方面的宣传报道,为稳定市场供应、促进国民经济又好又快发展营造良好舆论氛围。"《通知》在规定 5 个方面"宣传重点"的基础上,还提出 5 个"需要把握的问题":高度重视、加强引导、适时适度、加强管理、严肃纪律。2008 年 4 月 22 日,山东省委宣传部与省发改委联合转发此文。为深入考察宣传通知与新闻生产的关系,我们对此后 20 天《大众日报》关于价格形势的报道进行了统计和分析②。

从 2008 年 4 月 22 日到 5 月 11 日(5 月 12 日以后,汶川大地震成为焦点),《大众日报》共发表关于物价形势的报道 35 篇,其中采用新华社稿件 26 篇,自己采写的稿件 9 篇。9 篇稿件中有 2 篇是直接反映物价上涨造成农民心理不安的(似与《通知》精神不符,刊发于《通知》发出的第一

---

① 该"通知"以"中宣发[2008]7 号"文件下达,为遵守保密规定,本书引述的内容,根据的是中宣部新闻局主办的《内部通讯》(2008 年第 7 期)中刊载的《做好当前价格形势宣传报道》,笔者对照过,后者内容与文件完全一致,由于《内部通信》有国内统一刊号,未表明保密级别,故据此引用。

② 这项工作是我委托我的硕士研究生王夏露做的。

天,可能是报社在未接到《通知》前发的稿),其余 7 篇基本符合《通知》精神。选用的 26 篇新华社通稿中涉及国内和国外的各占一半,都是 13 篇,但内容及其侧重点却完全不同:涉及国内的稿件坚持"正面宣传"和"正确导向",突出《通知》中的"宣传重点",主要报道国家"采取一系列发展生产、保障供应、稳定物价和妥善安排低收入群体生活的措施",并及时传播物价开始下降和回落的信息,即使稿件中涉及物价上涨这一客观事实时,报道侧重点也在强调物价虽有上涨,但在国家宏观调控之下,上涨势头正在趋缓,总体形势仍趋于平稳;而涉及国外的稿件,无一例外,全都反映全球粮食危机,粮价和油价普遍上涨,其中使用"短缺""危机""困境",以及"涨价""飙升""上涨""突破⋯⋯大关"字眼的标题占七成以上(与此比照,涉及国内新闻的标题多次使用"平稳""稳产""稳定""无忧""处于'绿灯区'"等)①。

---

① 《大众日报》2008 年 4 月 22 日—5 月 11 日关于价格形势宣传报道一览表:

表一　　　　　　　　　　　采用新华社涉及国外情况的报道

日期	版次、版位		标题
2008 年 4 月 22 日	5 版　国际·国内　中间偏右		联合国秘书长潘基文在联合国贸发大会指出:粮价飙升可能发展成综合危机
2008 年 4 月 23 日	5 版　国际新闻　中间偏右		国际油价逼近每桶 120 美元
2008 年 4 月 23 日	5 版　国际新闻　中间		图片新闻　澳大利亚面包涨价
2008 年 4 月 24 日	5 版　国际新闻　中间		粮价上涨犹如无声海啸　超过一亿人口退回到挨饿困境
2008 年 4 月 25 日	5 版　国际·国内　二条		粮食危机蔓延富国　美国限售大米　日本动用储备金
2008 年 4 月 25 日	3 版　国际·国内　中间偏右		布什呼吁追加 7.7 亿美元国际粮援　日本面临食品短缺
2008 年 4 月 27 日	3 版　国际·国内　中间		图片新闻　排队购粮
2008 年 4 月 29 日	6 版　国际新闻　头条下偏左		联合国举行峰会讨论应对粮食危机
2008 年 4 月 29 日	6 版　国际新闻　中间配图片		泰国商业部长说不会限制大米出口
2008 年 4 月 29 日	6 版　国际新闻　下部		英炼油厂"停摆"助推油价攀升　纽约油价逼近每桶 120 美元高位
2008 年 5 月 7 日	4 版　国际·国内　中右		国际油价突破 120 美元大关
2008 年 5 月 11 日	4 版国际新闻　右上		一周之内连破 120 美元和 125 美元大关　国际油价直逼 130 美元关口

如何看待并解释这种稿件的选择和处理与宣传通知的关系？从结构社会学的观点看，它是来自上级的宣传通知对新闻生产者施加影响的结果，就是说，宣传通知在现行的管理系统中作为一种外在的结构性因素，

（接上页）

日期	版次、版位	标题
2008 年 5 月 11 日	5 版国际新闻　右下	彭博社预测　未来国际油价有望回落

表二　　　　　　　　采用新华社涉及国内情况的报道

日期	版次、版位	标题
2008 年 4 月 22 日	5 版　国际·国内　中间偏右	图表新闻　东北"粮仓"粮食种植面积增加有望持续稳产
2008 年 4 月 22 日	5 版　国际·国内　左下（配图）	近日物价播报
2008 年 4 月 23 日	头版　中间偏右	发改委提出让低收入家庭住得起经适房和廉租房
2008 年 4 月 25 日	5 版　国际·国内　头条	首季四大经济热点牵动百姓神经（配 CPI 指数走势图）
2008 年 4 月 27 日	头版　头条下左	国际粮价达 20 年新高　今年国内粮价有望保持相对稳定
2008 年 4 月 28 日	3 版　要闻(今日关注)	成品油和原油价格倒挂　中石化首季净利锐减六成多
2008 年 4 月 30 日	5 版　国内新闻　左下	一季度我国宏观经济处于"绿灯区"
2008 年 4 月 30 日	5 版　国内新闻　下部中间	八部门联合整顿游览参观点　门票价格 1 年内只许降不许涨
2008 年 5 月 1 日	头版　新华社　右下	居民消费价格指数连续 7 个月亮"黄灯"
2008 年 5 月 6 日	5 版　国内新闻　中间偏右	东风重卡如果论斤卖比猪肉价格还低　车价降势已现拐点？
2008 年 5 月 7 日	3 版　要闻(今日关注)正中间	图表新闻　我国采取多项措施确保市场粮食供应
2008 年 5 月 8 日	5 版　国内新闻　右上	国家发改委有关负责人表示：粮库充裕供应无忧
2008 年 5 月 9 日	4 版　国内新闻·观点头条	粮油价格平稳走势能否持续？我国粮食库存消费比高于国际公认的安全线水平

表三　　　　　　　　自采稿件

日期	版次、版位	标题
2008 年 4 月 22 日	3 版　要闻　今日关注　头条	奶价虽涨，奶农心里不踏实，连续几年的市场低迷让养殖户心有余悸
2008 年 4 月 22 日	8 版　山东新闻(县域)　上半版中间　本报茌平讯	增加供给以抑制食品价格上涨，茌平扶植城乡"菜园子"
2008 年 4 月 22 日	10 版　读者·职场　头条	一愁包不着成片地，二愁农资飞涨"吃"收成，种粮大户老刘的心事

制约着具体的新闻生产。但是,这究竟是一种怎样的制约? 制约是怎样实现的? 宣传通知与新闻生产之间真的是一种直接的因果关系吗? 要回答这些问题,还需要对上面概述的情况再做一点具体分析。

在《大众日报》记者采写的 9 篇稿件中,《通知》转发当天(22 日)占 3篇,分别是《奶价虽涨,奶农心里不踏实,连续几年的市场低迷让养殖户心有余悸》《一愁包不着成片地,二愁农资飞涨"吃"收成,种粮大户老刘的心事》和《增加供给以抑制食品价格上涨,茌平扶植城乡"菜园子"》。前两篇似乎与《通知》精神不符,"奶农"稿中的三个小标题"订户接到五份涨价通知单""饲养成本涨得更厉害""养殖户期盼奶价平稳","种粮大户"稿标题中的"飞涨"一词,显然不符合《通知》"稳定"情绪和"正面引导"的要求。但前者却被作为"要闻"安排在 3 版"今日关注"的头条,后者也被处理为"读者·职场"的头条,而完全符合《通知》要求的《增加供给以抑制食品价格上涨,茌平扶植城乡"菜园子"》一稿则被安排在 8 版"山东新闻(县域)"的上半版中部。对照此后这类稿件的处理情况,我们有理由推测,这是在不了解《通知》精神的情况下所为。但换一个角度来看,这又能说明另一个问题,即在《通知》下达前,媒体虽然重点关注物价上涨情况,但也并未忽视政府在"保障供应、稳定物价"方面所做的工作。因此,我们没有理由

(接上页)

日期	版次、版位	标题
2008 年 4 月 25 日	2 版 要闻 左下 本报济南讯	氮磷肥 80%以上浪费了,专家建议:面对化肥涨价,更应着力提高施肥技术
2008 年 4 月 26 日	2 版 要闻 头条 本报济南讯	王仁元在价格法实施 10 周年座谈会上要求加强市场价格调控监督
2008 年 4 月 28 日	头版 要闻 下部中间 本报青岛讯	物价涨补贴跟着涨,青岛将 2.1 万低保边缘群体纳入救助体系
2008 年 5 月 8 日	13 版 济南新闻 头条	政府出手强力调控国内化肥供需,然而受诸多因素制约——化肥价格走势未卜
2008 年 5 月 8 日	13 版 济南新闻 正中	价格调控三难题——访济南市物价局局长孙建民
2008 年 5 月 8 日	15 版 民生 右上	蔬菜价格逐渐走低

把此后这方面内容报道的原因统统归之于《通知》。事实上，新闻生产者和宣传管理者一样，也是社会实践的参与者，同样对社会实践有自己的认知。两者最大的不同是实践方式的不同，而非认知能力的高下。28 日的《物价涨补贴跟着涨，青岛将 2.1 万低保边缘群体纳入救助体系》和 5 月 8 日的《政府出手强力调控国内化肥供需，然而受诸多因素制约——化肥价格走势未卜》两篇稿件，分别被作为头版"要闻"和 13 版"济南新闻"的头条，后者还与发在同一版面的《价格调控三难题——访济南市物价局局长孙建民》相互配合，以及《王仁元在价格法实施 10 周年座谈会上要求加强市场价格调控监督》，这样报道都可以直接视为对《通知》中部分"宣传重点"①的贯彻。至于《氮磷肥 80％以上浪费了，专家建议：面对化肥涨价，更应着力提高施肥技术》，是指导农民如何应对化肥价格上涨，只能算间接涉及价格形势，而《蔬菜价格逐渐走低》是一则反映物价信息的不足200 字的小稿（也经过了编者的精心处理，如突出蔬菜价格走低而淡化鸡蛋和鲤鱼价格上涨）。这样看来，《大众日报》自采稿件中，真正可以直接视作对《通知》精神贯彻的只有 4 篇（其中包括 1 篇会议报道），内容也仅

---

① 《通知》中"宣传重点"包括 5 点：

　1. 大力宣传党中央、国务院高度重视价格上涨问题，并积极采取一系列发展生产、保障供应、稳定价格和妥善安排低收入群体生活的措施。宣传各地各部门贯彻落实中央决策的进展、成效。

　2. 客观分析当前价格上涨的原因和对各方面的影响，让社会了解价格上涨的真实情况，引导人们正确认识当前经济形势和市场供应、价格情况，增强人民群众对党和政府的信任。

　3. 及时反映各级党委和政府在灾后重建、保障供应、畅通物流、减免收费、发放补贴等方面采取的措施和取得的成效。大力宣传抗灾救灾斗争中涌现出来的模范人物和先进事迹。

　4. 加强对群众关心的热点问题的正面引导。宣传国家实施价格干预措施的必要性、合法性、合理性、临时性和辅助性。宣传稳定价格的根本途径是发展生产、保障供给，随着成本和供求关系的变化，市场价格波动是正常的。宣传政府保障经营者的合法权益，同时经营者要遵循公平、合法和诚实信用的原则，依据生产经营成本和市场供求状况，合理制定价格，主动承担社会责任。

　5. 加强对各种价格违法行为的舆论监督。正确认识在特定条件下加强市场价格监管的必要性和重要性，配合政府有关部门，加大对不执行政府指导价、政府定价，不执行临时干预措施，以及价格串通、哄抬价格的各种价格违法行为的舆论监督，维护消费者合法权益。

限于政府调控价格和妥善安排低收入群众生活两方面。

在对新华社稿件的选用和处理上，似乎更能体现《大众日报》贯彻《通知》精神的努力。正如我们已经看到的那样，这类稿件在数量上占26篇之多，内容涉及面也更加广泛，在处理上主要采取"对比编排"的方式，通过"上涨与回落""飙升与平稳""困境与无忧"等，来"营造良好舆论氛围"。

上述情况表明，宣传通知对这一时期《大众日报》价格形势的报道起到了某些限制性作用，如控制自采稿件的数量，尽可能回避直接反映物价上涨的内容，将物价上涨与政府采取的平抑措施同时展示并突出后者，等等。但不能将这种作用理解为《通知》直接作用的一个机械的后果。我的意思是说，无论是控制数量、回避某些内容，还是采取某些报道方针，都并非《通知》所直接要求的（直接限制某些内容的情况也会有，这个问题我下面再讨论），而是媒介在"解读"《通知》精神基础上的"自主"行为——所谓"统治技术"通过"自我技术"进入新闻生产。

在《大众日报》对新华社稿件的大量选用和编排处理上，我们同样可以看到《通知》所兼具的这种限制性和使动性。大量使用新华社稿件而较少使用自己采写的稿件，显然是为了"规避风险"，因为价格问题的报道"政策性、专业性很强，也十分敏感"。新闻稿的对比编排旨在突出我国政府的作为，这在该报4月27日头版刊发的新华社电讯《国际粮价达20年新高，今年国内粮价有望保持相对稳定》一稿的处理上反映得尤为清楚。这篇稿件的上方配有一副《粮价上涨排队购粮》的图片，图片中两名孟加拉国的妇女顶着烈日在政府开办的限价店里购买大米，图文并茂，更加凸显了稿件所提供的信息："面对国际粮食、石油等初级产品价格持续上涨的严峻环境，由于多年来一直把加强农业和粮食生产作为经济工作的重点，加之近年来增加粮食生产投入，提高最低收购价格等多项措施的实施，使得一季度国内粮价波动相较于国际市场明显稳定。"但所有这些做法都不是《通知》"给定"的——《通知》没有要求媒介多用新华社稿件而少用自己采写的稿件，也没有要求进行国内与国际的比较。

可见，《大众日报》在这一时期关于价格形势的报道既可以看作《通知》"限制"的结果，又可以看作《通知》"使动"的结果：一方面，《通知》的"总体要求"和有关内容"制约"了价格形势报道的某些"基调"；另一方面，正是这种限定"促成"了媒体的一些具体做法。"制约性"和"使动性"本来就是同一问题的两个方面，使用这两个貌似对立的概念，一是进行具体分析的需要，更多还是带有针对既往新闻生产研究中由结构社会学所带来的偏向的意味。

我们似乎用不着借助上面对《大众日报》关于物价形势报道的分析，只需根据常识就能得出：宣传通知必须通过新闻生产者（组织／个人）才能作用于新闻生产。但指出这一"常识"绝非多余，因为在宣传通知与新闻生产之间建立直接的因果链，与在两者之间插入一个生产主体，涉及两种完全不同的分析框架，就像"符号互动论"在行为主义"刺激—反应"模式中间插入一个"解释"的因素一样。这种分析框架能够非常方便地解释相同的宣传通知内容何以导致不同的新闻生产结果。例如，我们在考察《大众日报》的同时，也考察了同属大众报业集团的《半岛都市报》同一时间关于物价形势的报道。[1]

从 2008 年 4 月 22 日到 5 月 11 日，《半岛都市报》刊发的相关报道只有 6 篇。其中自采稿件 3 篇，分别是 4 月 22 日 A2 版的《七区低保户有了动态补贴》、A16 版的《成本涨价装修旺季不旺》和 4 月 23 日 A16 版的《岛城猪肉价格开始回落》。《半岛都市报》作为一份晨报，22 日的两篇报道肯定刊发于《通知》下达之前，所以都未避讳"物价居高不下，市场受到冲击"的信息。23 日的报道反映猪肉价格回落，但是同时援引"赵先生"

---

① 这项工作是我委托我的硕士研究生李嘉树帮助做的。

的话："养殖户养猪风险仍然很大，这使得生猪生产恢复较为缓慢，猪肉价格仍将高位运行，近期回落幅度不会很大。"这样的援引在 22 日以后的《大众日报》上似乎不可能出现。采用的新华社通稿有 3 篇，集中刊发于 2008 年 5 月 7 日，分别是 A25 版的《持续高油价如何影响中国经济》《国际油价突破 120 美元》，以及 A28 版的《国际粮价上涨对中国影响不大》。这些稿件所侧重的国际粮油价格上涨对中国的影响几乎是《大众日报》完全"忽略"的问题。这里我们又一次看到了新闻生产中"统治技术"通过"自我技术"发挥作用的例证。

陆晔在《权力与新闻生产过程》一文中以扎实的调查和深入的访谈，研究了宣传管理与新闻生产的关系。作者在论文中敏锐地注意到"权力不单意味着单一的压制，而且是可以生产的"，正确地指出"宣传管理中的权力是通过新闻生产的主体的实践而得以表达、实现的"，并得出新闻生产中的"权力和由权力支配的资源是可以相互转化的。这是一个流动的、每天每时仍然有可能不断变化的过程，在这个过程当中，我们考察的各种权力关系，不是静态、一成不变的，而是在不断消解、不断建构和彼此消长的"等很有启发性的结论。但是，在具体研究宣传管理的时候，作者这些很有见地的观点和思想并未得到很好的贯彻，而是作者先验地认为："包括新闻生产在内的中国媒体改革的一切微观实践过程，都是在宣传管理的控制机制之下展开的"，并得出"作为媒介的直接管理者，来自宣传部门和其他行政管理部门的权力，构筑了边界明确清晰的新闻生产的有形控制空间"这样带有浓厚结构主义色彩的结论。我们从这种宣传管理中看见的只是"单一的压制"，看不见任何生产性因素。宣传管理构筑的"控制空间"似乎成了孙悟空用金箍棒划定的圈或如来佛控制孙悟空的手掌。

正如本节开篇所述，这种隐藏在新闻生产研究中，反映在对宣传管理与新闻生产、管理者与被管理者认识上的"二元对立"，是我国学界一个非常普遍的思维定式。从思想根源来考察,这种二元对立来自于以涂尔干等人为代表的结构/功能主义社会学,对此,吉登斯在《社会的构成》中已有详细评论①,此处毋庸赘言。沿着吉登斯的思路我们不难发现,在新闻生产研究中,宣传管理被当作"结构性制约"因素的心路历程大致如下:作为社会现象的宣传管理先是被赋予自身其实并不具有的物性特征,即被"物化",然后再被进一步理解为某种外在于人的"客观既定"的存在,最后,社会世界的"事实性"(facticity)又被处理为自然世界的"既定性"(giveness),它们仿佛和自然界的力量一样,对媒体及其从业者产生作用,无论后者有怎样的"主观能动性",也丝毫无法撼动前者的"既定性",就像孙悟空无论如何也跳不出如来佛的手掌一样。然而,正如吉登斯指出的那样:在社会科学研究中根本不存在这种既定的"结构性解释"的实体,关于社会制约"实体"及其力量的"所有的说明都至少牵涉到行动者有目的和运用理性的行为,以及这种行为与行动者所处社会情境及物质情境的制约性和使动性特征之间的相互关联"②。宣传管理无非是以一系列其他系统性社会关系为背景而"凸显"的关系系统,研究中,我们不仅要考察这种"凸显"的关系系统,也需要考察那些作为"背景"的关系系统。只有这样,才能真正把来自宣传管理部门的权力当作"实践活动",进而发现其"'行使'(exercised)多过'控制'(possessed)"的特征。

现在,让我们来看看"制约性"更强的一类宣传通知。根据观察和了解,宣传通知影响媒介的强弱程度与两种"结构性因素"有关,一是通知本身的内容,通常限制性内容越具体制约性越强(如上述关于物价形势报道的《通知》中就明确规定:"对专家学者提出的不符合中央政策、中央精神的观点和文章,一律不刊播、不转载");二是通知发出者与媒体在管理层

---

① 吉登斯.社会的构成[M].李康,李猛,译.北京:生活·读书·新知三联书店,1998:第四章,第二、三、四节.
② 吉登斯.社会的构成[M].李康,李猛,译.北京:生活·读书·新知三联书店,1998:282.

面所处的关系,通常关系越紧密影响越大,直接的管理与被管理关系对媒体的影响最大。由此可见,对具体媒体而言,直接由上一级党委宣传部门发出的、对某些报道内容做出具体限制的宣传通知,其"制约性"最强。

2007年9月27日,某市委宣传部向所辖媒体发出电话通知:"不要对电影《色·戒》及所谓影视分级问题进行炒作。"(顺便说一下,观察中我们还发现一个有趣而且耐人寻味的现象,"制约性"越强的通知似乎多是通过电话而非文件传达的。)根据这一电话通知,我查阅了该市一份日报、一份晚报、一份早报的相关内容。从数量来看,从2007年1月1日至2008年12月7日,三份报纸关于《色·戒》的报道共计72篇,其中"通知"下达前44篇,下达后28篇。三份报纸中以都市化色彩最浓的《××早报》所占数量最多。从内容来看,与"通知"下达前不同,9月27日以后的报道大多是关于其票房收入以及参加各种电影节情况的纯事实性报道,像此前《××晚报》上刊载的"记者看到,片中的确有四段性爱场面,其中后三段均发生在梁朝伟和汤唯所饰演的角色之间,场面火爆之程度令人咋舌,汤唯数次出现正面全裸,使事先有思想准备的记者也觉得的确'儿童不宜'"之类涉及电影内容的报道几乎没有,标题中也不再有"裸戏""激情镜头""情色""电影分级"等词汇。从形式来看,"通知"下达后的报道标题明显缩小,篇幅明显变短,版面上的地位总体也有所下降。

根据我们对照此类通知查阅的媒体报道,以及相关访谈情况来看,类似上述直接来自上级宣传主管部门、对报道内容做出明确而具体限制的宣传通知,媒介必须严格遵照执行。事实上,从业界所谓"宣传禁令"的称呼中,也能感觉到它们对媒体所产生的带有强制性的力量。某市晚报的一位副总编辑告诉我,他曾因刊发一则律师回答业主关于购房问题的"热线咨询"受到过一次组织上的"警告"处分,原因是数月前上级宣传主管部门曾发出过"近期不要刊登涉及房地产业的报道"的通知,处分的理由是"不执行上级指示"。这位副总编辑说:"在日常宣传管理中,主管部门一般只下达'禁令',不会下达'撤销令'。所下'禁令'何时撤销?全靠你自己去判断和把握。其实在我签发那期报纸之前,市委市政府已经召开过一次关于房地产行业的会议,报纸也做了报道。但没办法,我只能接受处分。"①

的确,在这种"组织力量"面前,具体的媒体(一家或一个区域)及其从业者的一般选择似乎是"只能这么做"。但是,正如以上论述表明的那样,"只能这么做"不等于"只能做什么"。关于电影《色·戒》的通知下达后,媒体虽然减少了相关报道的数量,回避了某些内容,降低了这类报道在版面上的地位,表现出对上级指示的服从;但电影《色·戒》依然是媒体的关注点之一,从 2007 年 10 月到 2008 年 1 月,《××早报》的相关报道有 12 篇,《××晚报》的报道也有 8 篇②其中 2007 年 11 月 16 日刊登的《〈色·

① 根据本人访问记录。

② 《××早报》2007 年 10 月—2008 年 1 月关于电影《色·戒》的报道:

序号	日期	新闻标题
1	2007－10－11	华仔猛夸伟仔《色·戒》内地 11 月公映
2	2007－10－12	刘德华望《兄弟》票房有《色·戒》的 1/10
3	2007－10－25	张同祖透露《色·戒》无缘香港金像奖
4	2007－10－30	访《色·戒》推手娱乐律师 揭开好莱坞机密
5	2007－11－01	上海首映 李安对《色·戒》又爱又怕
6	2007－11－02	《色·戒》内地首日票房"一般"
7	2007－11－06	期望金像奖再改革 遗憾《色·戒》未入围
8	2007－12－09	第 44 届金马奖昨晚揭晓《色·戒》夺 8 奖
9	2007－12－14	《色·戒》入围金球奖 汤唯无缘影后
10	2008－01－15	《赎罪》最佳《色·戒》没份金球奖
11	2008－01－18	亚洲电影奖提名《投名状》《色·戒》
12	2008－01－23	第 80 届奥斯卡奖提名揭晓《色·戒》颗粒无收

《××晚报》2007 年 10 月—2008 年 1 月关于电影《色·戒》的报道:

序号	日期	新闻标题
1	2007－10－18	《色·戒》连创港台票房纪录无盗版出现
2	2007－10－31	《色·戒》明引爆零点场 李安抵沪
3	2007－11－01	不在意删节 观众:李安没让我们失望
4	2007－11－01	演技合格 人性成功 评汤唯《色·戒》
5	2007－11－16	《色·戒》引发灵感 激情戏被删成宣传绝招
6	2007－12－07	美国国家评论协会奖揭晓《色·戒》入围
7	2007－12－26	联手执法,11 万张盗版《色·戒》落入伏击圈
8	2008－01－14	金球奖揭晓《潜水钟与蝴蝶》胜《色·戒》

这项工作是由我的硕士研究生李小军帮助我做的。

戒〉引发灵感 激情戏被删成宣传绝招》，尽管说的是一些影视剧的"宣传绝招"，毕竟还是涉及了"色戒"和"激情戏"的内容。

到目前为止，我们的讨论还是集中在具体新闻生产者在某种"结构性"限制条件下的"临场发挥"或"策略突围"①。然而，所有这些"发挥"与"突围"究竟是一种怎样的力量呢？如果只是把它们看成具体的新闻生产者在既定"场"和"围"中发挥的主观能动性，那么，新闻生产中管理者与被管理者的关系就只能被理解为如来佛与孙悟空的关系。这里有必要澄清两个基本的认识问题。第一，新闻生产者面临的"场"或"围"是一种社会存在，不同于我们面对的自然环境。社会存在当然"不依赖于人的主观意志"，但此处的"人"指的是具体的人。社会存在不同于自然存在，关键在于前者依赖于人的社会实践以及由社会实践产生的"集体意志"。所以，新闻生产者面临的、处在不断生成过程中的"场"或"围"与孙悟空面对的既定的佛掌完全不可同日而语。第二，不能有意无意地将宣传管理视为某种社会结构性力量，而将新闻生产者的"积极回应"描述成指称具体行动者意志的概念。事实上，新闻生产者并非一个个处在自然状态下的孤立存在，尤其是随着新闻传播在社会系统中的规模和作用越来越大，地位越来越高，新闻生产者的身份和职业认同变得越来越强，那种分散的、一个个具体行动者的意志会不断被"束集"成某种类似的社会"结构性力量"。如果拒绝"结构"与"行动"的二元对立，站在"构成化"社会理论的立场，把新闻生产者的"个人技术"同样理解为某种"束集"而成的社会"结构性力量"，上述如来佛与孙悟空的比喻似乎就变得不那么贴切了。

仅仅考察"宣传禁令"与具体媒体之间的关系还不足以揭示"个人技

---

① 潘忠党. 中国大陆新闻改革过程中象征资源之替换形态[J]. 新闻学研究（台北），1997：54；张志安. 新闻生产与社会控制的张力呈现：对南都深度报道的个案分析[M]//新闻与传播评论. 武汉：武汉大学出版社，2008.

术"的真正力量。来自上级主管部门的宣传通知,对所辖媒体的限制性是毋庸置疑的,但对辖区以外的媒体则不然。为此,我们考察了不属于上述城市的《南方都市报》和《三秦都市报》有关《色·戒》的报道。2007 年 10 月 7 日,《南方都市报》刊登《赴港看〈色·戒〉完整版才过瘾——内地版被剪去 7 分钟镜头,深圳人认为精彩打了折扣》的报道,导语如下:

> 本报讯(记者姜锵)"5 时半的《色·戒》,我要两张票。"昨日下午,市民童先生和女友一起前往香港看电影《色·戒》,出乎意料的是,在香港又一城商场电影院买票时,在童先生之前的一对男女也是从深圳专门过去的,目的也是一睹完整版的《色·戒》。
>
> 据文锦渡边检站统计显示,国庆期间前往香港的深圳人中,多以休闲、观光、旅游、购物为主要目的,其中也有大批的旅客,看完整版的《色·戒》成为他们前往香港的主要目的之一。

《南方都市报》11 月 1 日刊登的《〈色·戒〉内地首映》详细报道了删减镜头的内容;11 月 4 日,该报做了 10 个版的题为《〈色·戒〉宝鉴》的"声色周刊";11 月 6 日刊发《〈色·戒〉被删床戏网上疯传》,并配有视频截图。《三秦都市报》10 月 31 日《〈色·戒〉西安明晨上映》的报道导语:

> 先是片中的激情戏,后是档期问题,《色·戒》的上映日期一波三折最终才拿到了通行证,昨日记者获悉,11 月 1 日该片登陆西安各大电影院,奥斯卡金花影城将于零点进行放映,这让所有迷李安的,迷梁朝伟的,迷张爱玲的 FANS 都欣喜若狂。当然,除此之外影片的强大魅力还在于它是重情或是重色的分歧,令观众好奇的三场大胆床戏,在国内上映时的"删减七分钟"以及在北美、中国香港和中国台湾等地上映多天后至今无盗版。

该报道导语下面的内容分别由"重情还是重色""七分钟到底剪了什么"两个小标题统领;11 月 2 日又刊出《〈色·戒〉登陆西安 激情戏不见踪影》的报道,其中写道:"昨日看到的影片《色·戒》相当干净,大段表现易先生心态的激情戏更是不见了踪影,但删减后的《色·戒》就像失去了灵魂一样让人乏味。"总体来看,这两份报纸几乎完全不受上述电话通知的影响。"宣传通知"作为一种"统治技术",其制约力量来源于它所"束集"的"组织力量";新闻生产者的"发挥"或"突围",作为一种"个人技术"同样可能"束集"整个"职业共同体"的力量。张志安通过大量访谈概括的"默契协同"①可以部分说明这种"束集"力量。当然,"默契协同"侧重的还是媒体间的联动行动,我强调的则是这种行动背后的动力,它的来源不限于一个个具体的新闻生产者,也不限于某个具体区域和具体阶段,甚至不限于某个民族—国家。正如孔德所言:在社会分工面前,"每个人都以自己的方式,以特殊而又确定的程度,加入到雄心勃勃的公共事业中。它注定要逐渐发展起来,以至于把今天的合作者与过去的先行者,以及未来各种各样的后继者结合在一起"②。我们不仅要从具体新闻生产者,更要从"一般"意义上的新闻生产者的角度来认识"宣传""通知"兼具的"限制性"和"使动性"。

第三节 "命题作文"

"命题作文",顾名思义,是指宣传主管部门根据一定的宣传目的和需

---

① 张志安. 新闻生产与社会控制的张力呈现:对南都深度报道的个案分析[M]//新闻与传播评论. 武汉:武汉大学出版社,2008.
② 涂尔干. 社会分工论[M]. 渠东,译. 北京:生活·读书·新知三联书店,2000:26.

要指派所辖媒体所做的报道,业界也称"规定动作"。多数情况下,"命题作文"是由党报、党刊和国家通讯社来承担的,它是"命令型新闻体制"下"常规"①新闻生产的一种"特色产品"。考察这种特色产品及其生产过程和生产方式,对进一步认识宣传管理在新闻生产中的作用,揭示"统治技术"与"个人技术"的辩证关系,毫无疑问是有意义的。

从新闻实践的角度来看,"命题作文"的主要形式包括"典型报道"和"主题宣传"两大类型,前者通过"对具有高度示范性、代表性的人物、事件、工作经验的深入报道"来"集中体现有关宣传导向",影响和带动"一般",属党报宣传的"常规型武器";后者"以党和政府重大战略、重要决策为主题,通过精心策划,分专题、成系列、多角度、立体式地集中推出重点报道,迅速形成声势、规模和高潮,营造浓厚氛围,有力引导舆论"②,是新闻宣传中所采用的一种新形式。"典型报道"和"主题宣传"当然也并非全都是来自上级宣传主管部门的"命题作文",但一些重大"典型"和"主题"的报道与宣传基本如此。本节以 2004 年 4 月一次重大典型的宣传为例,集中讨论宣传管理在新闻生产中形成的权力结构尤其是权力关系。

2004 年 4 月 11 日起,中央 13 家主要新闻媒体按照中宣部的部署和要求,精心策划、组织对青岛港的桥吊工人许振超的先进事迹进行报道。和所有重大典型报道一样,这次报道从典型的确定、宣传基调的定位到协调组织、集中推出、层层深化,都是在中宣部的直接领导下进行的。刘云

---

① 参阅 LEE ,CHIN-CHUAN. Mass media ;Of China and about China[M]//Voices of China; The interplay of politics and journalism. New York;The Guilford Press,1990;3 - 32;WU, GUOGUAN. Command communication;The politics of editorial formulationin the People's Daily[J]. The China Quarterly(Summer),1994;194 - 211. 潘忠党. 大陆新闻改革过程中象征资源之替换形态[J]. 新闻学研究(台湾),1997(54).

② 汪家驷. 论典型报道[M]//新闻三十论. 北京:人民出版社,2008;汪家驷. 论主题宣传创新[M]//新闻三十论. 北京:人民出版社,2008.

山同志到青岛港码头看望并接见许振超,并高度评价在许振超身上集中体现了工人阶级的精神、民族的精神、时代的精神,特别是体现了一代人要有一代人的作为,一代人要有一代人的贡献,一代人要有一代人的牺牲的青岛港精神。这既是此次典型报道的总体指导思想,也为这场宣传确定了基本基调。时任中宣部副部长亲自坐镇指挥,与许振超先进事迹采访团记者座谈,"要求记者们思想认识到位,增强报道实效,提高典型宣传的社会影响力,并提出增强典型宣传的实效不仅是中宣部对新闻媒体的要求,也是媒体自身提高影响力、公信力的需要,希望记者们把许振超先进事迹的采访报道当作加强与改进典型宣传的探索与尝试"①。在报道集中推出前,中宣部新闻局、宣教局还"召集各新闻单位负责许振超典型宣传的领导和记者进行座谈,从发稿日程、规模、规格、规程,以及改稿、评稿、版面安排、专题节目刊播等各方面作出详细部署"②,组织者表示,典型宣传结束后还要进行评比和总结。

面对这样高规格的"命题作文",各媒体领导高度重视。《人民日报》时任的总编辑张研农、副总编辑江绍高作出特别批示,要求选派得力记者参加,确保报道高出一筹;承担宣传任务的中央电视台记者"鼓足勇气向台领导申请(关于许振超的报道)每集(在'新闻联播'播出)3 至 4 分钟的时间,罗明副台长明确表示:为保证宣传的质量我给你们 4 分钟,新闻做得好还可以长",在审查中该片尽管时长超过了 5 分钟,但领导还是觉得不解渴,又让延长了细节的长度;工人日报社总编辑、副总编辑亲自参与这一报道的策划,审定稿件和版面,并在编前会上多次明确表示:"宣传重大典型是新闻媒体的重要任务之一,对中宣部部署的'规定动作',不但要

---

① 中共中央宣传部新闻局. 加强和改进典型宣传、切实提高典型宣传水平——许振超典型宣传综述[J]. 新闻战线,2004(6).

② 中共中央宣传部新闻局. 改进典型宣传的有益尝试——许振超典型事迹宣传报道反响强烈效果突出[M]//中共中央宣传部新闻局. 为时代英雄放歌. 北京:学习出版社,2005:108.

积极完成,而且要当作硬仗打,力求'打'出特色、'打'出彩来。"①新华社、中央人民广播电台、《经济日报》《光明日报》《科技日报》《农民日报》《法制日报》等新闻单位的领导也都就此进行了具体的安排和部署。参加许振超先进事迹采访团的记者普遍"深感责任重大""压力很大",有的"还有点说不出的惴惴不安"②。他们完全了解这次刚性宣传任务的性质与分量。《法制日报》记者袁成本说:"记者曾多次参加中宣部组织的报道,关于许振超的报道,其重视程度前所未有——时任中宣部副部长称这是'一级典型',新闻局胡孝汉局长称之为'超级策划'。"③顺便说一下,我国典型宣传中的"典型"是分级的,"一级典型"是最高级别的典型,不仅宣传规格高,政治待遇也高,比如会专门组织其先进事迹报告团,受到党和国家领导人的接见。典型是由地方组织一级一级往上推荐产生的,全国性典型的级别最终由中宣部确定。

如果仅仅从自上而下的确定、部署和指挥看,以上描述似乎表明:"命题作文"是我国宣传管理中既定"权力"结构关系一个缩影,中宣部处在这一权力关系的顶层,通过所辖媒体领导层这个中间环节,领导和指挥具体新闻从业者的新闻生产。在这种关系中,处于权力结构上层的管理者占据绝对优势的地位,相对而言,处于下层的新闻生产者成了某种唯有听命或服从的被动执行者。从这样一幅侧重于一般权利和义务关系的抽象结构图中,人们看到的"权力"似乎只是那种政治意义上的和高高在上、多少带有一些神秘主义的控制力量,它不仅能够脱离具体的新闻生产者,而且

---

① 陈征,贾燕华. 不断增强报道感染力[M]//中共中央宣传部新闻局. 为时代英雄放歌. 北京:学习出版社,2005:143;工人日报. 让典型真正走进读者心里[M]//中共中央宣传部新闻局. 为时代英雄放歌. 北京:学习出版社,2005:65.

② 分别见光明日报冯蕾:《走入人物的内心世界》、人民日报李丽辉:《讴歌平实所蕴含的伟大》、中央电视台杨铭军:《模范人物的时代背景》,载中共中央宣传部新闻局. 为时代英雄放歌[M]. 北京:学习出版社,2005.

③ 袁成本. 一次成功的采访[M]//中共中央宣传部新闻局. 为时代英雄放歌. 北京:学习出版社,2005:159。

能够脱离具体的行使过程且客观存在。事实上,任何权力一旦脱离了具体的行使过程就只能成为一种虚设,也就是说,权力唯有在行使过程中才能产生实际效力。因此,只有着眼于具体的运行过程才能发现真实的权力关系。

"对许振超的采访和报道是个硬任务,必须完成,而且要完成好。""写许振超是个'命题作文'。题目是中宣部出的,如何写好,是记者的事。""以往我们在正面主题性报道中遇到最多的是'命题作文'式的新闻,做得即使不够生动感人,对记者来讲也无妨碍,因其特殊的指令性要求照样可以播出。"①如果将参与许振超事迹参访的记者的这些话,与张志安对新华社记者朱玉的一段访谈联系起来,我们不难发现媒体及其从业者对诸如典型报道之类的"命题作文"的基本认识和态度。

> 张志安:在我看来,在新华社做记者,尤其做您这样的记者也许有些两难:一方面,要做不少"命题作文"、正面报道;另一方面又要结合自己的兴趣做舆论监督的报道、批评报道。您会不会感觉有一些矛盾?
>
> 朱玉:这个问题好多人都问过我,尤其搞舆论监督的人,大家都在一个圈子里。他们有时候会议论说,朱玉早晚要精神分裂,一方面要写中宣部命题,塑造一些正面的大典型,一方面又要去搞舆论监督。我就跟他们说,到现在我还没分裂,就是因为我的心态调得比较平和……
>
> 我觉得,我是把它作为社会的优点和缺点来写的,这样的话,你就发现,你接触到的不是一个偏颇或偏执的社会。要是单写一方面,

---

① 宁启文. 感动自己才能打动别人[M]//中共中央宣传部新闻局. 为时代英雄放歌. 北京:学习出版社,2005:156;温秋阳. 用特写镜头彰显典型人物的魅力[M]//中共中央宣传部新闻局. 为时代英雄放歌. 北京:学习出版社,2005:135;陈征,贾燕华. 不断增强报道感染力[M]//中共中央宣传部新闻局. 为时代英雄放歌. 北京:学习出版社,2005:141.

你就会觉得,你完全就是一只脚站立。像我这样的话,就可以去接触一些人格比较好的人,也去接触一些比较丑恶的东西,两者结合起来才是比较完整的社会。

从职业要求来说,既然是新华社的记者,新华社的性质决定了新华社的任务,决定了我不能以一个专门揭黑的记者身份出现,这是你所处的单位所不允许的。如果你想这么干的话,你肯定自绝于党,自绝于人民。要不然,你就会在那儿很痛苦,找不着自己的位置。

写"命题作文",这是我的工作之一。我把它视为党让我出一份黑板报,它是老板,让我去做,我肯定要把它做好。我把自己比作一个在生产线上工作的人,我没有权利说,我只爱螺丝帽,所以我拒绝生产螺丝钉。写一个人物也是,你不管是不是命题,都必须写好。开放式作文要写好,命题作文也要写好。此外,它们是在让你去开启不同的词库,运用不同的思维,完全是两种不同的思维方式,写的时候在开启大脑不同的区域。比如调查性报道的逻辑性很强,一环扣一环,最后导致整个证据链的存在。我觉得,这些都是对记者能力的锻炼。我也不想做一个只会写"命题作文"的记者。

……

宣传也是我的工作。我把宣传和情感抛(分)开了,因为在调查性报道中,我得承认我投入感情了。但宣传的时候,我可以完全把它当作工作职责。比如你在制造一个螺丝钉,不需要多么热爱这颗螺丝钉,只要丝丝入扣地把它做好,因为这是你的职责,你必须做好。但是,偶尔你也会热爱上你的某个作品的,尤其当它对社会产生了影响之后。①

关于"命题作文"的这些基本认识和态度,显然与过去宣传管理中的

---

① 张志安. 记者如何专业[M]. 广州:南方日报出版社,2007:55,58.

指导思想和方式方法有关,我们不妨将它视为回应"统治技术"的"个人技术"。中宣部对许振超宣传的高度重视,一个重要原因是将这次宣传作为改革典型报道的开始。改革主要体现在两个方面:一是在坚持正面典型报道坚定不移的前提下,努力解决正面报道下功夫不够,深入采访不到位的问题,改变把典型宣传仅仅当作完成任务的观念,使之成为媒体增加发行量、扩大收视率的需要;二是不再给采访记者提供现成的文字材料,而是让他们尽可能发挥主观能动性,自己去深入采访,挖掘材料。从宣传管理来看,前者属于指导思想上的改革,后者属管理方式的改革。时任中宣部副部长对参加采访的记者说,增加典型报道,提高典型报道的效果,不是中宣部的任务,而是媒体自身的需要。他要求:"不允许要任何文字资料,记者自己深入生活,先让典型感动你,否则你可以不写。"①在规定动作中留出一些自由发挥的余地,努力使典型报道这样的"命题作文"成为媒体自身的需要,而不是中宣部的硬任务,显然是为了提高典型宣传效果,同时也是"统治技术"对"个人技术"的回应。但这种回应能否真正达到预期的目标,管理者自己也没有绝对把握:"稿子见报后,如果在编辑部楼道里,同事们对稿件能自发议论两句,在地铁或公共汽车上普通乘客对先进人物有些了解,典型宣传就算成功了。"②管理者完全懂得,让所辖媒体做"命题作文"是一件轻而易举的事,但宣传效果的实现尤其是实现的程度则取决于一些他们难以控制的因素,它们给权力的实际运行带来了一些难以预见的后果。

宣传管理中的权力正是在管理者和被管理者对行为后果的可预见性和不可预见性中不断生产、流动、变化着的。由此,我们看到的不再是抽

---

① 袁成本.一次成功的采访[M]//中共中央宣传部新闻局.为时代英雄放歌.北京:学习出版社,2005:159;刘莉.回归记者本来的角色[M]//中共中央宣传部新闻局.为时代英雄放歌.北京:学习出版社,2005:150.
② 李东生在许振超事迹采访团动员会上的讲话.李丽辉.讴歌平实所蕴含的伟大[M]//中共中央宣传部新闻局.为时代英雄放歌.北京:学习出版社,2005:112.

象的权力结构,而是具体的权力关系。

"党管干部"是"党管媒体"的重要保证。媒体领导对命题作文必然要表现出"高度重视"。上文我们已经看到各媒体领导对许振超宣传报道的重视情况,查阅 2004 年 4 月 11 日至 15 日中央各主要媒体的报道,它们都在重要版面和黄金时间大量报道许振超的事迹,并开设专栏,配发言论、图片、相关资料等。但这样做是否一定是出于"媒体自身的需要"呢?以下是其中一些媒体对当年典型报道情况的总结摘录:

《人民日报》:先进人物典型是社会的产物,有着深厚的现实基础,人为地拔高、硬捧,会带来负面影响。在社会转型期,先进人物典型报道尤其要发挥"引路"和"示范"的作用,引发大众传播的正向功能。

新华社:典型的选择应遵循"少而精"的原则。既然是典型,就不能过多。一方面要选好典型,发掘出真正能打动全社会的人物,另一方面要尽量减少对事迹一般、境界平平的人物典型的宣传。

《光明日报》:不同媒体同时推出一个典型,如果主题雷同、内容相近、表现手法相差不多,那么效果就会大打折扣。建议今后中宣部在推出典型人物时,更加重视各新闻媒体的个性,也就是重视各媒体受众不同的新闻需求。

《经济日报》:首先是典型报道要把握好"密度"……在一个时期以内,如果我们宣传的典型过多、过密,反而很难取得好的效果。

……再者,每家媒体报道的总量是固定的,报纸的版面数量是固定的,广播电视的节目时间也是有限的,如果我们在一个时期内过多过密地宣传典型,就可能影响报道的丰富性,而单调的报道又会影响受众的兴趣,使我们媒体对受众的吸引力下降,这样反过来又会影响典型报道的效果。还有,典型过密,会在一定程度上引发受众的逆反

心理。典型过密过多,会使受众的注意力不断转移,我们宣传的典型
成了一个一个"流星",就很难发挥先进典型对社会公众的影响力,宣
传典型也就失去了它的意义。

《法制日报》:典型报道不宜过多过滥,典型的选择应当少而精,
要有针对性、要能反应百姓心声,太多反倒不成其为典型,会流于泛
泛,在人们心中掀不起波澜。

……重大典型报道,参加报道的媒体不宜过多,有些媒体可考虑
采用新华社通稿。①

这些建立于充分肯定典型宣传的重要性和必要性前提下、嵌在不
同语境中的体会和建议,至少说明这些媒体对大规模、高密度的典型宣
传持有一定的保留态度。另外,我们还发现,绝大多数媒体的典型报
道,包括继许振超之后对任长霞、牛玉儒、马祖光、周国知、赵家富、李建
宝、常香玉、李素芝的报道,都是在中宣部严格规定的有限时间里集中
推出的,此后很少再见到相关报道,看来媒体仍然把典型宣传作为"中
宣部的任务"来完成。这些显然并不是宣传管理者所满意的结果。当
然,从宣传许振超开始的典型宣传改革也收到了一些预期的效果,对
此,中宣部新闻局、参与报道的媒体和记者都有详细总结,这些总结
已被编辑成 60 余万字的《为时代英雄放歌》一书,于 2005 年正式
出版。

再看具体参与典型报道采写的记者们。我们还记得他们接到所在媒
体布置的采写任务后的心情,这些压力和不安的原因是复杂的。一方面,
上级对这次典型宣传高度重视,并且尝试着在规定动作中留出一些自由
发挥的空间,后者更增加了他们的压力;另一方面,他们对典型宣传有自
己的既定认识,对能否做好这篇命题作文心中没底。中央电视台记者杨

---

① 中共中央宣传部新闻局. 为时代英雄放歌[M]. 北京:学习出版社,2005:28,33,40,45,79 - 80.

铭军回顾说:"其实仔细想想也是,细数我们记忆里以往被宣传过的那些先进典型人物,哪一个不是靠填鸭式的方式,以海量信息灌输给普通老百姓的? 在那些铺天盖地、声势浩大的宣传报道中,先进人物们的名字和事迹频频出现在报纸及电视上,但事后却往往会成为过眼的云烟,能在我们的记忆里留下淡淡痕迹的还有几个? 许振超是谁? 他有什么样的事迹? 我怎么才能让他感动观众? 带着这样的想法,我开始走近许振超。"新华社记者林红梅在采访前也有"抱着看看这个典型究竟怎么样的想法"①。

类似将信将疑的态度,使他们在整个宣传活动中始终权衡着每一步行动的后果,不断调整着"自我技术"。当通过采访"获得了大量生动鲜活的素材"后,他们考虑最多的是"如何创新",尽可能提高典型报道的感染力。正如《农民日报》记者宁启文总结的:"典型报道的使命是'宣传',但运作理念应该是'新闻',处理好宣传使命与新闻运作规律之间的关系,是典型报道能否收获预期传播效果的关键。"②的确,尽可能运作新闻理念来完成宣传任务,是参加许振超事迹宣传的记者们回顾总结时谈论最集中的话题。《人民日报》记者李丽辉面对近百件关于许振超的事例,经过仔细考虑决定从两个方面选取素材:"一是把人物放在时代背景下,找出最能体现典型本质和意义的事例;二是把人物放在读者心中,找出最能令人信服和感动的事例。"2004 年 4 月 12 日刊发于《人民日报》头版头条的长篇通讯《新时代的中国工人许振超》,作者删去了对春天景致的描写,直接进入宣传主题:

---

① 杨铭军. 模范人物的时代背景[M]//中共中央宣传部新闻局. 为时代英雄放歌. 北京:学习出版社,2005:146;林红梅. 让典型恢复本色[M]//中共中央宣传部新闻局. 为时代英雄放歌. 北京:学习出版社,2005:116.

② 宁启文. 感动自己才能打动别人[M]//中共中央宣传部新闻局. 为时代英雄放歌. 北京:学习出版社,2005:155.

够普通的岗位——吊车司机；够单调的工作——把货物从码头吊上车、船，或是从车、船吊到码头。30 个春秋就这样悄然而去。然而，人们说，30 年来，从他坚守的这个普通的操作台上流泻出的，不是单调的音符，而是一曲曲华美的乐章。

他，就是青岛港的吊车司机，一个只有初中文凭的桥吊专家，一个一年内两次刷新世界集装箱装卸记录的人——许振超。

结尾表态性的"豪言壮语"被修改为表达心声的"朴素话语"：

在热火朝天、一派繁忙的青岛港码头采访许振超时，这位朴实的"老码头"指着熙来攘往的货船，说了一句很朴素的话："货走得快，走得好，咱心里就踏实。"①

中央人民广播电台记者温秋阳采访中录了 800 多分钟的音响，"确定了用音响串联全篇，用音响体现人物个性，用音响把握通篇节奏，用音响点明主题的思路"，让音响这一广播优势发挥"传真、传情、传神"的听觉冲击力。如节目中许振超谈到工作压力：

（出录音）

许振超：特别是工作遇到阻力的时候，多种工作一起压来的时候，有时候真压得你直不起腰来，唉，说句不好听的，跳楼的心都有。都 50 多岁了，还遭这个罪！也就瞬间吧，反过来讲，这些工作都推着你，自然而然地就去干了。有时候确实累了，但我对自己说过一句话，"你要是个男人就挺住了"。

记者：有没有那种快顶不住的时候？

许振超：有啊，但咬咬牙就过去了。所以，我说，困难是喊出来

① 李丽辉.讴歌平实所蕴含的伟大[M]//中共中央宣传部新闻局.为时代英雄放歌.北京：学习出版社，2005：113-114.

的。困难有没有？有啊。都在那喊困难困难，最后不都解决了吗！

节目中还用了一段许振超谈到去世的二弟的音响：

（出录音）

许振超：我怎么也没想到，刚过 50 岁呀。连句话都没有，哎呀，我那个悔恨呀，特别痛心。用手扶着二弟的头，整整守了他 24 小时。盼望着奇迹发生。（哭）想想这几年，我自己确实是工作忙，这一块我确实疏忽了。对家人的愧，对老人的愧，对兄弟的愧，一起，我大哭一场。不过，在我心里，二弟还没走。有时候，我和我对象说，老二可能出去了，不行，咱退休吧，出去找他去。[①]

以上描述清楚地显示，"个人技术"并不是对"统治技术"的消极响应，它始终都在积极主动地回应着"统治技术"。事实上，无论是媒体、媒体领导，还是具体的编辑记者，都掌握和控制着管理者实现宣传目标所必需的某些"资源"。从权力关系着眼，典型报道中折射的并非单纯是由科层组织规定的、局限于管理者与被管理者之间的、权利与义务的二元关系，更不是统治与反抗的对立关系，而是一种更为复杂的、由多个权力主体参与的、既相互冲突又相互依存的博弈关系。

媒介产品就是这种博弈的产物。权力各方根据自己对过去宣传管理及其相关知识的了解，小心翼翼地利用自己掌握的那部分资源，参与这场新闻生产的权力游戏，并在游戏过程中仔细权衡利害、得失，对每一次行动的结果做出预判，继而决定下一步的行动。然而，他们清楚地知道，关涉结果的许多不确定因素的根源往往超出自己的掌控之外，各方都不得不利用对方来增加对行动后果的可预见性，以不断接近或实现自己的预

---

① 温秋阳. 用特写镜头彰显典型人物的魅力[M]//中共中央宣传部新闻局. 为时代英雄放歌. 北京:学习出版社,2005:137-139.

期目的。其间，谁也不愿意轻易破坏基本的游戏规则，因为他们各自的利益都包含在这场游戏之中。我认为，在具体的新闻生产过程中，大量存在的是这种冲突中的合作、合作中的冲突，而不是那种要么是"对抗"要么是"合谋"的二元对立关系。正是在这样的复杂关系中，新闻生产的所谓"空间"，或者"临场发挥"中的所谓"场"，以及"策略突围"中的所谓"围"，被一次次构筑，又被一次次打破。从这个意义上来说，新闻生产同时也是新闻生产关系的再生产。

第四章 / 市场的逻辑

　　从 1978 年中央批准《人民日报》等 7 家首都媒体试行"企业化管理"的报告，到 2008 年批准成立 60 多家传媒集团，其中数十家以各种方式成功上市；从 1979 年 1 月 28 日《解放日报》登出"文化大革命"后中国内地媒体的第一则广告，到 2008 年中国内地媒体全年广告营业收入近 2 000 亿元人民币；从新闻有无商品性的争论，到"媒介产业""文化产业"频频出现在党和政府的各种正式文件中。中国传媒的市场化之路虽然并不平坦，但是毕竟一路走来并呈宽广之势。

　　无论从经典出发还是从延安清凉山的传统着眼，媒体走向市场都并非我们的初衷，而是中国共产党本着"实事求是"的精神，所做出的"与时俱进"的选择。根据陈力丹的研究，列宁的社会主义出版自由理想是"四个摆脱"，即摆脱警察、摆脱资本、摆脱名利主义、摆脱资产阶级无政府主义的个人主义，其中最重要的就是要摆脱资本①。第一次新闻改革的重要目的就是在于"希望由不完全的党报变成完全的党报"②。所谓"完全的党报"，就是完全服务于党的报纸。中共中央宣传部 1942 年 3 月 16 日发出的《为改造党报的通知》指出："报纸的主要任务就是要宣传党的政策，贯彻党的政策，反映党的工作，反映群众的生活，要这样做，才是名副其实的党报。"③早在中国共产党成立后出版的第一份周刊——《劳动周

---

① 陈力丹. 马克思主义新闻观思想体系[M]. 北京:中国人民大学出版社,2006:第十七章,第三节.
② 《解放日报》社论. 致读者[N]. 解放日报,1942 - 04 - 01.
③ 中国社会科学院新闻研究所. 中国共产党新闻工作文件汇编(上册)[G]. 北京:新华出版社,1980:126.

刊》的发刊词中,就明确表示,"我们的周刊不是营业的性质,是专门本着中国劳动组合部的宗旨,为劳动者说话,并鼓吹劳动组合主义"①。可见,从中国共产党成立到中华人民共和国成立后的 30 多年里,对于中国共产党领导下的媒体来说,市场之路是一条受到排斥的道路,因此,也是一条完全陌生的道路。

然而,这又是一条不归之路。因为市场有市场的逻辑。

市场改变了中国媒体的总体格局;市场动摇了中国新闻传播的传统观念;市场激活了中国媒体的内部机制;市场改造了传统的新闻生产关系和新闻生产方式;市场影响了整个媒介产品的内容和形式;市场开启了中国媒体的财富之门。全面论述市场之于中国传媒的作用不是本书的任务。本章将以马克思关于人类三大社会形态的论述为指导,在对传媒市场化进行社会学分析的基础上,进一步剖析市场逻辑与新闻生产的关系。

第一节　传媒市场化的社会学分析

中国传媒市场化是随着中国市场经济改革逐步展开的。虽然 1949 年 12 月召开的全国第一次报纸经理会议上就提出过报纸企业化经营的方针,要求"条件好的公营报纸争取自给""多登有益广告",中宣部随后发出《关于报纸实行企业化经营情况通报》,也对此表示认可。但当时显然是为减轻国家财政负担而采取的权宜之策,因为企业化经营既不符合党对报纸的一贯主张,也与当时实行的高度集中的计划经济体制格格不入。

中共十一届三中全会后,从扩大企业自主权开始的中国经济改革不

---

① 《劳动周刊》,1921 年 8 月创刊于上海。

断深入。1984 年 10 月,中共十二届三中全会通过《中共中央关于经济体制改革的决定》,提出"发展社会主义商品经济"。1992 年 10 月中共"十四大"正式确立建设社会主义市场经济的改革目标。中国传媒市场化之路几乎与此同步。1978 年,《人民日报》等 7 家首都新闻单位要求"事业单位,企业化管理"的报告获批准,1980 年全国媒体广告营业额发展到 1 个多亿。1985 年,《洛阳日报》首先实行自办发行,之后全国报纸纷纷效仿。自办发行意味着报社对其生产商品的营销渠道和营销方式做出的自主选择,是向市场化迈出的关键性一步。在 1992 年之后,一些市场化程度较高的媒体在掌握终审权的前提下,把部分版面或节目时段包给广告公司等单位,这种新的经营获利方式并未受到官方禁止,因而很快发展起来。1993 年 6 月,中共中央和国务院发布《关于加快发展第三产业的决定》,正式将报刊经营纳入"第三产业"。1994 年,大多数过去吃"皇粮"的机关报社都开始自负盈亏,有些还成为创利大户。1996 年年初,中国第一家报业集团广州日报报业集团挂牌成立,传媒市场化之路步入新的阶段。2003 年,中共中央先后出台的两个关于文化体制改革的文件,进一步推动了传媒市场化的进程。

对于传媒走向市场,中国学界从经济学、文化学、传播学等角度已有大量论述,从总体上来看是喜忧参半。本节将根据马克思揭示出的人类三大社会形态的历史演进规律,选择社会学角度进行论述①。

被视为《资本论》三大手稿之一的《经济学手稿(1857—1858 年)》,既是马克思最重要的经济学著作,也是其最重要的哲学著作,同时还是一部难得的社会学著作。为揭开资本的秘密,马克思从商品和货币入手,并通过对后者历史功能的分析,揭示出人类社会历史最重要的发展规律:三大社会形态历史演进规律。马克思指出:

---

① 陈力丹. 马克思主义新闻观思想体系[M]. 北京:中国人民大学出版社,2006:第四章.

人的依赖关系(起初完全是自然发生的),是最初的社会形态,在这种形态下,人的生产能力只是在狭窄的范围内和孤立的地点上发展着。以物的依赖性为基础的人的独立性,是第二大形态,在这种形态下,才形成普遍的社会物质交换,全面的关系,多方面的需求以及全面的能力的体系。建立在个人全面发展和他们共同的社会生产能力成为他们的社会财富这一基础上的自由个性,是第三个阶段。第二个阶段为第三个阶段创造条件。因此,家长制的,古代的(以及封建的)状态随着商业、奢侈、货币、交换价值的发展而没落下去,现代社会则随着这些东西一道发展起来。①

马克思关于人类三大历史形态演进规律的论述,对于我们深刻认识传媒市场化具有重要的指导意义。过去我们更多是从所有制、生产方式的角度,而没有从更大范围、更深层面去理解历史进程,尤其是没有从交往方式、人的关系和人的全面发展方面来理解。这种对历史发展规律理解的片面性,也影响到其他社会科学(包括新闻传播学)的理论和实践。

马克思所说的第一种社会形态,相当于后人概括的"前现代"或"前工业化"社会,包括原始社会、东方的所谓亚细亚社会、西方的古希腊—罗马社会和欧洲的中世纪。如此貌似不同的社会形态,马克思为什么会把它们归入一类?早在写作《德意志意识形态》时,马克思和恩格斯就站在历史唯物主义立场,深刻揭示了"生产力与交往形式"之间的关系,指出正是两者之间的矛盾和运动推动着社会形态的变化与发展。他们把"生产力"看作"人与自然界的感性关系之历史凝结,这种历史凝结在每一代人对它的运用中保持其生命力并继续向前发展(引起新的需要),这构成了人类生存的历史连续性的真正基础"。作为人与自然感性关系的"生产力"又是通过人与人之间的关系实现的,人与人之间的"交往关系"既受生产力

① 中共中央马克思恩格斯列宁斯大林著作编译局. 马克思恩格斯全集(第46卷上册)[M]. 北京:人民出版社,1980:104.

制约，同时又制约生产力。他们在分析人类早期社会"生活"或"实践"的基础上指出："生命的生产，无论是通过劳动而达到的自己生命的生产，或是通过生育而达到的他人生命的生产，就立即表现为双重关系：一方面是自然关系，另一方面是社会关系""生产本身又是以个人之间的交往为前提的，这种交往的形式又是由生产决定的"①。马克思之所以把上述貌似不同的社会归入同一形态，是因为所有这些社会的生产力都比较低下，人对自然还处于"臣服"阶段，而远未达到"征服"阶段，社会基本生产资料主要还是以土地为代表的不动产，交换价值，即货币的功能还没有充分发挥作用。与此相适应，每个社会成员都依赖并服从于他们所生活的共同体，缺乏独立性，"他们只是作为具有某种（社会）规定性的个人而相互交往，如封建主和臣仆、地主和农奴等等，或作为种姓成员等等，或属于某个等级等等"②，人的关系表现出对共同体及其首领的依赖。马克思对此总结说："交换手段拥有的社会力量越小，交换手段同直接的劳动产品的性质之间以及同交换者的直接需求之间的联系越密切，把个人互相联结起来的共同体的力量就必定越大——家长制的关系，古代共同体，封建制度和行会制度。"③从这种共同的"生命的生产"与社会关系或"交往形态"出发，马克思把上述资本主义社会诞生之前的社会关系概括为"人的依赖关系"。

对于前资本主义社会的社会关系特征，不少作家有过类似的论述。德国社会学家费迪南德·滕尼斯曾以"礼俗社会"对其进行过描述。在他看来，礼俗社会"由较小的封闭的村庄里主要建立在血缘关系和直接面对面接触基础之上的密集的人际关系网组成。规范大都是不成文的，个人被捆绑在一张相互依赖、触及到生活方方面面的网络之中""集体的成员

---

① 马克思，恩格斯. 德意志意识形态（节选本）[M]. 北京：人民出版社，2003：12，24.
② 中共中央马克思恩格斯列宁斯大林著作编译局. 马克思恩格斯全集（第46卷上册）[M]. 北京：人民出版社，1980：110.
③ 同②104.

把这个团体视为超自然意志带来的自然的馈赠"①。与此相对的是大型城市工业社会里以法律和其他正式规章为框架的"法理社会"。法国社会学家埃米尔·涂尔干则用机器的隐喻来解释这种社会关系和秩序特征，认为生活在这种社会的人们就像机器上的齿轮和螺丝，他们的作用就是服务于集体这架机器。尽管机器秩序井然，经久耐用，但人只能在集体舆论的压迫下扮演传统社会要求他扮演的角色，人与人之间的关系就像机器的零部件那样固定，这就是所谓"机械团结"。与之相对的是以专业化、劳动分工和彼此相互依赖为特征的"有机团结"。② 此外，埃里希·弗洛姆(Erich Fromm)在《逃避自由》中也认为，在工业化社会诞生之前，"真正的个人"是不存在的，"人一呱呱坠地，在社会中便有了一个明确的、不可改变的和无可怀疑的位置，所以他生根于一个有机的整体之中，并从而使他的生活确有保障。一个人与他在社会中所充当的角色是一致的。他是一个农民、一个工匠、一个武士，而并不是一个碰巧才有了这样或那样职业的个人"③。但所有这些论述还只是停留在一般描述上，而不是像马克思那样，将其视为社会形态变迁动力机制的重要组成部分。

在分析西方社会的同时，马克思还专门论述了"亚细亚的所有制形式"，并指出了亚细亚社会关系的特点。与西方社会不同，在亚洲不存在真正的土地私有制，所谓"普天之下莫非王土"。恩格斯认为，"不存在土地私有制，的确是了解整个东方的一把钥匙"④。马克思指出了亚洲土地

① 巴兰，戴维斯. 大众传播理论：基础、争鸣与未来[M]. 曹书乐，译. 北京：清华大学出版社，2004：59.
② 涂尔干. 社会分工论(第一卷)[M]. 渠东，译. 北京：生活·读书·新知三联书店，2000：第二、三章.
③ 弗罗姆. 逃避自由[M]. 刘林海，译. 北京：工人出版社，1987：62. 对社会形态的类似分类还有斯宾赛的"军事社会"与"工业社会"；齐美尔的"实物交换"与"经济交换"；韦伯的"传统统治"与"法理型统治"等，参阅：科塞. 社会学思想名家[M]. 石人，译. 上海：上海人民出版社，2007：83 - 87，170，199 - 200.
④ 中共中央马克思恩格斯列宁斯大林著作编译局. 马克思恩格斯全集(第 28 卷)[M]. 北京：人民出版社，1980：260.

公有制的两种基本形式：（1）土地归公社所有；（2）土地属于更高的统一体。所以，"在大多数亚细亚的基本形式中，凌驾于所有这一切小的共同体之上的总合的统一体表现为更高的所有者或唯一的所有者，实际的公社却只不过表现为世袭的占有者"①。皇帝在这个社会掌握着经济、政治、文化等各个领域至高无上的权力，被尊为全国的君父，其下属臣僚则是君父派往各地区执行自己意志的代表，是国家机器各部分间的唯一精神联系。中国古代中央朝廷与地方官员包括封疆大臣的关系，以及延续数百年的"邸报"几乎就是以上描述的缩影。所以马克思曾指出，对于专制统治来说，几个世纪以来中国提供了一种"完善的报刊"的范本②。

资本主义社会与前资本主义社会最大的区别之一，是价格越来越由生产费用所决定，交换越来越渗透到一切社会关系之中，进而支配着全部的生产关系和交往关系。所谓"物的依赖性"指的是对体现在"一般产品"交换中的交换价值，即货币（资本的一般表现形式）的依赖。马克思说的第二种社会形态，是指 15 世纪末地理大发现以后，特别是建立在以"工业革命"及市场交换或市场经济为基础的社会上，如果把市场经济视为社会资源有效配置的一种经济手段，"以物的依赖性为基础"的社会就不仅包括资本主义社会，也包括社会主义社会，至少包括"社会主义初级阶段"。

与第一种社会形态相比，第二种社会形态有以下重要特点：

第一，以"人的独立性"为标志的人的解放。根据马克思的分析，由于交换范围的不断扩大，交换手段日益成为一种社会控制力量，把个人联结在一起的共同体力量也逐步减小，家长制的统治关系也会随之解体。所以，"在货币关系中，在发达的交换制度中（而这种表面现象使民主主义者

---

① 中共中央马克思恩格斯列宁斯大林著作编译局. 马克思恩格斯全集（第 46 卷上册）[M]. 北京：人民出版社，1980：104.
② 中共中央马克思恩格斯列宁斯大林著作编译局. 马克思恩格斯全集（第 1 卷）[M]. 北京：人民出版社，1980：129.

受到迷惑），人的依赖纽带、血统差别、教育差别等等事实上都被打破了，被粉碎了（一切人身纽带至少都表现为人的关系）；各个人看起来似乎独立地（这种独立一般只不过是幻想，确切些说，在彼此关系冷漠的意义上——彼此漠不关心）自由地互相接触并在这种自由中互相交换"①。可见，由市场交换价值体现的"以物的依赖性为基础"的社会形态，较之先前以"人的依赖关系为基础"的社会形态，是一次巨大的历史进步。对此，马克思评价说："美好和伟大之处，正是建立在这种自发的、不以个人的知识和意志为转移的、恰恰以个人相互独立及毫不相干为前提的联系即物质的与精神的新陈代谢上。毫无疑问，这种物的联系比单个人之间没有联系要好，或者比只是以自然血缘关系和统治服从关系为基础的地方性联系要好。"②

第二，"人的独立性"同时也伴随着人的平等和自由意识的提高。因为市场经济建立在"毫不相干的个人之间"的商品交换基础上，这种交换价值又是以个别商品的一般等价物——货币来体现，所以在交换价值即货币面前的平等，在个人需要以及生产、交换中的自由，就成了市场经济的必然要求。马克思是这样分析的：在市场经济中，"毫不相干的个人之间的互相的和全面的依赖，构成他们的社会联系。这种社会联系表现在交换价值上，因为只有在交换价值上每个人的活动或产品对他来说才成为活动和产品；他必须生产一般产品——交换价值，或孤立化和个人化的交换价值，即货币。另一方面，每个个人行使支配别人的活动或支配社会财富的权力，就在于他是交换价值或货币的所有者。他在衣袋里装着自己的社会权力和自己同社会的联系"③。这样建立在契约（法律）基础上的自由和平等就成了市场经济实现的前提条件。

---

① 中共中央马克思恩格斯列宁斯大林著作编译局. 马克思恩格斯全集(第46卷上册)[M]. 北京：人民出版社，1980：110.

② 同①108.

③ 同①103.

第三，马克思还把市场的开拓与人们对信息需求的扩大联系起来，从而间接地阐述了市场经济对新闻传播的积极推动作用。在《共产党宣言》中，马克思指出："不断扩大产品销路的需要，驱使资产阶级奔走于全球各地。它们必须到处落户，到处开发，到处建立联系。"①因此，市场的扩大第一次形成了人对普遍交往和全面联系的需要。"虽然每个人的需求和供给都与一切其他人无关，但每个人总是力求了解普遍的供求情况；而这种了解又对供求关系产生实际影响。"②社会对于信息的普遍需求正是新闻传播发展的内在动力。除了对市场的开拓，资本还"要求生产出新的消费"，以满足其追求更多利润的本性。对新的消费需要的生产本身就是一种新的生产，同时新的消费需要还将进一步刺激这种生产。所以，资本"摧毁一切阻碍发展生产力、扩大需要、使生产多样化、利用和交换自然力量与精神力量的限制"③，极大地推动了包括新闻生产在内的一切社会生产。大众传播在工业化社会的迅速崛起，以及媒体在市场化条件下的快速发展无不证明了这一点。

如上所述，关于前资本主义与资本主义两种不同社会形态及其关系特点，滕尼斯、涂尔干以及西美尔（见《货币哲学》）等都有论述，但这些论述大多是流于表面的两分法，其间流露的要么是对于上述"物的依赖关系的永恒性的信念"，要么是"对于封建时代等等的'纯粹人的关系'的幻想"。马克思的伟大在于以历史唯物主义的洞察力，深刻揭示出包含在第二种社会形态中的内在矛盾，并为第三种人类社会形态的建立提供了理论依据。

一方面，以交换价值和货币为媒介的交换关系极大地解放了生产力，为人类普遍交往创造了条件；另一方面，这种新的关系"又以生产者的私

①　中共中央马克思恩格斯列宁斯大林著作编译局. 马克思恩格斯全集(第1卷)[M]. 北京:人民出版社,1980:276.

②　中共中央马克思恩格斯列宁斯大林著作编译局. 马克思恩格斯全集(第46卷上册)[M]. 北京:人民出版社,1980:107.

③　同②393.

人利益完全隔离和社会分工为前提"。因此,生产资料的私人占有和控制、建立在财产基础上的交往权力,又严重阻碍着普遍交往的真正实现。正如马克思所指出的那样,"一切劳动产品、能力和活动进行私人交换,既同以个人之间的统治和服从关系(自然发生的或政治性的)为基础的分配相对立……又同在共同占有和共同控制生产资料的基础上联合起来的个人所进行的自由交换相对立"①。也就是说,人们在摆脱了旧的控制——"对人的依赖"的同时又给自己带上了新的枷锁——"对物的依赖"。这就是所谓的"异化"。

传媒市场化表现的正是这种"异化"。众所周知,传统新闻体制建立在与集中计划经济高度一致的集权政治统治之下,媒体对政府的高度依赖和服从是这种体制的特征。传媒市场化(尽管还很有限)在很大程度上改变了这种"交往形态"。对此,我们在前面的章节中已有论述。但与此同时,社会对媒体的批评和指责之声也不绝于耳。有关部门曾将这些批评和指责归纳为四个方面:虚假报道,有偿新闻,低俗之风,不良广告。稍做分析便会发现,上述被视为"四大公害"的媒体行为都与市场有着千丝万缕甚至根深蒂固的联系。有偿新闻、低俗之风、不良广告自不用说。这些年出现的虚假报道绝大多数也是"眼球经济"的产物,只要查阅一下《新闻记者》(上海)连续几年披露的每年中国媒体十大假新闻,对上述结论就不会有任何怀疑了。如何看待这种"异化"? 马克思的分析为我们提供了指导:

> 全面发展的个人——他们的社会关系作为他们自己共同的关系,也是服从于他们自己的共同的控制的——不是自然的产物,而是历史的产物。要使这种个性成为可能,能力的发展就要达到一定的程度及全面性,这正是以建立在交换价值基础上的生产为前提的,这

---

① 中共中央马克思恩格斯列宁斯大林著作编译局. 马克思恩格斯全集(第46卷上册)[M]. 北京:人民出版社,1980:105.

种生产在生产出个人同自己和同别人的普遍异化的同时，也产生出个人关系和个人能力的普遍性及全面性。在发展的早期阶段，单个人显得比较全面，那正是因为他还没有形成自己的丰富的关系，并且还没有使这种关系作为独立于他自身之外的社会权力和社会关系同自己相对立。留恋那种原始的丰富是可笑的，相信必须停留在那种完全空虚之中，也是可笑的。资产阶级的观点从来没有超出同这种浪漫主义的对立，因此，这种浪漫主义观点将作为合理的对立面伴随资产阶级观点一同升入天堂。①

根据马克思的观点，在传媒市场化过程中，"异化"和"异化"的扬弃实际上走着同一条道路。看不到这一点，很容易造成对传媒市场化的简单肯定或否定。从马克思的社会发展观来看，传媒市场化当然不可能是万古长存的新闻传播机制或新闻生产关系，因为正是在这种关系中埋藏着炸毁它自身的地雷；但是，"如果我们在现在这样的社会中没有发现隐蔽地存在着无阶级社会所必要的物质生产条件和与之相适应的交往关系，那么一切炸毁的尝试都是唐·吉诃德的荒唐行为"②。因此，对传媒市场化做简单肯定或否定都难免有失偏颇。传媒的历史是整个社会历史的有机组成部分，从社会发展规律来看，市场化或许是传媒发展史必须经历的一个阶段，积极利用它来发展现代新闻生产力，改造传统新闻生产关系，努力限制其"异化"程度和范围，以达到最终超越它的目的，恐怕这才是正确的观点和态度。

马克思理想中的第三种社会形态既摆脱了对"人的依赖"，又摆脱了对"物的依赖"。只有到了这种社会，"建立在个人全面发展和他们共同的

---

① 中共中央马克思恩格斯列宁斯大林著作编译局. 马克思恩格斯全集(第46卷上册)[M]. 北京：人民出版社，1980：109.

② 同①106.

社会生产能力成为他们的社会财富这一基础上的自由个性"才能够得以充分发展。此处似乎用不着重新描述这一社会的理想蓝图。有关这一理想社会的"交往形态",陈力丹在《马克思主义新闻观思想体系》一书中也已经有了比较详细的阐述。

这里需要提出的是另一个问题,那就是在马克思看来,对"物的依赖"主要是对生产资料私有制的依赖,因此,要摆脱对"物的依赖",必须消灭私有制。那么,如何看待所有制与传媒市场化的关系?我只能对此提出四点原则性想法:(1)在马克思那里,私有制的消灭是建立在物质产品的极大丰富和人的素质全面发展与提高基础上的,用马克思本人的话说,"它以物质和精神条件的发展为前提"。发展这个前提可能需要一个长期的历史过程,人为地强行扭转这一历史进程无异于拔苗助长,过去我国经济建设领域的实践已经证明了这一点。(2)现代经济理论认为,市场经济所要求的是明确的产权界限,产权主要是法律形式上的对生产资料的拥有权、支配权和管理权,不一定是实质上的所有权。因此,市场经济对生产资料的占有形式(公有还是私有)并没有必然要求。(3)公有制并不等于国有制,而是可以有多种实现形式,如各种形式的基金和基金会,各种形式的合作组织、社区所有制、股份制等等。中共"十五大"报告中就提出了"努力寻找能够极大促进生产力发展的公有制形式"的要求。(4)将国有制作为社会主义经济基础的观念来自列宁和斯大林,而不是马克思和恩格斯。相反,恩格斯则指出:"国家再好也不过是在争取阶级统治的斗争中获胜的无产阶级所继承下来的一个祸害;胜利了的无产阶级也将同(巴黎)公社一样,不得不立即尽量除去这个祸害的最坏方面,直到在新的自由的社会条件下成长起来的一代有能力把全部国家废物抛掉。"①吴敬琏认为:"马克思和恩格斯所设想的社会主义社会,是一个'自由人的联合体'。这个'自由人的联合体'通过'对全部

---

① 恩格斯. 马克思《法兰西内战》1891 年单行本《导言》[M]//中共中央马克思恩格斯列宁斯大林著作编译局. 马克思恩格斯选集(第 3 卷). 北京:人民出版社,1995:13.

生产力总和的占有',使人们得以'用公共的生产资料进行劳动',形成一个'以共同占有生产资料为基础的社会',而从来没有把它说成是一个由国家组织和管理的大工厂,或者把'国家所有制'当成社会主义的经济基础。"①

第二节 资本的力量

与西方流行经济学不同,马克思主义经济学不仅仅把资本理解为一种生产要素,更把资本理解为一种社会关系。这种理解具体表现在以下三个方面:第一,资本是以预付方式投入再生产过程中以实现价值增值为目标的剩余价值,必须通过市场交易才能得以实现或得以形成;第二,资本表现为货币、生产资料、劳动力、技术和尚未向消费者出清的产品等具体形态,但资本的这些具体形态并非资本本身,资本是存在于这些物质形态背后的、被纳入到特殊社会关系之中,从而能够实现增值意志的劳动价值;第三,也是最重要的,资本是一定社会历史形态中能够使人的劳动实现价值增值的生产关系。马克思指出:"资本不是物,而是一定的、社会的、属于一定历史社会形态的生产关系,它体现在一个物上,并赋予这个物以特有的社会性质。"②因此,马克思理解的资本不只是一个纯粹的经济学概念,还是一个政治学及社会学的概念。正如列宁所说的那样,"凡是资产阶级经济学家看到物与物关系的地方(商品交换商品),马克思都

---

① 吴敬琏. 当代中国经济改革[M]. 上海:上海远东出版社,2003:165.

② 中共中央马克思恩格斯列宁斯大林著作编译局. 马克思恩格斯全集(第25卷)[M]. 北京:人民出版社,1980:920.

揭示了人与人之间的关系"①。体现在资本身上的这种人与人之间的关系——生产关系正是本节关注的重点。

30 多年来中国新闻业发生的巨大变化已经成为不争的事实。这些变化可以从方方面面进行概括和总结。罗以澄将这些变化概括为"三个方面的转型",即市场化转型、民本化转型、数字化转型②。李良荣在《中国新闻改革 30 年》一书中通过 6 个图表形象、直观地描绘出"中国传媒业30 年增长的图景"③。我的问题是:推动整个新闻业发展变化的动力是什么?仅仅以"思想解放"来回答这个问题,不但显得过于笼统,而且会让人产生"意识决定存在"之嫌。

回头看看我在"绪论"中摘录的 1976 年《人民日报》关于唐山地震的报道,其中明显交织着"以阶级斗争为纲"的"无产阶级专政下继续革命的理论"和"人定胜天"的"革命乐观主义"情怀。同样关于地震,2008 年汶川地震的报道则更多地体现了现代媒体的社会责任意识和"受众观念"④。何以如此? 我们知道,观念并非凭空产生的东西,而是社会实践的产物。所以,要分析上述报道观念变化的原因,用马克思的话说,就是只有把它们"当作人的感性活动,当作实践去理解"。

先说"受众观念"。有人可能认为,作为我国传统新闻工作路线的"群众路线"就包含"受众观念",海外有学者甚至用"一仆二主"来描述中国媒体的基本状况⑤。事实上,在传统新闻理论中,联系群众是为了更好地宣

---

① 中共中央马克思恩格斯列宁斯大林著作编译局 . 列宁选集(第 2 卷)[M]. 北京:人民出版社,1972:444.

② 罗以澄 . 新闻改革 30 年研究书系·序[M]//李良荣,等 . 历史的选择 . 武汉:武汉大学出版社,2009.

③ 李良荣 . 中国新闻改革 30 年[M]//李良荣,等 . 历史的选择 . 武汉:武汉大学出版社,2009:1 - 6.

④ 芮必峰 . 现代社会与现代传媒——从汶川地震中我国媒介的表现看[J]. 新闻与传播研究,2008(4):24 - 28.

⑤ Pan, Z & Lu, Y. Localizing professionalism: Discursive practices in China's media reforms [M]//Lee. Chinese media, global context. London: Routledge,2003:215 - 236.

传党的方针政策,反映群众的呼声是为了党更好地制定方针政策。终其目的,还是更好地服务于党和政府的各项工作。因此,"党和政府的喉舌"才是最准确的概括。如果再联系 20 世纪 80 年代初,发生在胡乔木和胡绩伟之间的"党性与人民性"的争论①,那么这个问题就更加清楚了。当一定要在两位"主人"面前做出选择时,服务于党的这一特征就立刻变得毋庸置疑,党的绝对主体地位立刻变得一目了然。现在回过头来看这场争论,无论双方怎样引经据典,怎样从各自理解的党的理论出发,怎样联系工作实际,双方在理论上注定都不会有什么结果,最后只能以权威的裁定来解决。

当媒体的主要经济来源由政府转向市场,情况立刻发生了根本性变化。媒体不但要自己开辟收回生产成本的渠道,而且要不断拓宽这条渠道,以便实现价值增值。对它们来说,此时的"密切联系人民群众",已经不再仅仅是执政党倡导的在新闻工作中走"群众路线"的问题,而是关涉自身生存和发展的根本性问题;此时的发行量、收听收视率,已经不再仅仅是向上级汇报、向外界炫耀的一般指标,而是在广告客户面前讨价还价的重要资本;此时的"受众兴趣"已经不再仅仅是一种理论上争来争去、姓"无"还是姓"资"的新闻观,而是成为从内容到形式引导新闻生产的一个基本信号。汶川地震报道中表现出的迅速及时、公开全面、"人文关怀"等受众观念,究其根源,同样是这种变化的结果。事实上,这些年来中国传媒通过各种方式全面服务于受众、服务于社会的根源也在于此。

再看"责任意识"。过去我们所说的责任主要是对党和政府负责,当然在此基础上也衍生出对人民负责、对历史负责;而汶川地震报道中表现更多的是一种社会责任意识——对整个社会负责。从我自己的走访和一

---

① 有关这场争论的详细情况可参阅:胡绩伟. 我与胡乔木的十年论辩[M]. 香港:卓越文化出版社,2006.

些公开出版的访谈录①中不难发现，如今社会各界和媒体及其从业者谈论的责任也多属这种责任。为什么？因为与国家权力统制下"自给自足"的新闻生产不同，媒介资源被资本化后便获得了社会性，需要在市场流通中实现价值增值，其使用权（甚至将来的所有权）属于整个社会，"从长远来看，越趋近社会利益而避免急功近利，越能获得市场利益。因为社会的利益就是读者的利益，保证了社会的利益就保证了读者的利益，而读者又是媒体的最终消费者"②，此其一。其二，责任与自由如影随形，人们常说"独立负责"，也就是说，只有"独立"才能"负责"。我们在上一节对传媒市场化的分析中，已经讨论过资本与自由、独立之间的关系。西美尔在《货币哲学》一书中也指出："货币义务是与最大限度的自由协调一致的形式""财产分配到各自独立的部分，产权固定、个人权力之实现皆需货币才得以成为可能"，因此，它是"个体自由的载体"③。独立的市场主体是市场经济的必要前提。与过去相比，中国媒体总体上独立性在提高、自由度在增加，中国媒体及其从业者的社会责任意识相应也会得到加强。其实这不是什么人的主观意志所决定的，而是客观市场逻辑演绎的结果。

罗以澄在总结中国传媒变化中的"民本化转型"时说："所谓民本化转型，指的是媒介角色正在从过去纯粹的党和政府的喉舌向国民信息传播工具的转型。这一转型主要表现在：第一，尽管现在我们的传媒依然接受执政党（政府）的新闻宣传思想指导，但同时也强调'以受众为本位'的新闻报道理念。第二，媒介的总体结构是由党的媒介、市场化媒介、公共媒介等不同类型的媒介共同构成，媒介开始成为一种重要的公共力量，一种

① 相关访谈参阅：李良荣．为中国传媒业把脉——知名学者访谈录[M]．上海：复旦大学出版社，2006；李良荣．企业与传媒：竞合之道——财富精英访谈录[M]．上海：复旦大学出版社，2006；张志安．记者如何专业[M]．广州：南方日报出版社，2007；张志安．报道如何深入[M]．广州：南方日报出版社，2006．
② 吴敬琏．信任的年代，怀疑的年代[M]//转型中国·序．北京：社会科学文献出版社，2003：5．
③ 西美尔．货币哲学[M]．陈戎女，等，译．北京：华夏出版社，2002：213，224，271．

能够影响社会的'软权力'。第三,新闻传播的运作,开始注重社会公众的知情权的满足。尤其是近几年来新闻传媒对诸如广州孙志刚事件、沈阳黑社会头目'刘涌'事件、重庆'最牛钉子户'事件、江苏太湖'蓝藻'事件、陕西'黑砖窑'事件、陕西'虎照'事件以及四川汶川大地震、河北'三鹿'奶粉问题、哈尔滨警察伤害大学生案件等新闻事件所做的透明化报道,就是新闻专业主义开始张扬的结果,同时也显示了中国新闻传媒宏观政策的价值重心正在逐步地向满足民众的信息知情权、最大限度地保障民众在社会生活中的意见表达权实现的方向转移。第四,新闻报道的'平民化'倾向彰显,传媒的'亲民'形象日趋浓烈。在今天的传媒上,我们可以发现:'小众'化、'窄播'化的趋势越来越明显,'民生'新闻成了众多传媒的'主打'产品,把新闻做'软'。凸显新闻的人情味和情节性、趣味性成了不少传媒的'看家'法宝,用个性、特色'约会'受众,更成了许多传媒的一大流行特色。"①之所以做这样长长的引述,我觉得这段概括性的描述几乎把中国新闻生产中所有"可见的"变化包罗无遗。而这一切又统统可以从资本驱动的传媒市场化中找到答案。

资本在新闻生产中的革命性力量当然远非这些。

我在研究中还发现,媒体的市场化程度往往与其对传统社会权力的依赖程度成反比。在研究"宣传通知"的过程中,我曾分别对三家报业集团的主报和子报执行通知的情况做过内容分析,结果发现,后者执行远不及前者坚决,其中市场化程度越高的报纸执行力越弱(参见本书第三章第二节)。对于中宣部 2008 年 5 月 23 日下发的《关于近期抗震救灾宣传报道意见》,在南方某报业集团的一家都市报的版面上几乎见不到贯彻的情况。另外,这些年来,一些引起强烈社会反响的报道,它们大多首先出现

---

① 罗以澄. 新闻改革 30 年研究书系·序[M]//李良荣,等. 历史的选择. 武汉:武汉大学出版社,2009.

在市场化程度较高的媒体上。如果再对这些敢于突破某些禁区，直面社会矛盾，追踪社会热点的"揭黑记者""调查性记者"稍加研究，我们还会发现，他们要么属于最初的"流浪记者"，要么调换过多家新闻单位，有些还受到过原先工作单位的批评甚至处分。记者的频繁流动只有在市场经济的条件下才可能出现。从媒体来看，要尽一切可能吸纳优质资源来发展生产、创造利润；从记者来看，作为人力资源，他自身也被资本化，唯有不断流通才能实现利润最大化。

恩格斯在《在马克思墓前的讲话》中指出："正像达尔文发现有机体的发展规律一样，马克思发现了人类历史的发展规律，即历来为繁茂芜杂的意识形态所掩盖的一个简单事实：人们必须吃、喝、住、穿，然后才能从事政治、科学、艺术、宗教等等。"① 可见，物质利益的满足是人的"第一需要"，其他需要以此为基础。然而，光有对利益的欲望还不行，为此，人们还必须寻找满足这种欲望的客观条件。离开了后者，作为本能的原始利益欲望只能是个人内心的一种躁动和空想。客观条件既为主体欲望提供可能，又对主体欲望设置限制。于是，最大限度地发展客观条件为主体欲望实现所提供的可能性及克服其限制性就成了问题的关键。到目前为止，人类所发现此问题的解决之道，就是建立一种合适的社会生产关系，以便将主体追求利益的主观欲望"对象化"为一种外在的客观机制。市场经济正是这种客观机制的结构形式，而资本则是它的集中体现。

马克思和恩格斯对市场与资本在生成现代社会、创造各种事物的现代性，尤其是在发展社会生产力方面的巨大作用给予了充分肯定：

> 资产阶级在它的不到一百年的阶级统治中所创造的生产力，比过去一切时代创造的全部生产力还要多，还要大。自然力的征服，机

---

① 恩格斯. 在马克思墓前的讲话[M]//中共中央马克思恩格斯列宁斯大林著作编译局. 马克思恩格斯选集(第3卷). 北京：人民出版社，1972：574.

器的采用，化学在工业和农业中的应用，轮船的行驶，铁路的通行，电报的使用，整个整个大陆的开垦，河川的通航，仿佛用法术从地下呼唤出来的大量人口——过去哪一个世纪能够料想到在社会劳动里蕴藏有这样的生产力呢？①

根据上述马克思主义的基本观点，我们有理由得出结论：30多年来，推动新闻生产，甚至推动整个中国新闻传播变革的力量是资本。资本是人类利益欲望的巨大容器，是主体扩张意志最具魔力的载体，是社会生产力快速发展的永动机。对于资本的力量，鲁品越解释说："人们一旦把社会积累下来的剩余劳动力投入到市场化的社会过程中而转化为资本，人们负载在它身上的意志便由市场中社会关系的客观力量所决定，从而成为强制性客观力量……资本力量作为一种社会关系力量，取代传统社会的权力，将社会成员组织成现代社会经济结构。如果说传统社会结构本质上是一种伦理结构和权力结构，那么现代社会的基础是由资本力量组织起来的经济结构。强大的资本力量支配社会资源的流动，分配社会财富，组织社会的扩大再生产，把整个社会组织成追求资本增值的机器，由此决定着现代社会的意志形态与上层建筑。"②

应该看到，虽然作为一种新的社会力量，资本已经打破传统社会权力"君临天下"的格局，通过自身的逻辑演绎着新的社会结构和社会关系，在新闻生产领域发挥出越来越重要的作用，但目前中国传媒市场化的程度还十分有限，在传统体制和观念的束缚下，资本的能量还未得到充分释放，在很多情况下，它还需要借助一些传统观念的"包装"，甚至通过传统社会权力的"寻租"来实现自身的价值。在当下中国新闻界，一些看似矛

---

① 马克思，恩格斯．共产党宣言[M]．北京：中央编译出版社，2005：31．
② 鲁品越．资本逻辑与当代现实：经济发展观的哲学沉思[M]．上海：上海财经大学出版社，2006：13．本节和接下来的两节中采用了该书的部分观点。

盾的现象随处可见,有学者对此已经做了很有价值的研究①。所以,在目前的新闻生产领域,资本的力量与传统社会的权力之间,呈现的是一种错综复杂的博弈关系,而不是决定与被决定的关系。"政治利益主体"的一元化与"经济利益主体"的多元化是当下中国媒体面临的主要矛盾。

不仅如此,资本自身就包含着矛盾,它在打破旧的限制的同时又在不断地生产出一些新的限制。正如马克思指出的那样,资本一方面是现代物质文明和新型社会关系的创造者,是现代社会生产力的根源;另一方面又是社会一切"匮乏和穷困、愚昧和罪恶的根源",它从来到世上的那天起,每个毛孔都流着鲜血和肮脏的东西。"资本不可遏止地追求的普遍性,在资本本身的性质上遇到了界限,这些界限在资本发展到一定阶段时,会使人们认识到资本本身就是这种趋势的最大限制,因而驱使人们利用资本本身来消灭资本。"②

让我们来看看资本的另一面。

第三节 新闻娱乐化

所谓"新闻娱乐化"泛指这样一种现象:媒体为了吸引受众,将各种娱乐元素作为新闻报道的"卖点",把新闻原本传播信息的告知功能"化"为娱乐功能。具体表现为煽情、媚俗、猎奇甚至失实,以及为了吸引受众的眼球对报道形式所做的形形色色的喧宾夺主的渲染、包装等;在媒体的整体报道中则表现为软新闻比例的上升、硬新闻比例的下降。

---

① 潘忠党. 中国大陆新闻改革过程中象征资源之替换形态[J]. 新闻学研究(台北),1997(54);
陆晔. 权力与新闻生产过程[J]. 二十一世纪,2003(6).
② 中共中央马克思恩格斯列宁斯大林著作编译局. 马克思恩格斯全集(第46卷上册)[M]. 北京:人民出版社,1980:393 - 394.

关于新闻娱乐化在我国的基本状况,中国青年政治学院的刘朝霞等进行过一次调查。调查抽取了《中国青年报》1992 年、1996 年、2004 年 2 月 9—15 日的报纸(前 4 版),以及《南方都市报》和《北京晚报》2004 年 12 月 14—20 日的报纸进行统计分析。结果显示:在样本总数基本保持稳定的情况下,《中国青年报》软新闻的比例从 1992 年的 61.9% 上升到 1998 年的 62.6%,而到 2004 年则上升为 73.8%。在一周报纸内容当中,《北京晚报》软新闻(社会新闻、娱乐新闻、体育新闻、副刊、生活消费信息)与硬新闻(经济新闻、时政新闻和国际新闻)的比例是 6:1,《南方都市报》软新闻与硬新闻比例是 3.5:1。调查结论为:我国报纸存在明显的新闻娱乐化倾向;都市报不但在新闻报道内容上多数为软新闻,而且硬新闻的表现方式也多采用软化处理;传统大报的硬新闻报道则不太进行软化处理,依旧保持客观叙述的表达方式。2007 年浙江大学李岩等进行的调查显示,多数新闻从业者认为,近年来新闻娱乐化有愈演愈烈之势。调查选择在媒体从业超过 2 年的新闻工作者进行提问:几年前媒体是否有这么多的娱乐元素? 有 70.9% 的人选择了"肯定没有现在多",选择"没有以前多"的为 4.1%。①

20 世纪末,西方的调查也反映出类似情况。据说,英国 ITV 名牌新闻节目《十点钟新闻》90 年代初改版后,国际新闻的比例从 1990 年的 43% 下降到 1995 年的 15%,而娱乐新闻和体育新闻的比例从 8.5% 上升到 17%;美国三大新闻网(ABC、CBS、NBC)1990 年一年花在娱乐性新闻上的时间比前两年多出一倍。另有调查显示,美国一些主流纸质媒体在 1977—1997 年的 20 年间,硬新闻的比例从 60% 下降到 30%,软新闻从 8% 上升到 25%。②

---

① 两项调查的报告分别见:《新闻记者》,2006 年,第 8 期;《新闻与传播评论》(2006—2007 年卷),武汉大学出版社,2007。

② 数据来源分别见:赵月枝. 公众利益、民主与欧美广播电视市场化[J]. 新闻与传播研究,1998(2);刘微. 变革中的新闻内涵[J]. 国际新闻界,1999(5).

迈克尔·舒德森(Michael Schudson)在回顾新闻生产研究时,已经注意到发生在世界许多地方的这种变化,"和以前相比,现在的新闻变得更加非正式,更加私人化,更富有批判性,同时又有一种犬儒主义的疏淡和冷漠"[①]。并认为,已有的理论研究取向还不能解释这些变化。

对于国内新闻娱乐化的成因,不少学者都做过分析[②]。这些分析从各自的角度出发,都有其道理,而且几乎所有的分析都谈到了"市场因素"。但市场因素究竟是一种怎样的因素? 它在各种因素中占据何种地位? 它究竟如何推动新闻娱乐化发展的? 看来要回答这些问题,还得深入市场经济的内部。

众所周知,市场经济最大的好处在于能使有限的社会资源得到有效配置。市场何以能有效配置社会资源? 原因在于各种社会资源的资本化。因为"资源"一旦变成"资本"便被赋予了人格力量,"理性经济人"[③]就会对它精打细算,发挥其最大效益。因此,资本是市场经济的发动机,

① 舒德森.新闻生产的社会学[M]//库兰,古尔维奇.大众媒介与社会.杨击,译.北京:华夏出版社,2006:186.

② 关于这方面研究,可参阅:林晖.市场经济与新闻娱乐化[J].新闻与传播研究,2001(2);吴飞,沈荟.现代传媒、后现代生活与新闻娱乐化[J].浙江大学学报(人文社会科学版),2002(5);闵阳.新闻娱乐化现象成因探析[J].黑龙江社会科学,2006(3);赵华.新闻娱乐化的是是非非[J].视听界,2005(4);牟婕.谈新闻娱乐化[J].山东视听,2005(1);章旭清.浅谈新闻娱乐化现象[J].新闻爱好者,2004(2);韩蓓.解析新闻娱乐化现象[J].新闻实践,2005(6);黄和节、陈荣美.新闻娱乐化:形式与功能的错位——对当前新闻娱乐化倾向的新探索[J].当代传播,2002(5);肖云.新闻娱乐化的辨证批判[J].云南民族大学学报(人文社科版),2005(5);杨金鹏.新闻娱乐化与传媒责任[J].青年记者,2004(9);熊慧.走出新闻娱乐化研究的误区——对当前电视新闻娱乐化研究的几点不同意见[J].新闻记者,2007(9).

③ "理性经济人"原先是西方流行经济学中的一个概念。其基本含义表现在个人层面上,是说每个自然人或企业法人都是"理性经济人",会对自己的各种行为的得失进行仔细盘算,做出效益最大化的选择;在社会层面上,是说由于每个人的精打细算、相互间的讨价还价,最终会使人们的利益出现均衡格局,使社会资源得到有效配置。后来这个概念被广泛用于对社会各领域的分析,从而在事实上成为一种关于现代社会的理论,如加里·贝克尔(Gary S. Becker)曾以这个概念为基础,分析犯罪、家庭、社会歧视等现象,正因为"将微观经济学分析扩展到更大领域,比如各种各样的人类行为和交往,甚至非市场行为",他获得了诺贝尔经济学奖,并被聘为芝加哥大学社会学教授。再如布坎南也将"理性经济人"推广到政治生活领域,来解释投票、选举、决策等政治行为。

所谓市场的力量就是资本的力量,市场的逻辑就是资本的逻辑。舒德森批评西方关于新闻生产的研究"既缺乏历史视野也不谙比较研究",在许多现象和变化面前缺乏解释力[①]。运用马克思对资本运行过程所做的历史唯物主义分析,不仅有利于深入揭示新闻娱乐化产生的原因,而且还有利于解释新闻生产中的其他一些现象和变化。

资本在给人类社会带来巨大历史进步的同时也带来了空前的灾难。

> 资产阶级在它已经取得了统治的地方,把一切封建的、宗法的和田园诗般的关系都破坏了。它无情地斩断了把人们束缚于天然尊长的形形色色的封建羁绊,它使人和人之间除了赤裸裸的利害关系,除了冷酷无情的"现金交易",就再也没有任何别的联系了。它把宗教虔诚、骑士热忱、小市民伤感这些情感的神圣发作,淹没在利己主义打算的冰水之中。它把人的尊严变成了交换价值,用一种没有良心的贸易自由代替了无数特许的和自力挣得的自由。总而言之,它用公开的、无耻的、直接的、露骨的剥削代替了由宗教幻想和政治幻想掩盖着的剥削……资产阶级抹去了一切向来受人尊崇和令人敬畏的职业的神圣光环……撕下了罩在家庭关系上的温情脉脉的面纱,把这种关系变成了纯粹的金钱关系。[②]

所有这些都是由资本在实现其扩张本性的过程中的内在矛盾引起的。还是让我们回到新闻生产的分析上来。未进入市场经济之前,全部新闻生产资源和其他社会资源一样,基本上处于被垄断的封闭状态,即封闭在"自给自足"的"自然经济"状态中,没有收回成本和实现价值增值的渠道。那时的新闻生产,其目的在于实现资源主体的使用价值,所以它只

---

① 舒德森. 新闻生产的社会学[M]//库兰,古尔维奇. 大众媒介与社会. 杨击,译. 北京:华夏出版社,2006:185-186.

② 马克思,恩格斯. 共产党宣言[M]. 北京:中央编译出版社,2005:26-27.

能充当手段和工具——发挥"喉舌"功能。即使在中华人民共和国成立初期推行"报纸企业化经营"中出现的买卖关系,也不是"为卖而买"的对资源价值增值的追求,而是"为买而卖的过程的重复或更新,与这一过程本身一样,以达到这一过程以外的目的,即消费或满足一定的需要为限"①。

市场经济部分打破了上述垄断。从我国现在的情况来看,在新闻生产要素资源中,除刊号、频率(频道)资源外,其他资源(如报道资源、人力资源、技术资源等)已基本走向市场,开始了"为卖而买"的资本化运作。于是它们进入生产过程的目的发生了根本性变化:由过去直接为了消费,满足于使用价值的实现,转变成了自身的增值,满足交换价值的实现。正是这种转变极大地解放了新闻生产力,也引发出许许多多的问题。

从作为客观事实的报道资源来看,在未被资本化之前,理论上会有两种情况,一是满足于全体社会成员对信息的基本需求(包括从这些信息中获得各种精神享受),二是作为政治权力意志的载体,满足专制者的统治需要。报道资源一旦被资本化只能出现一种情况,那就是作为经济利益意志的载体,满足生产剩余价值即赚钱的需要。此时,报道资源的价值完全摆脱了使用价值的束缚,像一匹脱缰的野马,在市场交换中拼命追逐着利润。当然,在实际中,我国报道资源的市场化还受到体制、观念、传统等因素的制约,从而影响了对它们的开发和利用,特别是在硬新闻上,报道资源还难以自由地开发利用。但媒体毕竟已经走向市场,于是在有限的资源中,只能选择那些限制较少、容易开采的资源。因此,这类报道资源成为首先被资本化的资源,即市场化程度最高的资源。于是,在这类资源的利用上,下面的情况发生了:

——新的报道资源被源源不断地开采。资本扩张的过程就是把本来储藏着的资源不断开发出来,并吸收到自己体系的内部,成为生产剩余价

---

① 马克思．资本论(第1卷)[M]．北京:人民出版社,1975:173.

值的载体,继而形成劳动产品,在市场交换中实现增值。这样,受资本扩张意志的驱使,一些以前没有得到开采的新闻资源就被开采出来了,所谓"百姓新闻""市井新闻""民生新闻""市民新闻""亚新闻""娱乐新闻"等等,不一而足。开采这些资源的目的可以用各种言辞来包装,但根本上还是为了壮大资本的力量,以便它生产出更多的剩余价值,在市场中追逐到更多的利润。从客观社会效果来看,对新资源开采的作用自然是双重的,一方面它可能有效利用这些资源服务于受众,另一方面也可能因为"家长里短""鸡零狗碎"而弱化社会服务功能,甚至还可能因不合理开采或过度开采造成对社会精神环境的危害。

——报道资源中的各种"副价值"得到充分利用。物质生产中对生产资源副价值的开发利用是值得提倡的,但精神生产的情况要复杂得多。以报道资源论,新近发生事实中可能包含多种成分和功能,开发哪一种需要工具理性和价值观共同来决定。但资本只关涉工具理性,不关涉价值观。于是,报道资源中最能刺激人们接受欲望的所有因素都在利用之列,不管它们是白的黑的、素的荤的、美的丑的、善的恶的,更不管它们是否具有"守望环境"的告知功能,只要有人愿意看、愿意听、愿意买,进而能赚取利润就成。新闻娱乐化的根源在于根据资本逻辑(不可遏止的扩张欲望),对报道资源"副价值"的开发利用,虽然在这种开发利用中也可能包含着一些积极因素,如展示社会的丰富多彩、拉近媒体与生活的距离、调节人们的心情等,但从根本上来看,弊大于利。因为精神产品生产中最宝贵的价值判断在其中是缺位的,"精神最大的好处是对物化的否定"[1],上述对报道资源"副价值"的开发利用却走着完全相反的道路。现在学界之所以对新闻娱乐化的利弊、得失还争论不休,原因可能在于还没有抓住这一问题的根本。

——各种旧的报道资源甚至非报道资源也频频被用于新闻生产。类

---

① 霍克海姆,阿道尔诺.启蒙辩证法[M].上海:上海人民出版社,2006:4.

似于物质产品生产,在市场经济还不完善的时候,一些厂商偷工减料、以次充好,用一些假冒伪劣产品来坑害消费者,赚取黑心钱。表现在新闻生产中,一个时期盛行于报刊的"大特写",不少是"旧闻＋传闻",少数压根儿就是编造的;如今媒体上那些令人眼花缭乱的明星绯闻、凶杀案件、浪漫爱情、离奇故事等,不少也是如此。根据传说捕风捉影生产的虚假新闻也不在少数。资本就是如此,只要能赚钱就可以不择手段。但这种情况随着市场经济的完善,各种社会监督机制(包括行业内部监督)的建立,是能够逐步得到遏制的。因为那样做不仅会受到社会道德的普遍谴责,而且在损害消费者利益的同时,损害了自身(乃至整个行业)的整体利益和长远利益,因此,本质上与资本扩张所遵循的工具理性是相悖的。

——对报道形式进行形形色色的包装。对消费品做各色包装既能刺激消费者的欲望,又能创造出一种全新的"符合价值",进而产生出新的消费欲望。不少"后现代"理论家对此都有过描述,如鲍德里亚曾借用麦克卢汉的"内爆"(implosion)概念,来说明消费社会中"类象"(simulations)取代真实的情形。有论者进一步阐释:"在后现代的媒体场景(medias-cape)中,信息与娱乐、影像与政治之间的界限也均告内爆。正如许多评论者已指出的那样,电视新闻和纪实节目越来越多地采用了娱乐的形式,用戏剧或传奇剧(melodramatic)符码来组编它们的故事。哥伦比亚广播电台的新闻杂志节目《第五十七街》片头就是一幅由许多新闻记者的肖像拼结而成的图画,好像这些记者是电视系列剧中的角色似的。而 MTV、《今夜娱乐》以及各种脱口秀则采用了标准的新闻评论式样,将文化工业铺天盖地的宣传掩饰在'事实'和'信息'的幌子之下。其结果出现了一种被称为'娱讯'(infotainment)的东西,在这种娱讯中,信息与消遣娱乐之间的界限消失了。"[1]产生这些现象的原因是什么?"后现代理论"似乎擅

---

[1]　凯尔纳,贝斯特.后现代理论[M].张志斌,译.北京:中央编译出版社,2004:155-156.

长描述但缺少分析。在我们看来,对报道形式的精心包装根本上是同类产品生产过剩的缘故。资本的扩张必然带来消费品的迅速增长,而且这种增长的速度也必然超过消费的增长速度,由此引起生产过剩。要加快剩余产品的循环,在内容一致(所谓"同质化")的前提下只能在形式上求新求异。由于我国特殊的"语境",软新闻的生产过剩尤为突出①,所以这类新闻的包装更加五花八门。

再从人力资源来看。"人力"即劳动力,人力资源与自然资源对称,也是生产力的基本要素。在市场经济条件下,人力资源也被资本"化"为自己增值的工具,成为这部疯狂扩张机器的一个有机组成部分。具体到劳动者,"他们一进入劳动过程,便并入资本。作为协作的人,作为一个工作机体的肢体,他们本身只不过是资本的一种特殊存在方式。因此,工人作为社会分工所发挥的生产力,是资本的生产力"②。所以上述对"自然资源"(报道资源)的开发利用几乎在人的身上得到重演:

(1)突破各种传统限制,一批又一批地广泛招募新人;高薪从其他新闻单位"挖人";聘请各种社会"名人";高价买稿、买新闻线人。

(2)法定的休息时间被大量占用;加班加点甚至通宵达旦地工作成为家常便饭;各种各样与报酬直接挂钩的考评制度、指标任务压得人喘不上气。难怪有人调侃:如今的媒体"把女人当男人使,把男人当驴使"。

(3)对"名记""名编""名播""名主持"进行宣传、包装;用影视明星、曲艺演员、社会名流播报新闻;或光头或长发或摇着扇子的男播,或穿着暴露或嗲声嗲气的女主播,你方唱罢我登场。

与对自然资源的全面占有和剥夺不同的是,资本对人的剥夺是双重

① 这个问题可参阅吴飞、沈荟《现代传媒、后现代生活与新闻娱乐化》中关于"社会体系承认"的论述(见《浙江大学学报》(人文社会科学版),2002年,第5期)。

② 中共中央马克思恩格斯列宁斯大林著作编译局. 马克思恩格斯全集(第46卷上册)[M]. 北京:人民出版社,1980:370.

的,它在推动生产力极大发展的同时,又全面剥夺了人的幸福感、成就感,摧残劳动者的身心健康,从而造成他们"人格的贫困化"(马尔库赛所谓"单向度的人")。想想那些风餐露宿、苦苦蹲点守候在明星门前的"娱记",再看看一些都市报记者疲惫的面容,这个问题就非常清楚了。这也许可以部分解释相当数量的从业者想离开新闻岗位的原因。浙江大学的调查报告中说:"由于对新闻职业'社会责任'丧失的不安和由此带来的工作幸福感指数的下降,新闻从业者中选择离开新闻岗位的人数在增多。"①一项对上海新闻从业者的调查中也发现,较年轻(30 岁以下)和较年长(50 岁以上)的从业者是职业忠诚度相对较低的群体,他们当中有 1/3 以上不愿意继续从事新闻工作②。我在对浙江省媒体从业者的访谈中也发现了类似的情况。某电视台新闻二部在半年的时间里,分别有 4 位毕业于新闻院系的研究生或本科生主动选择离开,其中 3 位的离开理由分别为"整天累得要死,不知干些什么""我做的大多数节目,同学和家人都不叫好,渐渐我自己也不喜欢了""呆在那儿不舒服,身心都觉得很累"。这种"人格的贫困化"也许还能部分解释舒德森指出的,表现在新闻中的那种"犬儒主义的疏淡和冷漠"。

最后,还有必要对上述浙江大学的调查结果和研究结论再展开一些讨论。该调查结果显示:大部分新闻工作者对新闻娱乐化持反感态度;甚至有 80% 的人不能肯定新闻娱乐化是否真的能满足受众接触媒体的需求。然而,"媒体存在普遍的娱乐化现象与媒体从业者有直接的关系,新闻娱乐化毕竟是经由他们制作的"。如何解释这个问题? 报告给出的研究结论是:操盘手不止一个,而是多种力量。这些力量具体被归纳为四个

---

① 李岩,孙晓亚,殷畅,张川霞. 焦虑与反思:谁是新闻传播娱乐化、低俗化的操盘手[M]//新闻与传播评论(2006—2007 年卷). 武汉:武汉大学出版社,2007:68.
② 陆晔,俞卫东. 社会转型过程中传媒人职业状况——2002 年上海新闻从业者调查报告之一[J]. 新闻记者,2003(1).

方面：一是"用文化产业之说取代新闻事业"；二是"滥用'三贴近'，低格调地'讨好'受众"；三是"误读'受众'满意度"；四是"媒介管理阶层新闻职业化教育的缺失"。报告中说，从调查和实际接触来看，"媒介的社会责任感、传播内容的格调与主要负责人有直接关系"，因此，报告中认为，"新闻娱乐化主要是来自媒体自身的压力，媒体的高层管理者一味追求收视率（阅读率等）使然"。据此，我有理由把上述四个方面的原因进一步归纳为两个方面：一是市场化的原因；二是媒体高层管理者的原因。因为在研究者看来，"滥用'三贴近'""'讨好'受众"和"误读'受众'满意度"主要还是媒体的高层管理者，所以最后一点对"媒介管理阶层新闻职业化教育的缺失"可以涵盖前两点。

这个结论是值得商榷的。

首先，在资本这部巨大的扩张机器面前，具体参与新闻生产的每个人都被卷入其中，"媒体管理阶层"也不能例外。假设他们能"身在其中而出乎其外"是没有根据的。自己生产的产品与自己相对立，这种"劳动异化"是马克思早已论述过的。新闻从业者既对新闻娱乐化不满，又不得不加入其中，实在没有什么奇怪。其实如果对媒体管理者做更广泛深入的调查（这正是这项调查做的不够的地方），他们的感觉可能和从业者是一样的，说不定更强烈，因为事实上他们也同样是"资本的一种特殊存在方式"。把新闻娱乐化的成因归结到他们身上，似乎是他们逼着具体从业者干的，恐怕不大公正。

其次，至于说媒体管理者既要对"导向"负责又要对创收负责，那是事实。一位报业集团的主要负责人曾对我说："上千号人要吃饭，集团要发展，不挣钱怎么行？ 现在我做梦都想着挣钱！"该负责人还有一句"名言"："白纸黑字，一句话也不能错，黄金白银，每分钱都要赚。"但这样的双重压力与"职业化教育"究竟有多少联系？ 实在不得而知。

最后，"媒介管理阶层新闻职业化教育的缺失"仅仅是研究推论，而非调查结论。我仔细看过研究报告,没有发现证明这一推论的数据,更没有一般从业者与管理者职业化教育情况的比较数据。从我的经验出发,若论所受教育(含职业化教育)的情况,"媒体管理阶层"一点也不少于一般从业者,他们大多数受过高等教育,不少还是科班出身,而且常参加宣传管理部门组织的学习、培训。事实上,面对资本的魔力,"职业化教育"往往是无力的,充其量只是一种辅助力量。实际情况是三四年的"职业化教育"常常被几个月的实习击得粉碎。复旦大学新闻学院一位学生实习总结的标题是《实习中,我听到理想破碎的声音》,另一位学生实习结束后则在任课老师的办公室痛哭流涕,反复追问老师一句话:"我该怎么办?"

因此,问题不是出在"媒体管理阶层",而是出在机制上。所以我基本赞成调查报告的第一种归因,说得更具体一点:新闻娱乐化的根本原因在于资本所建立起来的那套机制。但我不赞同报告提出的"把媒体产业化与新闻事业的发展剥离开"的解决路径,具体理由在上一节对传媒市场化的分析中已经有过陈述。进一步概括地说,"产业"与"事业"并非水火不容、非此即彼。这些年在理论和实践界都存在一种值得注意的倾向:社会生活某个领域在市场经济中一发生问题,首先想到的不是如何在该经济体制内来解决它,而是将这个领域从市场"剥离"出去。如果继续这样"剥离"下去,就只能回到过去集中计划经济的老路上去了。我们承认精神生产的特殊性,但这并不足以成为它必须脱离市场经济的理由。事实上,对照马克思主义的观点,报告所依据的霍克海姆和阿多诺对"文化工业"的批判理论存在较大的片面性。另外,报告对一些基本事实的判断也有些武断,如"新闻一旦进入文化产业的系统必然遭遇到毁灭性冲击""文化产业不可能促进新闻事业的进步与发展"等。

在市场经济条件下新闻生产中出现的一些问题,有些需要社会其他力量来解决,有些则需要该经济体制本身的进一步完善来解决。对此,我们在下面的章节中还要展开讨论。

第五章 / 专业化追求

　　新闻机构是专业性的独立机构,新闻生产是专业化的独立生产。这在以美国为代表的西方学界几乎是个常识。贾恩皮德罗·马左莱尼(Gianpietro Mazzoleni)曾以"哥白尼式的革命"来评价意大利传媒的历史变化:"昨天,一切围绕着党派;今天,一切都围绕着媒介,并局限于媒介的空间。"① 舒德森也指出:"媒介看起来正成为一种独立于政党的、自主的力量。"② 绝大多数奉行自由多元主义立场的学者关于新闻生产的研究也都以此为出发点。塔奇曼在 *Making News* 中开宗明义,"本书更关注新闻专业主义以及来自新闻专业主义的决定是如何成为组织需要的产物的",认为"新闻从根本上说具有一种机构的属性",具体包括,"第一,新闻是一种向消费者发布信息的机构方式;第二,新闻是合法机构组成的联盟;第三,新闻是由以组织方式而进行工作的专业人员来采制和传播的"③。吉特林则认为:"新闻业的惯例是以新闻组织的经济利益和政治兴趣为基础的,往往从对各种社会现实的筛选中得到体现。日复一日,常规的组织程序界定了'报道',塑造了领导人以及他们所持的观点,并且传达了该如何认识领导人的态度。只有在政治危机或起主导作用的意识形态出现较大变化的时候,政治经济领导才会偶尔直接介入或干涉现行的新闻惯

---

① ② 舒德森.新闻生产的社会学[M]//库兰,古尔维奇.大众媒介与社会.杨击,译.北京:华夏出版社,2006:164.
③ 塔奇曼.做新闻[M].麻争旗,刘笑盈,徐扬,译.北京:华夏出版社,2008:30,32.

例。"①总之,从新闻传播机构出发,或从新闻组织的日常"惯例"出发,是他们研究新闻生产的一大特点。

与此相反,集中于欧洲大陆的一批持"批判"立场的学者认为,独立媒体或独立的新闻生产不过是个神话,媒体从根本上来说扮演的就是阶级统治"附庸"的角色。对于这种角色扮演的解释主要有以下两种:"一种解释强调了经济力量——尤其是媒体所有权、广告、市场结构和逻辑——在塑造媒体上所具有的强大影响力。这类解释出自莱斯特大学大众传播研究中心和伦敦中区理工大学(后来更名为威斯敏斯特大学)。另一种更为激进的另类解释则出自伯明翰大学当代文化研究中心。他们将媒体的从属地位主要归结于意识形态的控制,尤其是记者将宰制性文化中的各种假设无意识地内化到自身当中,以及他们依靠强势群体和机构作为其新闻来源。"②因此,专业化只是新闻生产的一种技术形式,它是为一定的经济或政治权力服务的。

独立的媒体还是权力的媒体? 这不应该是一个公理的问题,而应该是一个经验事实的问题。既然如此,上述无论哪一种学术立场的哪一种答案都不具普适性,更不能成为我们研究问题不证自明的逻辑前提。

本章将根据"经验事实"分析中国媒体的实际状况,并在此基础上提出传媒在中国社会的地位以及与各种"权力"关系的基本构想。

第一节　专业主义

大约 20 世纪 90 年代,"新闻专业主义"在国内新闻学界开始流行;

① 吉特林. 新左派运动的媒介镜像[M]. 张锐,译. 北京:华夏出版社,2007:11.
② 库兰. 媒体与权力[M]. 史安斌,等,译. 北京:清华大学出版社,2006:140-141. 关于这两种学术立场的比较还可参阅:李金铨. 媒介政治经济学的悖论[M]//超越西方霸权. 香港:牛津大学出版社,2004.

进入 21 世纪,这个拿来的"主义"又得到业界人士的广泛认同①。既然作为一种"主义",它在理论上高屋建瓴的指导意义、在实际工作中的统领作用自然不言自明。的确,百余年来,在以美国为代表的西方世界,"新闻专业主义"的旗帜虽然在明枪暗箭中"伤痕累累",但至今却仍然高高飘扬②。

所谓"专业主义"(professionalism),无非是指人们对一定专业在社会生活中的性质(地位)、功能和作用所持的基本信念,以及由此产生的一套操作原则。如果这个理解大致不错的话,那么,任何一个成熟的专业都应该有它自己的"主义",否则也就不称其为专业了。

社会学界普遍认为,"专业"(profession)是从"职业"(occupation)发展而来,职业又是由社会分工产生的。威伦斯基(Wilensky)通过对一些专业组织的历史考察,认为一种职业发展成一个专业需要经历以下五个阶段:第一,开始努力成为专职或全日制(full-time)的职业;第二,建立起训练学校;第三,形成专业协会;第四,赢得法律支持以能自主掌管自己的工作;第五,成立专业协会并公布正式的道德准则③。从"职业"到"专业"是否一定要经历这五个阶段? 它们是否构成"专业"的基本特征? 这些对我们来说都不重要。重要的是"专业"是"职业"发展的更高阶段,意味着职业共同体意识的形成并赢得社会的承认、法律的支持。

早在一个多世纪以前,涂尔干就对社会分工做过专门论述。在他看来,社会分工的作用并不仅仅局限在提高劳动生产效率上,"在任何情况下,它都超出了纯粹的经济利益的范围,构成了社会和道德秩序本身"。他主张,"在高等社会里,我们的责任不在于扩大我们的活动范围,而在于

---

① 参阅张志安对业界人士所做的访谈,见《记者如何专业——深度报道精英的职业意识与报道策略》,南方日报出版社,2007。
② 黄旦.传者图像:新闻专业主义的建构与消解[M].上海:复旦大学出版社,2005:3.
③ 黄旦.传者图像:新闻专业主义的建构与消解[M].上海:复旦大学出版社,2005:6.

使它们不断集中,使它们朝着专业化的方向发展……社会发展的等级越高,它的专业化水平就越高"。因为,"社会的凝聚性是完全依靠,或至少主要依靠劳动分工来维持的,社会构成的本质特性也是由分工决定的"①。

为什么越来越细化的分工反倒能增强社会的凝聚力呢? 这与自斯宾塞以来社会学中的"功能主义"传统有关。

斯宾塞将社会与生物有机体类比,认为社会结合体和有机体一样,从单细胞或各部分未分化状态发展到各部分不同的分化状态,这些不同部分要各司其职就不能各行其是,而必须相互依赖和配合,社会越是"进化",各分化部分就越是独立,同时它们之间的依赖性也越强②。斯宾塞的这一功能主义思想在社会学以及文化人类学中有着广泛的影响。显然,这种功能分析"更多地是由生物科学引申出来的"③。涂尔干之所以将分工不仅视为社会团结的主要根源,而且视为社会道德秩序的基础,也是基于这种功能主义的思考。他说:"人活在社会有机体里,总得去完成一项特殊职能,因此,他必须预先学会怎样作为一个器官而发挥作用""当每个器官都获得了自己的特性和自由度的时候,有机体也会具有更大程度的一致性,同时它的各个部分的个性也会得到印证"④。

这样一来,一种职业——尤其是当这种职业发展成一个"专业"——在社会生活中应有的自主地位和作用及其操作规范与原则,似乎成了一个至关重要的问题,它关系到社会能否有效整合、运行,整体功能可否充分发挥,甚至社会道德秩序能否得到合理建设。如此看来,把这个问题上

---

① 涂尔干.社会分工论[M].渠东,译.北京:生活·读书·新知三联书店,2000:24,26,359.
  吉登斯也把"专家系统"视为现代社会的重要特征,参阅《现代性后果》。
② 参阅赫伯特·斯宾塞的"社会进化理论"。
③ 默顿.社会理论和社会结构[M].唐少杰,齐心,译.南京:译林出版社,2006:109.
④ 涂尔干.社会分工论[M].渠东,译.北京:生活·读书·新知三联书店,2000:24,26,359.
  吉登斯也把"专家系统"视为现代社会的重要特征,参阅《现代性后果》,第92,360页。

升到"主义"的高度似乎也并不为过。

那么,在国内我们为什么很少听到别的专业谈论"专业主义",或者说没有哪个"专业"像"新闻专业"这样高扬专业主义大旗呢? 还是先让我们看看这面旗帜上书写的内容吧。

关于"新闻专业主义"的基本内容,黄旦概括为五个方面:第一,新闻媒介的主要功能是传播新闻,同时还要干预和推动社会;第二,在性质上,媒体是一个独立专业,因此,它必须是自主的,尤其在政治上不依赖任何派别,更不做政府的喉舌;第三,媒介的目的是为公众服务,并反映民意;第四,媒体的运转是靠自己的有效经营,尤其是广告收入;第五,媒体的约束机制是法律和职业道德自律,尤其是后者①。在我看来,前面三点更为基本,因为第四、第五两点只是实现它们的机制保障。因此,"新闻专业主义"大旗上书写的基本内容可概括为:客观公正、自由独立、服务公众。

现在问题开始变得有些清楚了。从功能主义的观点出发,由于现代社会规模早已超出人们身体在场的时空(吉登斯将此称之为"脱域"化,),必须依靠一种东西来维系基本的联络。新闻媒介的功能就在于此,它是现代社会信息传播的工具,公共意见交流的平台,整合"脱域"化社会的重要机制。要使这一功能得到有效发挥,媒介必须摆脱各种社会力量的控制。这样推论出来的理论能不能站住脚,比如,媒体真的能摆脱各种社会力量的控制吗? 独立自主的媒体就一定能服务于公众吗? 我们暂且不论,先沿着这条思路往下走。

在传统"准入制度"和"政治家办报"的"语境"中,媒体谈不上自由独立,也很难做到客观公正;在现实"市场的逻辑"面前,媒体往往从一己之私出发,不能很好地服务于公众。如今,传统"语境"与现实"逻辑"同时在起作用,中国媒体有史以来似乎还从未面临如此尴尬的境地。"新闻专业

---

① 黄旦. 传者图像:新闻专业主义的建构与消解[M]. 上海:复旦大学出版社,2005:32.

主义"就是在这种情况下引入的一种"批判的武器"。对此,李良荣有过清晰的表述,"新闻专业主义"可以在"政治家办报"和"商人办报"之间起到很好的调节和制衡作用,它可以外化为新闻工作者的职业道德,内化为新闻工作者的职业良知①。然而,理想是一回事,现实又是一回事。即使在西方,新闻专业主义在担当如此重任时也显得有些步履蹒跚,力不从心。

这些只是现实问题,理论问题的关键还不在此。

关键在于,专业主义并不是什么人事先设计好的一套功能性装置,像工程师设计的动力装置那样,只要拿来往社会这架大机器上一装,就能按照设计者的意志发挥其功能。专业主义是一定职业在一定的历史条件下通过不断实践逐步形成,最后才被理论工作者归纳总结出来的。社会科学理论有个要命的问题,它其实是人类既往实践的理性"归因",黑格尔说是黄昏时分起飞的猫头鹰,通俗地说就是"马后炮";但人们常常把这种由人的理性所做的"归因"误认为"实践理性"的本身,以为发现了它就等于发现了上述动力装置者的设计图纸。所以,我们往往习惯于拿一些现成的理论来"描述"(describe)现在,甚至"规范"(normalize)未来。

新闻专业主义不是什么人事先设计好的一套理论模型,而是美国新闻职业化过程中各种因素共同作用的产物。如果用以芝加哥学派为代表的社会互动论者的话说,那就是"社会互动"的产物(参见下一节)。黄旦在《传者图像》一书中对此做过系统研究。在谈论便士报发展时他特别指出:

> 一方面,我们理应看到便士报在职业化过程中的种种变化;另一方面,更应注意到,这种变化是由各种不同的因素而促成的,有必然也有偶然。因此,不宜用现在的理解,现代人的认同或愿望,贸然对其中

---

① 王长庚. 媒介整合的背景及应对举措——李良荣教授在暨南大学的专题演讲述评[J]. 当代传播,2002(3).

某一种形式或某一类型的办报实践大加肯定,甚至似乎成了终极目标或理想范式。于是,所有的报纸必然是按这样的逻辑而行进。[①]

源自便士报的"新闻专业主义"也是如此,它是由美国报业发展过程中"各种不同的因素而促成的,有必然也有偶然",即由社会实践促成的逻辑,而不是这个专业发展的必然逻辑本身。尽管一些研究者也看到了新闻专业主义不是教条,"而是活生生的新闻实践活动",但在功能主义社会学思想的"诱惑"下,还是免不了将它视为"终极目标或理想范式",并试图拿它来"描述"中国新闻实践的当下,"规范"中国新闻实践的未来[②]。结果这些"描述"和"规范"总让人觉得若即若离,似是而非,甚至不得要领。还是让我们先来看看在新闻专业主义理论指导下的几项调查研究。

进入 21 世纪的一项调查显示,新闻专业主义在中国新闻话语实践中具有"碎片和局域"的呈现。具体表现为:(1)在不同语境被共同强调的只是操作技能和表现手段上的专业水准以及实践中的专业伦理,但新闻专业主义的其他成分或被扭曲,或被忽略,尤其是那些涉及媒体的社会功

① 黄旦. 传者图像:新闻专业主义的建构与消解[M]. 上海:复旦大学出版社,2005:29.
② 潘忠党、陈韬文在《中国改革过程中新闻工作者的职业评价和工作满意度:两城市的新闻从业者问卷调查》中列专节"以新闻专业主义模式分析中国的新闻改革",认为"新闻专业主义是分析新闻体制和实践时非常有用的规范性(normative)和描述性(descriptive)理论。作为规范性的理论,它提出了理想的行为规范和评判标准;作为描述性的理论,它指出了具体的观察领域,帮助我们推导出可供检验的理论假设。"结语"中作者进一步指出:"本文的结果说明,新闻专业主义是理解中国新闻工作者及其工作的一个具有描述和解释意义的理论,但它不可以被简单地套用到中国的现实。符合这一理论的基本逻辑之实证现象,一方面是强调新闻专业主义这个话题的现实依据,另一方面也是对新闻改革后的今天具有某种前瞻意义的描述,即新闻专业主义作为规范理论包含了对未来的指向。"见潘忠党、陈韬文:《中国改革过程中新闻工作者的职业评价和工作满意度:两城市的新闻从业者问卷调查》,来源:www.66wen.com;陆晔、潘忠党在一项研究的结论中也指出:新闻专业主义不仅具有描述意义,而且"我们今天讨论新闻专业主义的建构也具有了前瞻的意义。只有新闻从业者的专业社区非常牢固地以专业主义话语得到整合,才能抗拒市场对严肃新闻话语的侵蚀;只有将建立在专业主义基础上的对媒体、对新闻工作者的期待变为全社会文化价值体系的一部分,才能抵御纯粹市场导向的新闻话语的蔓延"。陆晔,潘忠党. 成名的想象:中国社会转型过程中新闻从业者的专业主义[J]. 新闻学研究(台北),2002(71).

能和角色,新闻从业者的社会角色和责任,新闻生产中的社会控制的成分;(2)新闻专业主义话语被局限在新闻业务领域,而不被允许作为整合专业社区的意识形态和确立独立专业人格的社会控制模式而发生作用;(3)新闻专业主义的普适性内涵被赋予了"中国特色",因为它在新闻从业者的实践中,被渗入了中国知识分子入世、启迪民智的传统和新闻改革的现实矛盾。这项调查的一个基本结论:"作为专业的行为规范和社会控制模式,专业主义在中国仍然是奢侈品。"①在此两年后的另一项调查中,研究者还发现:"在今天对于大多数新闻从业者来说,顺从于党报体制是在现有的制度框架内获得专业成就的一个很重要的前提"②,这显然与新闻专业主义的逻辑相悖。既然专业主义的框子套不上中国社会的新闻实践,为什么硬是要"拉郎配",用这种"描述理论"来生搬硬套呢? 显然,研究者是把它当作"终极目标或理想范式"来对待了,以为测出了与这一目标的差距或与这一范式的出入就找到了问题的症结,进而好对症下药。

几年前,一项对上海、杭州两地新闻工作者的调查分析则显示出一些更加矛盾的结果:(1)被调查的新闻工作者对其职业的社会地位和专业化程度都低于那些比较公认的"专业型"职业,如律师、医生、会计师和大学教师;(2)新闻工作者对其职业的社会地位评价与他们对该职业的专业化程度评价以及工作中的自主程度呈正相关;这些职业评价与他们的工作满意度呈正相关,而且在工作满意度的各个相面中,这些职业评价与对新闻工作的内在因素的满意度之间关系最强;对工作的内在因素之考虑在衡量综合工作满意度当中作用最大;(3)新闻工作者对其职业的社会地位、工作自主程度和工作满意度的评价与赞赏党的喉舌媒体呈正相关,与

① 陆晔,潘忠党. 成名的想象:中国社会转型过程中新闻从业者的专业主义[J]. 新闻学研究(台北),2002(71).
② 陆晔. 社会控制与自主性——新闻从业者工作满意度与角色冲突分析[J]. 现代传播,2004(6):7-11.

媒体的社会职能当中反映宣传逻辑的"意义阐释"（即"对民宣讲"）功能呈正相关，与反映传媒的民主职责的"为民说话"功能呈正相关，但与代表专业新闻媒体应具有的逆对态势（adversarial posture）不相关。① 根据结果（1），在新闻从业者心目中，这个职业似乎还不够"专业"；根据结果（2），新闻从业者向往"专业"；根据结果（3），新闻从业者心目中的"专业"与"新闻专业主义"所说的专业并非一个"专业"。

可见，根据上述调查结果的描述，专业主义之于中国新闻界，就好像一首电视主题歌唱的那样，"说是就是，说不是就不是"。我倒对调查中的另一个发现产生了兴趣。

在上述几个调查中都发现，在我国新闻从业者身上具有传统知识分子浓浓的"底色"，包括入世情怀、爱国主义、精英意识（启迪民众、教化社会）甚至英雄主义等，所以调查者一方面从善良的愿景出发，试图以专业主义来"描述"和"规范"中国的新闻改革，另一方面又不得不无奈地承认，"专业主义没有也不可能从西方简单移植到中国，因为中国的历史条件不同"②。的确，一个民族的文化传统在接纳或拒绝某些外来文化时有着自己的内在逻辑。比如"自由"，一般说是人人向往的东西，但作为一种文化思潮的自由主义，在中国却一直无家可归。前几年，业界对新闻的使命究竟是"记录历史"抑或"影响今天"有过激烈争论③。事实上，在中国，至少是现在和未来相当长时间里，这是个分辨不清楚的问题（是不是"伪问题"我不敢说）。例如，坚持"影响今天"的李大同任职时期的一篇篇"冰点"新

① 潘忠党，陈韬文．中国改革过程中新闻工作者的职业评价和工作满意度：两城市的新闻从业者问卷调查［EB/OL］．http://www.66wen.com.
② 陆晔，潘忠党．成名的想象：中国社会转型过程中新闻从业者的专业主义［J］．新闻学研究（台北），2002（71）.
③ 卢跃刚认为新闻的使命是"记录历史"，李大同则认为新闻的使命是"影响今天"，他继《"冰点"的故事》之后的另一部书就是《用新闻影响今天》，两人的不同观点可参阅张志安对他们的访谈，见《记者如何专业》，南方日报出版社，2007。

闻,如《最后的粪桶》《五叔五婶》《离开雷锋的日子》,难道不是在"记录历史"吗?主张"记录历史"的卢跃刚的多部报告文学集,如《以人民的名义》《大国寡民》等,以及《蹊跷的特大毁容案》等报道,难道不是在"影响今天"吗?当在黄河边上见到被毁容的武芳时,他回忆说:"那一刻,你作为人的存在,作为记者的存在,都会……这不是简单的个体存在,不是简单的心理反应,不是简单的职业反应",他坦陈,写《蹊跷的特大毁容案》"更多的是内心的召唤"①。从卢跃刚本人的作品和这些表白中,你能相信这样一位记者采写新闻只是为了"记录历史"吗?也许以工具理性下的冷酷逻辑,我们能够为"记录历史"和"影响今天"排出一个顺序,但从活生生的新闻实践来看,尤其是从实际的社会效果来看,这个顺序是无论如何也排不出来的,就像司马迁每记录一段历史总忘不了"太史公曰"一样,那是一种融化在中国传统文化和知识分子血液中的东西,是西方工具理性无能为力、必须保持肃穆的领域。

不可否认,这些年来,国内一些影响力较大的媒体以及一批中青年新闻从业者,对专业主义表现出一定程度的认同,甚至是有意识的追求,如《南方周末》《财经》杂志、央视的《新闻调查》栏目等。但稍加分析就会发现,这些认同都是些"碎片化"的选择性认同,用上述研究者的话来说,就是被传统和现实"收编"后的认同;这些追求大多是业务层面的操作技巧,它们在许多场合往往被当成媒体或从业者的"防身武器",而并非真正意义上的职业诉求。

不错,《新闻调查》栏目组曾对西方调查性报道做过系统的梳理和消化,我们从多数节目中也能明显看到从业者的职业追求,但张洁本人坦陈,自己不可能做到像独立媒体那样,所以他理解的"专业主义"也只是

---

① 张志安. 记者如何专业[M]. 广州:南方日报出版社,2007:17.

"责任感""恪守理性、平衡"等①。前者是我国新闻界一贯提倡的,后者侧重操作层面,都谈不上真正的"专业主义"。同样,读李海鹏的报道也能感觉到他对"专业"的那份执着,可他对记者职业的理解似乎并不那么"专业":

> 记者这个角色,是有推动社会进步的责任……我们的深度报道,一定要按照新闻的原则追求客观的话就出不来! 怎么办,我就选第一个。如果要我做一个推动社会进步的记者,或者一个在技术层面上非常完善的记者,那我肯定选前者……

> 我相信精英能影响国家。这种精英是很宽泛的精英,不是很顶级的精英,是有话语权的人,有进言权的人,把自己的话讲出来,影响大众,大众的力量再反映到整个国家层面上。我是很相信这个的。②

还有,我接触的一些"调查记者",固然有很强的社会责任感,不乏服务公众的意识,而且报道做得也非常"专业",但总觉得他们身上有一种挥之不去的"英雄情结"。如果把一部分新闻从业者身上表现的"精英意识"与中国的"士"文化联系在一起,那么另一部分新闻从业者身上表现的"英雄情结"自然就和中国的"侠"文化联系在一起,事实上,许多"调查记者"之间也每每以"大侠"相称。杨海鹏认为自己"只是一个与粪打交道的'时传祥'",与王克勤那样的"新闻英雄"不同③,果真如此,那也仅仅是"士"与"侠"的区别。"千古文人游侠梦",中国典籍中不仅有"儒林传"而且有"游侠传",两者本质上是相通的。

所以,"启蒙"也好,"监督"或"揭黑"也罢,根本上还是中国传统"士"文化和"侠"文化在媒体与记者身上的投射。

---

① 参阅张志安对张洁的访谈,见《报道如何深入》,南方日报出版社,2006。
② 卢跃刚认为新闻的使命是"记录历史",李大同则认为新闻的使命是"影响今天",他继《"冰点"的故事》之后的另一部书就是《用新闻影响今天》,这两个人的不同观点可参阅张志安对他们的访谈,见《记者如何专业》,南方日报出版社,2007:200-201。
③ 张志安.记者如何专业[M].广州:南方日报出版社,2007:176.

张志安以《启蒙与监督的变奏》为题来"回望"中国深度报道实践的轨迹,应该说作为描述是基本准确的,但一首只有"变奏"的乐曲是难以想象的,"变奏"之下的主旋律何在? 张志安敏锐地发现:"倘若参照西方新闻业对记者角色认知'中立'与'参与'的划分,那么,深度报道从业者的实践显然更多体现出参与的价值。"①其实,这才是"主旋律"。从总体上来看,"参与"是中国媒体及其从业者身份或角色的重要特征,过去是,现在是,将来可能在相当长的一个时期内还是。

如果把我的这些"人文"分析和上面的"科学"调查联系起来,我们可能越发觉得,真正对中国媒体和从业者具有"描述"意义或起"规范"作用的似乎不是什么"新闻专业主义",而是那些被称之为"底色"的东西。

其实,若是从严格的功能主义出发,专业主义本身就有不少值得检视的问题。在那些比较成熟的学科(如生物学)中,功能主义的中心取向是:"通过确定资料给所属更大的结构带来的后果解释资料";其逻辑步骤是:(1)确定"母系统"的功能需求;(2)描述"子系统"满足需求的结构安排;(3)发现满足需求的"补偿性机制";(4)详细说明实现功能的结构和安排。② 稍加分析我们就会发现,"新闻专业主义"的功能取向是含混不清的。"客观公正""服务公众"从表面上来看是满足社会需求,但其中又夹杂着媒体的"自我广告"或"自我宣传",以及脱离"政党报刊"时代媒体的"自我保护";"自由独立"究竟是满足社会的需求还是满足媒体自身的需求,这是一个争议更大的问题。大量的资料显示,"自由独立"的媒体在很多情况下不是服务于社会、服务于公众,而是在追求自身的利益,满足自身的需求。"媒介专业主义与自由民主的原则一脉相承……美国的媒介多元主义深植于一群恒久价值,溯及 19 世纪和 20 世纪之交的'进步运

① 张志安. 启蒙与监督的变奏——中国深度报道实践轨迹的回望与浅思[M]//记者如何专业·前言. 广州:南方日报出版社,2007.
② 默顿. 社会理论和社会结构[M]. 唐少杰,齐心,译. 南京:译林出版社,2006:146-150.

动'，媒介揭发政权腐败和财团滥权不遗余力。'可信度的信条'（creed of credibility）为媒介创造空间，也为弱势团体提供防卫的武器。"①的确，"新闻专业主义"是特定文化历史场景中各种因素综合作用的产物，我们很难从中发现功能主义所要求的内在分析逻辑。进入 20 世纪后，它在美国本土以及欧洲大陆受到的理论和实践方面的种种诘难，充分暴露了"新闻专业主义"自身存在的内在矛盾。

默顿在检视社会学功能分析传统时指出："生物科学中的功能分析逻辑如此完备，理所当然地能够满足分析之需。社会学却不是如此。我们能够发现在功能分析中对适当的研究设计持有非常不同的观点。有些在很大程度上（或者仅仅）是为了建立社会系统'各方面'之间的经验相关关系。有些则为了表明一种社会标准化的行为或一种社会组织的'社会价值'。另有一些则在于对正式社会组织的目标的详尽说明""生理学的程序与概念井然有序，而功能社会学的程序与概念却纷乱无序、漏洞百出"。② 看来，即使撇开实践不谈，就是从理论本身着眼，要使建立在功能社会学基础上的专业主义成为有效的"描述理论"和"规范理论"，我们还有很多工作要做。

那么，我们不妨再来看看另外一条思路。

第二节　专业化与权力

与功能主义者不同，在社会互动论者眼里，专业主义并非是一套实现

---

① 李金铨. 超越西方霸权[M]. 香港：牛津大学出版社，2004：30 - 31.
② 张志安. 启蒙与监督的变奏——中国深度报道实践轨迹的回望与浅思[M]//记者如何专业·前言. 广州：南方日报出版社，2007：150.

某种社会整体功能的"规范价值体系",而是一种"职业权力的意识形态",是职业共同体追求自治、实践权力的修辞学。埃利奥特·弗莱森(Eloit Freidson)通过"对书面知识制度化的研究",论述了"专业权力"(professional powers)的建构和实践过程,认为正是各种各样的"专业权力"编织着我们生活其中的物质和社会环境①。所以,从社会互动论的观点来看,问题不在于"这个职业是不是一个专业",而在于"在何种情况下某行业的从业人员会争取其专业地位并使自己成为专业人士"。因此,"专业"不是由一套现成的专业标准规定的,而是由某种社会权力因素界定的。这是着眼于一般社会权力关系。如果再从经济或市场角度着眼,专业化过程不过"是一个某类服务的生产者企图去塑造并控制其专业市场的过程……是一个尝试把某种稀有资源——独特知识和技术——转变成别的稀有资源——即社会和经济报酬的努力"②。

有论者对此评论认为,两者的区别在于:一种是从新闻专业的"理念"出发,将它理想化为一种"绝对价值";另一种则是从新闻专业的"现实"出发,对新闻专业主义本身进行了批判与揭露,前者缺乏现实批判意识,后者缺乏价值和理想关怀③。从比较出发,这种评论不无道理。但应该看到,在社会学中,无论是"冲突论"还是"互动论",批判与揭露都不是目的,马克思对资本主义的批判和揭露是这样,芝加哥学派对各种社会问题的研究与揭示也是这样。恰恰是在这种对"现实"的批判与揭露中,理论"解释世界"的功能不仅得到了进一步彰显,"改造世界"的功能也有了更大的现实可能性。"现实批判"与"理想关怀"之间并不存在必然的"分裂"。

本节根据社会互动论的观点,将我国媒体及其从业者的专业化追求

① FREIDSON. Professional power:A study in the institutionalization of formal knowledge [M]. Chicago:University of Chicago Press,1986.
② EVETTS. The sociological analysis of professionalism:occupational change in the modern world[J]. International Sociology,2003,18(2):395 - 415.
③ 王学成."现实"与"理念"的分裂——重思西方新闻专业主义[J]. 新闻与传播研究,2007(1).

视为职业权力的"话语策略"。

马克思主义的权力观着眼于阶级和阶级利益,阶级统治权被认为是权力的核心形态,利益冲突被当作主要的权力关系,这与马克思当时所处的时代以及他所关注的问题有关。随着时代的发展,权力形态和关系呈现出多样化趋势,一些理论家从自己的研究出发,开始用不同的视角重新审视权力。如帕森斯、福柯、葛兰西、威廉姆斯、霍尔等人看到的权力与马克思看到的权力就很不同。

也许受到培根"知识就是力量(权力)"的启发,福柯在权力和知识之间发现了一种循环关系,因此,他更多是把权力视为实现某种结果的能力。福柯认为,权力在本质上是生产性的而非压迫性的,它"致力于生产、培育和规范各种力量,而不是专心于威胁、压制和摧毁它们"①。这里我并不打算全面评价福柯关于"权力/知识"的思想,只是想用他对现代权力形态和权力关系的视角,来讨论"专业权力"的问题。

从一般意义上来说,我们可以把专业视为有一定知识系统和技术(能)条件支撑的"高级"职业领域。吉登斯认为,由技术成就和专业队伍组成的"专家系统"是现代社会的重要"机制"。生活在现代社会,"仅仅坐在家中,我就已经被卷进了我所依赖的一种或一系列专家系统之中。我对登楼入宅并不特别担心,虽然我知道,原则上说房屋结构也可能倒塌。我几乎不了解建筑师与建筑工人设计和建筑房屋时使用的知识,但无论怎样,我还是对他们所干的工作表示'信赖'(faith)。虽然我不得不信任他们的能力,但与其说是信赖他们,还不如说是更信赖他们所使用的专门知识的可靠性,这是某种通常我自己不可能详尽地验证的专业知识"②。也就是说,由于现代社会对专门知识的信赖,专业也被社会赋予了某种权

① FOUCAULT. The history of sexuality[M]. New York：Vintage Books,1980：136.
② 吉登斯. 现代性的后果[M]. 田禾,译. 南京：译林出版社,2000：24.

力,如医生的"处方权"、律师的"辩护权"、工程师的"设计权"等,社会承认并依靠这些权力。这种权力显然不同于那种属于阶级统治的"压迫性"权力,而是属于福柯所谓的"生产性"权力。但专业权力并不是一开始就有的,更不是通过暴力手段夺取的,而是通过某种"意识形态"的建构,它需要有逐步"合法化"的过程。这一过程不仅与专业知识自身的力量、专业技术的可靠程度有关,而且还与专业的性质、社会主流意识形态,以及现代化的进程密切相关。

新闻传播究竟是不是一个专业?这在西方世界也是一个有争议的问题①。但是,新闻传播早已形成一个庞大的职业共同体并在现代社会生活中产生越来越大的影响,则是一个不争的事实。用布尔迪厄的观点来看,媒体及其从业者是社会特定"场域"中"文化资本"的持有者,争取"资本"兑现、实现"资本"增值(包括社会效益的实现),是不同"场域"资本持有者行动的基本动因。② 所以,问题可以争论,权力必须争取,因为它涉及职业共同体及其成员的利益追求和价值实现。你可以把这种权力称之为"专业权力",也可以称之为"职业权力",或别的什么"自由权力"。记得20世纪80年代初发生在我国的、关于新闻"有学"还是"无学"的争论,主张"有学"的大部分在学界,主张"无学"的大部分在业界,但没几年的功夫,业界人士纷纷倒戈。为什么?因为继学界恢复职称评定后,业界也在酝酿职称评定了。可见在那个时候,新闻"有学"还是"无学",是"专业"还是"职业"抑或"行业",已经被作为争取利益或权力的一种"策略话语"了。

沿着这条思路,上节提到的调查结果中的一些"问题"和"矛盾"也许能得到更好的解释。

---

① 如美国学者伊·布莱克就认为,"新闻工作在诸多方面还称不上一门成熟的职业"。丹尼斯,梅里尔. 媒介论争[M]. 王纬,等,译. 北京:北京广播学院出版社,2004:154.

② 布尔迪厄. 文化资本与社会炼金术[M]. 包亚明,译. 上海:上海人民出版社,1997;戴维斯沃茨. 文化与权力——布尔迪厄的社会学[M]. 陶东风,译. 上海:上海译文出版社,2006.

　　首先,新闻从业者普遍觉得他们所从事的职业"专业化"程度不高,这与他们对工作的满意度有关,而满意度又与他们在工作中的自主性成"正相关"。这说明中国新闻从业者理解的"专业化"其实与他们在具体新闻生产中的自主权力密切相关;这种自主权力之所以能与工作满意度联系在一起,是因为它既关系到新闻从业者自我价值的实现,又关系到一些实际利益的获得(自主性越大,"文化资本"兑现价值的可能性就越大)。这些观点从调查者的研究设计中也能得到印证。比如,关于"工作满意度",调查者指出区别工作满意度的三个构成方面:"新闻工作的内在因素(或内在动力),即职业本身带来的成就感、社会责任感、社会地位、工作自主性等;新闻工作的外在因素,即工作带来的物质回报;新闻工作中的社会关系,包括与上司和同事之间的关系。"关于"自主性",研究者"在问卷中设计了一系列问题,要求被访者回答在选题、制作、发表这三个新闻生产的环节当中,不同方面的人分别有多大的影响力,包括媒介组织内部的业务领导(如责编或制片人、部或中心主任、总编或台长),媒介内部的经营主管(如广告、经营或发行部门),媒介组织外部的人或机构(如广告客户、报道对象、各级党和政府职能部门)。这些问题以一个综合性问题作总结:'综合上述各方面,您如何衡量您在工作中获得的自主程度?'"[1]因此,我们有理由认为,对于我国新闻从业者,"专业化"程度实际上关涉的是具体工作中的自主性以及精神和物质的回报,进一步说,他们更多关注的是"专业权力",而非"专业主义"。

　　其次,这个推论也可以比较合理地解释"中国新闻工作者的观念以及在工作中的实践,为什么会出现有违新闻专业主义或片段地体现新闻专业主义的表现"。例如,为什么"新闻工作者对其职业的社会地位、工作自

---

① 潘忠党,陈韬文. 中国改革过程中新闻工作者的职业评价和工作满意度:两城市的新闻从业者问卷调查[EB/OL]. http://www.66wen.com.

主程度和工作满意度的评价与赞赏党的喉舌媒体呈正相关"? 因为在他们看来,"党的喉舌媒体"性质并不直接影响"专业权力"的实现,有的时候情况恰恰相反,还能提高其权力地位。我们这个解释也得到了调查结果的证明:"新闻从业者并不认为内部业务和党政部门对其新闻采写自主的干涉会降低新闻工作者的社会地位,反而这两类干涉程度与社会地位评价呈正相关。"①这个结果与上节提到的另一项调查结果相吻合,即"在今天对于大多数新闻从业者来说,顺从于党报体制是在现有的制度框架内获得专业成就的一个很重要的前提"。于是,"党的喉舌媒体"与"新闻专业主义"就这样奇妙地结合在一起并和睦相处。同样的逻辑,也可以解释为什么新闻工作者对其职业的社会地位、工作自主程度和工作满意度的评价与媒体"对民宣讲""为民说话"的功能呈正相关;同时,也可以说明中国新闻从业者追求的"权力"既与市场经济中的利益诉求有关,也与中国传统知识分子的入世情怀有着某种内在的联系。

最后,多项调查集中显示:中国新闻从业者认同的"专业主义"主要"体现在操作技能和表现手段以及实践中的专业伦理上""而不被允许作为整合专业社区的意识形态和确立独立专业人格的社会控制模式"。对此,我们的解释如下:绝大多数新闻从业者本来就没有把"专业主义"当作一套"价值规范体系",用它来"整合专业社区的意识形态"或"确立独立专业人格",而是把它作为争取"专业权力"的一种修辞学,其重要功能在于建立这种权力的"合法性"。操作技能和表现手法的"专业"不但有利于社会对该专业的承认、信赖和尊重,而且有利于"专业权力"实践中的"自我保护"。至于职业道德,它本身就是职业权力的另一面,很难想象,缺乏职业道德的"专业权力"能够获得社会的认可从而具有"合法

---

① 潘忠党,陈韬文. 中国改革过程中新闻工作者的职业评价和工作满意度:两城市的新闻从业者问卷调查[EB/OL]. http://www.66wen.com.

性"。另有证据显示,当需要在作为价值规范的"专业主义"道德、操作手法等与"职业权力"之间做出选择时,中国新闻从业者往往倾向于后者。如一项调查指出:"对于暗访或者偷拍等做法,采编人员也大多持基本认同的态度",对于"免费旅游""礼品馈赠"等隐性"有偿新闻"也有较高的认同度。[①] 虽然,这些做法与观念有悖于"专业主义"所要求的道德和操作原则,但仍然被追求"专业权力"的从业者所认同。源自社会学互动理论的这条思路还可以被大量访谈、观察、案例所"证实"。篇幅有限,不再一一列举。

上述分析表明,在当前的中国语境下,将媒体及其从业者对"新闻专业主义"的认同或追求视为对实际新闻生产中"专业权力"的追求似乎更加符合实际。

我们承认,沿着功能主义关于社会分工和功能专门化的路径,或许更能体现学术对价值的关怀、对理想的追求。但我们不能不承认,任何理想的实现必须面对现实并立足现实。如前所述,社会互动论的思路并不仅仅局限于对"现实"的批判,相反,在我们看来,正是本着这样实事求是、从实际出发的精神,才能使我们的"价值关怀"变得更加脚踏实地、更有现实基础。事实上,权力,特别是"生产性"权力并非是什么先天的"坏东西","专业权力"当然也是如此。

指出中国媒体及其从业者试图通过"新闻专业主义"来建立"专业权力的意识形态"首先是一个"事实判断"。那么,如何看待和评价这一事实? 吉登斯指出:

> 现代组织和社会运动是在这样一个社会世界中发挥作用的:上帝退隐,传统瓦解,反思性的自我调控就此有可能呈现为历史,呈现为社会学……先是在印刷术的普及和大众识字率的提高影响下,后

[①] 吴飞,吴风. 新闻专业主义理念的建构[J]. 中国人民大学学报,2004(6).

又在电子传媒的发明促进下，对信息的整理、分析和恢复既激发了历史性，又表现着历史性。这些前提条件都通过对共同在场情境下的沟通的某种"异化"，扩大了时空伸延的程度。所有的书面文献都开始远离它的作者，印刷术大大增进了这种伸延。电子传媒使时间意义上的在场与空间意义上的在场分离开来，这一现象对当代的集合体形式有着决定性的含义。①

现代传媒对于现代社会的这种"决定性的含义"同样被英国文化学者汤普森所强调，他批评过去的理论家"忽视了在他们眼前发生的意义远为巨大的一个过程：大众传播机构的迅速扩散和传播网络的发展"，并认为"这个过程构成了与现代社会兴起有关的主要转型之一，了解这个过程对于了解今天的世界十分重要，这个世界越来越多地被体制化的传播网络所穿越，个人的经历越来越被象征生产与传输的技术体系所中介"②。这样看来，由传媒及其从业者构成的"专家系统"就成了现代社会形态和关系的重要支撑系统，该系统"反思性的自我调控"就成为呈现现代社会的历史，同时也成为社会学研究的一个重要问题。毫无疑问，任何"反思性的自我调控"都必须建立在主体的自我意识和自我权力之上。因此，媒介及其从业者的"专业权力"是现代社会不可或缺的权力。我们已经承认现代社会的"利益多元化"，但很少去提及"权力的多元化"，其实一定的利益主体就意味着一定的权力主体，利益多元化就意味着权力多元化。从这个意义上来看，特别是面对长期以来我国媒体及其从业者自身权力的缺失状况，追求"专业权力"不但是情理之中的事，而且也是现代社会的必然要求。媒体及其从业者的"专业权力"之于现代社会是一种"必要"而且"合理"的权力，建构"专业权力的意识形态"自

① 吉登斯. 社会的构成[M]. 李康, 李猛, 译. 北京: 生活·读书·新知三联书店, 1998: 311.
② 汤普森. 意识形态与现代文化[M]. 高铦, 等, 译. 南京: 译林出版社, 2005: 12-13.

然也有其合理性和必要性。

我们似乎已经在"现实与理想""批判与追求""结构与建构"之间找到了某种勾连。

从实践来看,中国媒体及其从业者从来不缺乏理想和追求。远的不说,就说改革开放以来。20世纪80年代,《工人日报》对"渤海二号"翻沉事故的报道,《中国青年报》关注"灰色"地带的报道,《光明日报》"议论"热点(如工资、物价、职称等)的报道,《人民日报》"思考"改革(中国改革的历史方位、改革阵痛中的觉悟、鲁布革冲击等)的报道;20世纪90年代,《南方周末》及央视的"焦点访谈""新闻调查"等一系列监督性、揭露性的报道;21世纪后,一批传统媒体(包括新华社)和都市报(台)参与的深度或调查报道,等等。它们从内容到形式,思想到技法无不反映媒体和从业者对理想的追求。

但是,中国媒体及其从业者又从来都没有忘记自己生活的土地。听听他们是怎么说的[①]:

> 媒体的发展必须以尊重社会现实条件为前提,要看到现实环境的条件许可,必须认清国情、省情以及社会现实条件,不要太脱离现实,否则就可能会翻船。需要处理好两者之间的分寸,处理这种关系考验(着)媒体领导者的知识、智慧、艺术,甚至品格。(范以锦)
>
> 在我们现在的社会里面,只有一件事是有的,就是独一无二的执政党,肯定要全部覆盖……为什么我有个提法,叫"非虚构采访学问题的中国经验"? 就是已知的这个逻辑关系。这个形态你不搞清楚,你不知道你的位置在什么地方,你不知道在这个过程中,博弈过程是什么样子的。分寸感是什么? 我写公开信是有分寸感的。他们老

---

① 范以锦的访谈由张涛甫以电子邮件提供;另两则谈话参阅:张志安.记者如何专业[M].广州:南方日报出版社,2007:24,67.

说，是因为我们"牛逼"才会让我们搞下去，里面有什么交易之类，太扯了！（卢跃刚）

我们国家的媒体都是在党和政府领导和指挥下行动的，哪儿有纯粹民间的媒体呢？这是政治体制、经济体制和新闻体制决定的，不可能逾越体制之外去搞别的。（曲长缨）

这些就是中国的媒体。这些就是中国的新闻从业者。他们立足于自己的土地，面对现实、孜孜以求、不断探索；他们海纳百川、兼收并蓄，愿意用人类文明的全部成果来丰富自身，也丰富民族的文化；他们通过"策略突围""临场发挥"等各种充满中国智慧的方式，书写着自己的历史，也书写着这个民族的历史。

我国媒体长期依附于政治权力，30 多年的改革开放，尤其是市场经济使"专业权力"变成一个越来越突出的问题。事实证明，这种过分依赖于政治权力的媒体存在诸多问题。

第一，这种媒体不利于现代社会的整合。如前所述，现代社会的基本特点是权力分化、利益多元，政治权力本身也有自己的利益主体，一味依靠这种权力很难平衡、协调各方利益。媒体仅仅作为政治权力的代言人，会直接影响其他利益主体对它的信任，难以担当有效整合社会的功能。这些年来，一些传统大报发行量有限、影响力下降，这恐怕也是个重要原因。

第二，在民主政治得到普遍认同的"全球化"背景下，这种媒体也不利于国际交流与对外宣传。国际交流应该是多方面的交流，政党、政府间的交流只是其中一个方面，将现代传媒作为上述交流以外的补充，比当作自己的延伸似乎更好。在对外宣传上也如此，政府有政府的渠道，民间也应该有民间的渠道。在一些重大问题上，民间的声音往往可以产生更大的作用，2008 年西藏"3·14"事件中，中国网民自发的声音及其产生的重大影响就是很好的例子。现行体制下，中国媒体的全部声音都被国际舆论当作官方声音，这实际上不利于我们的对外宣传。

第三，这种媒体影响媒体对自身责任的担当，进而也不利于媒体及其从业者职业道德的建设。过去我们总是强调对党、对人民负责，这话当然没错，但事实上，对"外在"责任的过分强调容易导致对"内在"责任地位和作用的忽视。试想，一个对自己都不负责任的人怎么谈得上对别人负责任呢？媒体也是一样。所以"内在"的责任感恐怕更为根本。我们怎么能够相信那些收受"封口费"或"开口费"的记者或媒体能对党和人民负责呢？几十年来，我们一直在抓新闻职业道德建设，成效不是很显著，其中一个重要原因就是我们一味从"外面"用力，而没有充分调动媒体及其从业者的"内在"力量。有位哲人早就说过：道德是人类精神的"自律"。职业道德当然也就是职业精神的"自律"。"他律"可以补充、监督"自律"，但无法代替"自律"，而"自律"必须先"自主"。

第四，在现实条件下，依附政治权力的媒体更容易产生"权力寻租"。张志安和陆晔对此有过专门的论述。[①] "权力寻租"当然并不仅仅限于一般记者、编辑，更有可能出现在媒体及其领导干部身上，魏永征在谈论传媒"特许制"时指出："特许制所授予传媒的特权，不只是采访、报道、出版、制作节目，而且传媒产品是要进入市场的，是可以盈利的。传媒的领导干部手中的特权不止是政治上的，而且是经济上的，他们具有利用手中特权寻租的充分条件。这个问题要引起足够的注意，在当前还不能不对传媒实行许可制的时候要制定防范它的消极面的有力措施。'吾恐季孙之忧，不在颛臾，而在萧墙之内。'"[②]李良荣在上课时也曾多次从经济学角度提出过对当前媒体"内部人控制"问题的担忧。

---

① 张志安，陆晔. 记者"权力寻租"中的社会资本转换及其伦理边界[J]. 国际新闻界，2008(10).

② 魏永征. 跨越新闻与法[M]//王永亮，成思行. 倾听传媒论语. 北京：新世界出版社，2003：68.

　　确立传媒在社会生活中的相对独立地位是现代民主政治的重要内容，甚至是基础性内容。

　　"专业权力"只是现代社会各种权力中的一种权力，媒体及其从业者的"专业权力"也只是各种"专业权力"中的一种"专业权力"。和所有的权力一样，它同样面临着和其他权力的关系问题，并存在一个相互监督和制约的问题。

　　下面我们将讨论这些问题。

第三节　专业化的制度空间

　　社会学家常常把专业化的发展分成几个渐进的阶段：谋生的工作、行业、正规化的组织、要求教育的组织、倾向服务的组织、享有独立自治权的组织。① 这种划分对我们具有两方面的启发意义：一是与其把专业视为符合某些规定或标准的职业，不如把它视为一个发展的过程，因此，与其追问新闻传播是不是一个专业，不如分析它的专业化水平或程度如何；二是专业化的过程就是某个专业取得相对独立地位或自治权的过程，专业化的高级阶段就是它取得完全职业自治权（complete professional autonomy）的阶段。

　　根据上述社会学家的划分，我国传媒业的专业化程度大约还处于"初级阶段"，它虽然有了"正规化的组织"，但"要求（专业）教育"的迫切性还并不很强，业界对现在的新闻教育多多少少抱有怀疑的态度，像当年普利

---

① BANNING. The professionalization of Journalism[J/OL]. Journalism History，Winter 98/99，Vol・24，Issue 4：157，Database：Academic Search Elite.

策那样急于通过正规教育来提升专业水平和地位的资深从业者或媒体并不多见,少数媒体在一些名牌大学新闻院系设立奖学金更多是基于别的考虑因素。另外,业界与学界还远没有建立起良好的互动关系。学界大多对业界缺乏深入了解,业界也更加重视领导部门的意见,而对学界的意见往往抱着"姑妄听之"的态度,尤其是批评性意见。

也许是因为长期生活在政治权力的庇护下,中国媒体对待其他社会权力似乎有一种"天然"的傲慢,即使是在对自身权力的追求,即"专业化"的过程中,它们也不善于团结和利用其他的社会力量。

事实上,在"专业权力的意识形态"建构中,学界具有天然的优势。美国的"新闻专业主义"几乎是在学界和社会各界的批评、监督中成长的[①],是各种社会力量共同作用的结果,而不是媒体孤军奋战的产物。其实,与"压迫性"权力不同,"生产性"权力之间并非只是一种此消彼长的零和关系,更主要的是共生、依赖和互动的关系,比如,培育、支持、尊重学界和社会各界对媒体的批评权,不仅不会损害媒体自身的"专业权力",反而有利于这种权力的建构;让学界来评定一些重要的新闻专业奖项甚至专业技术职称,说不定比行政权力和媒体自己评定更具说服力。

从上述多项调查和平常的观察中,我们很容易发现中国媒体及其从业者在专业化追求中的悖论:自己极力想摆脱的东西常常正是自己依依不舍的东西。

所以,拓展"专业化的制度空间",有赖于我们自身的观念更新、思想解放。记得 2008 年年底,在北京举办的一个学术会议上,一位业界人士深有感触地说:"这一年新闻界发生了很多值得记忆的事情,但最重要的

---

① 谢静 . 20 世纪初美国的媒介批判与新闻专业主义确立[J]. 新闻与传播研究,2004(2):73 - 78.

还是胡锦涛总书记视察人民日报社的讲话。"①的确,虽然讲话针对的是"新闻宣传",但对我国新闻改革,包括建设"专业化的制度空间"同样具有重要的指导意义:"新闻宣传工作必须坚持解放思想、实事求是、与时俱进,适应国内外的新变化,顺应人民群众的新期待,以改革创新精神做好工作。要坚持用时代要求审视新闻宣传工作,按照新闻传播规律办事,创新观念、创新内容、创新形式、创新方法、创新手段,努力使新闻宣传工作体现时代性、把握规律性、富于创造性,不断提高舆论引导的权威性、公信力、影响力。"②

在我国,新闻传播取得"完全的职业自治权"还需要有一个过程,但这并不妨碍从现在开始对专业化"制度空间"的拓展。

所谓"制度空间",正如潘忠党、陈韬文指出的,"是理论的抽象,但也是对现实社会行为得以展开的实体场所的理论抽象。也就是说,它体现在职业持有者应用其专业知识、开展其职业活动的各个场所之中。具体到新闻从业者,该职业是否为专业,取决于制度安排是否为新闻工作者作为专业人士而从事其职业活动提供了条件,具体表现在传媒是否相对独立于国家机器(the state),专业训练、考核、评价和规范是否独立于政治或商业控制。这些活动得以展开的实体空间(如媒体组织和专业组织)及制度空间(如对新闻媒体和新闻工作自主及自由运作的法律保证),既是新闻职业专业化的内容,也是新闻工作者专业化的制度条件"③。不难理解,"专业化的制度空间"主要关涉"专业权力"和"国家机器",以及"商业控制"等其他权力的关系问题。因此,我们有必要先从理论上厘清政府、市场、传媒三者之间的关系。

---

① 丁亚韬在第五届"人民共和国党报论坛"的发言,根据本人记录。
② 胡锦涛. 在人民日报社考察工作时的讲话[J]. 新闻知识,2008(7):3-4.
③ 潘忠党,陈韬文. 中国改革过程中新闻工作者的职业评价和工作满意度:两城市的新闻从业者问卷调查[EB/OL]. http://www.66wen.com.

从我国的实际国情出发，在具体的新闻生产中，媒体与政府的关系实际上主要是媒体与各级党委宣传部门之间的关系，即与执政党之间的关系。

下面的讨论我先预设一个前提：坚持党对媒体的领导。预设这个前提的理由如下：(1)从国情出发，从实际出发，尽量提高理论服务现实的可能性；(2)新闻生产的确不同于一般物质产品的生产，"无形的手"在其间作用的利弊、得失并不像在物质生产领域表现得那么一清二楚；(3)西方国家的实践已经表明，"以市场为基础的媒体的监管者并不一定是完全独立的……市场并不能确保对公共权力和私人权力进行批判性的监督"①。

当年，社会松散且封闭，人们的文化程度较低，党的自身力量还不够强大，加上斗争形势的需要，党对媒体的直接领导和指挥有利于宣传、发动、组织群众；有利于统一自己的思想、壮大自身的力量；有利于集中"批判的武器"，开展另外一个"战场"（思想）的斗争。如今，整个社会的条件变了，坚持过去那一套做法不仅存在不合时宜的问题，更重要的是失去了工作的针对性。正如恩格斯所指出的那样："党的发展有这样一条规律，当党壮大到一定程度时，党在少年时期不得不采取的那些行动本身，就显得不适宜了。"②

实践已经证明，现在党对媒体的这种领导存在明显的弊端：第一，它不利于现代社会多元利益主体通过媒介对自身利益的诉求，从而客观上损害了媒体的"瞭望"或"耳目"功能（如果说过去应突出媒体的"喉舌"功能，现在则应突出"耳目"功能）；第二，它容易导致具体媒体只顾满足上级党委（有时是主要领导）对具体政策、工作措施宣传的要求，而忽视党的总

①　卡伦. 媒体与权力[M]. 史安斌，等，译. 北京：清华大学出版社，2006：287.
②　中共中央马克思恩格斯列宁斯大林著作编译局. 马克思恩格斯全集（第38卷）[M]. 北京：人民出版社，1979：547.

体路线、方针的贯彻落实，特别是为了"加强"对具体政策、措施的宣传，往往把党"为人民服务""实事求是"的根本宗旨放到了一边；第三，它不利于媒体从业者主体性的发挥，有时候还会挫伤他们的积极性，我们在第三章讨论"宣传管理"时已经谈到了这一点；第四，它还容易使党和政府的实际工作处于被动，当年在对 SARS 的报道中，媒体前后时期所表现的"两个极端"就是例证。所以，马克思、恩格斯都十分强调党对出版物"道义上的影响"，即思想上的指导或引导。[①]

根据现代社会的特点以及党在国家政治生活中既定的实际作用，党对媒体的领导完全可以采取分别对待的方式。如党报可以基本维持现在的领导和管理方式；其他媒体，尤其是市场化程度较高的媒体，主要以思想上的指导和引导为主，再配合必要的法规；还可以考虑在条件成熟的情况下，利用各种社会基金办一些既不以宣传为目的也不以盈利为目的"公共媒体"，党像当年对待一些进步民主党派和民间报刊那样影响它们，但不干预它们。

2003 年，在全国第二次报刊整顿中，相关部门提出"管办分离"的方针，一段时期内党对不同类型报刊的管理有所区别，对多数非党报一般不要求"规定动作"，如在对任长霞等典型宣传中对一般都市报就没做要求。但遗憾的是，这种"解放思想、实事求是、与时俱进"的做法没有坚持下来，宣传许振超时情况又有了变化。我们在调查中听到多家都市报负责人的抱怨："过去对我们只是'禁止动作'，现在对我们的'规定动作'一点也不比党报少。"

当前，在上述间接领导、分类管理一时还难以实现的情况下，必须尽快解决按章领导、依法管理的问题。首先党内要制定一套对媒体领导的具体章程，任何一级党组织都要根据章程来领导媒体，即使隶属党

---

① 陈力丹. 马克思主义新闻观思想体系[M]. 北京：中国人民大学出版社，2006：203 - 204.

报也有权以下级党组织的名义对上级党委不按章程的领导提出异议。此外,就是依法管理的问题。党的"十五大"就提出了"扩大社会主义民主,健全社会主义法制,依法治国,建设社会主义法制国家"的政治改革总目标①,党对媒体的领导也应该朝着这个目标迈进。

总之,党对媒体的领导要由现在的直接、全面、随意,向间接、分类、规范发展,最后实现除党报、党刊外,通过国家政权对所有媒体实施政治上的领导。

对于市场之于中国传媒的作用,我们在上一章中已有比较详细的论述。无论从理论还是从各国新闻工作的实践来看,在传媒市场化的过程中,"异化"和"异化"的扬弃始终走在同一条道路上。因此,我们的基本观点是,积极利用市场来发展现代新闻生产力,改造传统新闻生产关系,并努力限制其"异化"程度和范围,以达到最终超越它的目的。市场是一种相对独立于政府的社会力量,从它具有实现某种目标的能力来看,说它是一种"权力"也无妨。市场为媒体的"专业权力"提供了经济来源,同时资本的扩张本性还成为新闻生产的巨大动力源泉。但市场经济却明显带有道德上的"原罪",这种"原罪"会随着市场化推进程度和波及范围越来越明显地暴露出来,尤其是对于公共精神产品的生产。举凡推行这种经济体制的国家,都会花很大力气解决由这种市场"原罪"带来的问题,通过政府权力来调节市场对"专业权力"的腐蚀是专业化制度空间设计的重要内容。

利用市场而不臣服市场是媒体及其从业者专业化追求的应有之意,"一个真正的专业人士是不会为了金钱而去做某些违背职业精神的事情的"②。职业自治必须依靠职业精神和职业道德来保障,正如前面已经指

① 江泽民. 高举邓小平理论伟大旗帜,把建设有中国特色社会主义事业全面推向二十一世纪——在中国共产党第十五次全国代表大会上的报告[M]. 北京:人民出版社,1997.
② 新闻自由委员会. 一个自由而负责的新闻界[M]. 北京:中国人民大学出版社,2005:55-56.

出的那样,这个过程不仅仅是新闻业界自身的事情,还需要其他社会力量的作用,如学界、其他各种非营利性专业和民间团体等非政府组织。

现在,我们可以为新闻"专业化的制度空间"做一个基本规划了。它应该由彼此相对独立的四种社会力量构成,如图5-1:

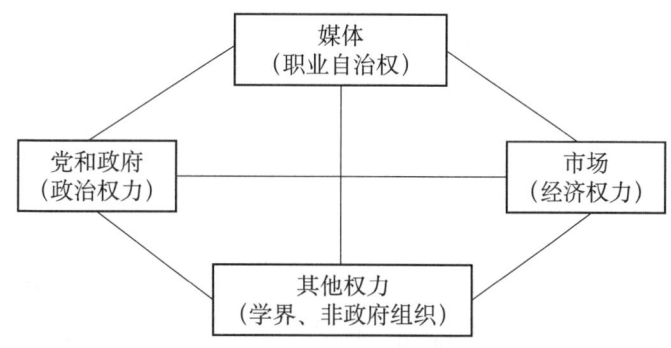

图5-1 专业化制度空间的构成图

我们对"权力"概念的划分和使用,并非是严格政治学或法学意义上的,而是建立在一般社会学描述意义上的。接下来我们打算结合已有的研究成果,围绕着媒体对这四种权力关系进行说明。当然,围绕媒体决不意味着把媒介视为社会权力的中心,只是从我们的论题着眼并为了叙述的方便。事实上,根据论题的需要,围绕任何一种权力展开其关系的说明都同样有效。

毫无疑问,媒体是现代社会一种典型的权力机构,它凭借社会分工和技术手段所获得的"话语权",可以形成强大的舆论力量,对其他社会领域中的权力产生干预和影响。西方媒介政治经济学一直关注媒体与政府或市场的关系。不同的是其中一派的眼睛盯着政府权力,认为政府掌握国家暴力机器,其权力一旦失去监督和控制就会导致可怕的后果,因而再也不能把传媒这一现代社会的权力交给它了;那么,失去政府支持和控制的媒介会立即面临经济上如何生存和其本身滥用自由的问题。传统自由主义认为这两个问题都可以由自由市场解决,前者的解决可以通过(文化)

商品的自由交换,后者的解决可以通过(精神)意见的自由交换,即所谓"意见的自由市场"。事实证明,后一个问题的解决远非那么简单。批判学派则把目光集中于经济权力,认为市场被资本和资本家所操纵,媒介权力也就最终为少数资本家所操纵,传统自由主义关于媒介地位和作用的设计事实上背叛了民主理想。李金铨称前者为"政治的"政治经济学,后者为"经济的"政治经济学[①],就因为两派人眼睛盯的领域不同,也正因如此,两派理论中又各自存在"盲区"。

20世纪80年代后产生的"修正主义",一方面在不同程度上对上述"盲区"进行了重新审视,另一方面又通过对"文化""权力""受众"等范畴的重新确立,试图弥补两种政治经济学取向各自的不足。英国传播学者詹姆斯·卡伦(James Curran)在《媒介与权力》一书中对这种"新修正主义"和"激进传统的复兴"做了系统研究,并在此基础上提出了媒介与民主的"第三条道路"[②]。卡伦的"第三条道路"很容易让人联想到吉登斯的"超越左与右",前者关涉媒体,后者关涉政党或政府。他们的理论都以西方传统理性主义为底色,同时又都添上了两种淡淡的色彩——英国文化的"保守"和中国文化的"中庸",的确不乏迷人之处。但所有这些设计都有一个现实前提,那就是发达的市场经济与成熟的民主政体。

中国社会正处在社会主义市场经济和民主政治的建设过程中,瞄准自己的目标,脚踏实地才是正确的方略。由于中国特有的政治、经济传统,以及媒体在现代社会中的特殊作用,媒体专业化建设显得尤为重要,学界倡导西方"新闻专业主义"和业界的认同既反映出这种重要性,又反映出这个问题的迫切性。

但根据我们的观点,中国传媒的专业化完全可以走自己的路。党和

---

① 李金铨. 媒介政治经济学的悖论——中港台传媒民主变革的交光互影[M]//超越西方霸权. 香港:牛津大学出版社,2004.

② 卡论. 媒体与权力[M]. 史安斌,等,译. 北京:清华大学出版社,2006:第二、三部分.

政府首先应把专业权力作为一种社会"建设性权力"来建设,即在承认这种权力的基础上,利用思想政治上的领导尤其是合法的行政手段,调节媒体与市场、媒体职业自治权与其他社会权力之间的关系,充分调动这种权力的内在积极因素,服务于社会主义市场经济和民主政治的建设;同时,要以积极的姿态接受甚至鼓励媒体的监督,并通过这种监督进一步彰显自己的力量。

事实上,任何一个党或政府都难免犯错误,马克思和恩格斯曾批评德国社会民主党国会党团:"德国社会民主党真的患了议会症,以为有了人民的选举,圣灵就降临到当选人身上,就可以把党团会议变成永无谬误的宗教会议,就可以把党团决议变成不容违背的教义?"①接受并鼓励媒介批评可以减少错误的发生,还可以缩小错误发生后的影响范围。媒体在专业化的过程中要进一步吸收中国传统文化的优良传统,主动承担社会责任,提高职业道德和专业技能(这些几乎用不着从西方文化中去寻找);媒介权力的核心是"话语权",其力量来源是真实、客观、公正(诚实、中正也是儒家文化的精华)。因此,媒介在对社会说话的同时,也要倾听社会的声音,努力从党的领导、政府的管理和其他社会权力中汲取精神力量,从市场经济中汲取物质力量,然后才能通过壮大后的专业权力去调节其他各种权力。

市场经济在目前来说总体上有利于新闻传播的发展,特别是有利于媒体的专业自治,但过分依靠市场力量和过分依靠政府力量一样,都会损害专业自治。厉以宁有感于市场经济的局限,专门论述了道德力量在市场和政府中的作用。② 如果把媒体理想地视为社会的"良知",那么它在

① 中共中央马克思恩格斯列宁斯大林著作编译局. 马克思恩格斯全集(第34卷)[M]. 北京:人民出版社,1979:374.
② 厉以宁. 超越市场与超越政府——论道德力量在经济中的作用[M]. 北京:经济科学出版社,1999.

政府与市场之间的作用也就不言而喻了。

这里值得重点提出的是"其他社会力量",它也是我在思考媒介"专业化的制度空间"过程中提出的一个新的维度。我所说的"其他社会力量"不是一般意义上的受众或公众,而是指相对独立的学界和其他非政府组织。学界中的知识分子被认为是社会生活中一个相对独立的群体,他们本身以一定的专业知识为基础,专门从事文化价值符号的建构和技术的应用,宽泛地看,把新闻工作者划入其列也不是完全没有道理的,但从我们的讨论出发,我们所说的知识分子还是指那些知识更加专门化的群体,姑且以"学界"称之。许纪霖认为,知识分子身上体现的精英意识和独立精神是由他们的工作性质所决定的:欲使"道"尊于"世",首先必须独立于"势"。① 同样,不以营利为目的的非政府组织也具有道德上的优越性,可以在政府、市场和公民社会之间起到调节作用。② 因此,改革开放以来,知识分子和各种非政府组织,被视为中国民主化进程中的两股重要力量,它们的发展壮大与媒介的发展壮大具有同等重要的意义。由于众所周知的理由,这两种权力的良性互动对中国社会的"和谐"来说显得尤为重要。媒介和这些社会力量的关系自然成为建立"专业化制度空间"必须思考的新维度。

以上四种权力中的每一种权力从客观上来说都可能产生"压迫性"的一面,关键要看建立怎样的互动机制。如果我们能从"建设性"的一面出发,把每一种权力当作吉登斯所谓的"反思性监控系统",在制度层面上为他们设定范围、划分界限,使彼此间形成"控制的辩证法",它们完全有可能组成新的"建设性"权力的"合力"。当然,作为社会权力的每一个"反思

---

① 许纪霖. 超然与介入:东西方知识分子的一种比较[M]//许纪霖自选集. 桂林:广西师范大学出版社,1999. 许纪霖的原文为"欲使'道'尊于'势',首先必须独立于'势'"。

② 王建芹. 非政府组织的理论阐释:兼论我国现行非政府组织法律的冲突和选择[M]. 北京:中国方正出版社,2005.

性监控系统"本身也存在上述同样的建设过程,过去的"新闻生产"研究大多关注这个更加微观一点的层面。

应该说,中国传媒"专业化的制度空间"与中国的政治体制改革密切相关。我们之所以关注这个问题,是因为邓小平早在 1980 年就认真思考过中国的政治体制改革问题:"我们过去发生的各种错误,固然与某些领导人的思想、作风有关,但组织制度、工作制度方面的问题更重要。这些方面的制度好可以使坏人无法任意横行,制度不好可以使好人无法充分做好事,甚至会走向反面。"①同样的道理,新闻生产中许许多多的问题,固然与一些更加微观的层面有关,但更重要的问题还是出在"制度"层面上。这也是我写作本书的指导思想。

---

① 邓小平.党和国家领导制度的改革[M]//邓小平文选(第 2 卷).北京:人民出版社,1994:333.

参考文献

一、书籍

1. 李良荣. 为中国传媒业把脉——知名学者访谈录[M]. 上海：复旦大学出版社，2006.

2. 塔奇曼. 做新闻[M]. 北京：华夏出版社，2008.

3. 默顿. 社会理论和社会结构[M]. 上海：译林出版社，2006.

4. 马克思，恩格斯. 德意志意识形态（节选本）[M]. 北京：人民出版社，2003.

5. 科塞. 社会学思想名家[M]. 上海：上海人民出版社，2007.

6. 库兰，古尔维奇. 大众媒介与社会[M]. 北京：华夏出版社，2006.

7. 博伊德-巴雷特，纽博尔德. 媒介研究的进路[M]. 北京：新华出版社，2004.

8. 李金铨. 超越西方霸权[M]. 香港：牛津大学出版社，2004.

9. 罗胥克. 制作新闻[M]. 台北：远流出版公司，1994.

10. 卡伦. 媒体与权力[M]. 北京：清华大学出版社，2006.

11. 凯尔纳，贝斯特. 后现代理论——批评性的质疑[M]. 北京：中央编译出版社，2004.

12. 布尔迪厄. 文化资本与社会炼金术[M]. 上海：上海人民出版社，1997.

13. 戴维斯沃茨．文化与权力——布尔迪厄的社会学[M]．上海：上海译文出版社，2006．

14. 吉登斯．社会的构成[M]．北京：生活·读书·新知三联书店，1998．

15. 吉登斯．社会学方法的新规则[M]．北京：社会科学文献出版社，2003．

16. 林晖．历史的探索[M]．武汉：武汉大学出版社，2009．

17. 方汉奇．中国新闻事业通史：第3卷[M]．北京：中国人民大学出版社，1999．

18. 吴敬琏．当代中国经济改革[M]．上海：上海远东出版社，2003．

19. 列宁全集（2版）：第12、32、33、40、42卷[M]．北京：人民出版社，1990．

20. 毛泽东新闻工作文选[M]．北京：新华出版社，1983．

21. 中国共产党新闻工作文件汇编：上、中、下册[M]．北京：新华出版社，1980．

22. 童兵．主体与喉舌[M]．郑州：河南人民出版社，1994．

23. 托德·吉特林．新左派运动的媒介镜像[M]．北京：华夏出版社，2007．

24. 吴冷西．缅怀毛泽东[M]．北京：中央文献出版社，1993．

25. 朱正．1957年的夏季：从百家争鸣到两家争鸣[M]．郑州：河南人民出版社，1998．

26. 吴冷西．忆毛主席[M]．北京：新华出版社，1995．

27. 马达．马达自述——办报生涯60年[M]．上海：文汇出版社，2004．

28. 胡绩伟．我与胡乔木的十年论辩[M]．香港：卓越文化出版社，2006．

29. 李大同. 冰点故事[M]. 桂林:广西师范大学出版社,2005.

30. 吴飞. 传媒竞争力[M]. 北京:中国传媒大学出版社,2005.

31. 张志安. 记者如何专业[M]. 广州:南方日报出版社,2007.

32. 汤普森. 意识形态与现代文化[M]. 上海:译林出版社,2005.

33. 韦伯. 经济与社会:解释性社会学纲要[M]. 伯克利:加利福尼亚大学出版社,1978.

34. 涂尔干. 社会分工论[M]. 北京:生活·读书·新知三联书店,2000.

35. 汪家驷. 新闻三十论[M]. 北京:人民出版社,2008.

36. 中共中央宣传部新闻局. 为时代英雄放歌[M]. 北京:学习出版社,2005.

37. 陈力丹. 马克思主义新闻观思想体系[M]. 北京:中国人民大学出版社,2006.

38. 马克思恩格斯全集:第 46 卷,上册[M]. 北京:人民出版社,1980.

39. 巴兰,戴维斯. 大众传播理论:基础、争鸣与未来[M]. 北京:清华大学出版社,2004.

40. 李良荣. 历史的选择[M]. 武汉:武汉大学出版社,2009.

41. 马克思恩格斯选集:第 3 卷[M]. 北京:人民出版社,1995.

42. 列宁选集:第 2 卷[M]. 北京:人民出版社,1972.

43.《财经》杂志编辑部. 转型中国[M]. 北京:社会科学文献出版社,2003.

44. 张志安. 报道如何深入[M]. 广州:南方日报出版社,2006.

45. 李良荣. 企业与传媒:竞合之道——财富精英访谈录[M]. 上海:复旦大学出版社,2006.

46. 西美尔. 货币哲学[M]. 北京:华夏出版社,2002.

47. 马克思,恩格斯. 共产党宣言[M]. 北京:中央编译出版社,2005.

48. 鲁品越. 资本逻辑与当代现实:经济发展观的哲学沉思[M]. 上海:上海财经大学出版社,2006.

49. 马克思. 资本论:第1卷[M]. 北京:人民出版社,1975.

50. 霍克海姆,阿道尔诺. 启蒙辩证法[M]. 上海:上海人民出版社,2006.

51. 黄旦. 传者图像:新闻专业主义的建构与消解[M]. 上海:复旦大学出版社,2005.

52. 吉登斯. 现代性的后果[M]. 上海:译林出版社,2000.

53. 丹尼斯,梅里尔. 媒介论争[M]. 北京:北京广播学院出版社,2004.

54. 王永亮,成思行. 倾听传媒论语[M]. 北京:新世界出版社,2003.

55. 李良荣. 李良荣自选集[M]. 上海:复旦大学出版社,2004.

56. 孙玉胜. 十年:从改变电视的语态开始[M]. 北京:生活·读书·新知三联书店,2003.

57. 阿特休尔. 权力的媒介[M]. 北京:华夏出版社,1989.

58. 张维迎. 中国改革30年——10位经济学家的思考[M]. 上海:上海人民出版社,2008.

59. 赖特米尔斯. 社会学的想象力[M]. 北京:生活·读书·新知三联书店,2001.

60. 马克思恩格斯全集:第38卷[M]. 北京:人民出版社,1979.

61. 马克思恩格斯全集:第34卷[M]. 北京:人民出版社,1979.

62. 厉以宁. 超越市场与超越政府——论道德力量在经济中的作用[M]. 北京:经济科学出版社,1999.

63. 许纪霖. 超然与介入:东西方知识分子的一种比较[M]//许纪霖自选集. 桂林:广西师范大学出版社,1999.

64. 王建芹. 非政府组织的理论阐释:兼论我国现行非政府组织法律的冲突和选择[M]. 北京:中国方正出版社,2005.

65. 邓小平文选:第2卷[M]. 北京:人民出版社,1994.

66. 人民日报报史编辑组. 人民日报回忆录(1948—1988)[M]. 北京:人民日报出版社,1988.

67. COTTLE. 媒介组织与产制[M]. 新北:韦伯文化国际,2009.

68. 南方周末《后台》:第一辑[M]. 广州:南方日报出版社,2006.

69. 南方周末《后台》:第二辑[M]. 广州:南方日报出版社,2008.

70. 叶成群. 记者档案之聚焦新闻大事件[M]. 北京:中国青年出版社,2005.

71. 李大同. 用新闻影响今天[M]. 香港:泰德时代出版有限公司,2006.

72. 约翰埃尔德里奇. 获取信息——新闻、真相和权力[M]. 北京:新华出版社,2004.

73. 陈怀林,何舟. 中国传媒新论[M]. 香港:太平洋世纪出版社,1998.

74. 董郁玉,施滨海. 政治中国:面向新体制选择的时代[M]. 北京:今日中国出版社,1998.

75. 魏永征. 新闻法新论[M]. 北京:中国海关出版社,2002.

76. 段晓锋. 非正式制度对中国经济制度变迁方式的影响[M]. 北京:经济科学出版社,1998.

77. FOUCAULT. The history of sexuality [M]. New York:Vintage Books,1980.

78. CAREY. After word:the culture in question[M]//James Carey:

a critical reader，MUNSON，WARREN. Minneapolis：University of Minnesota Press，1997.

79. FREIDSON. Professional power：a study in the institutionalization of formal knowledge［M］．Chicago：University of Chicago Press，1986.

80. SCHUDSON. The sociology of news［M］．W. W. Notton & Company，2003.

81. Pan Z，Lu Y. Localizing professionalism：Discursive practices in China's media reforms［M］//C C Lee. Chinese media，global context. London：Routledge，2003.

82. 李岩，孙晓亚，殷畅，张川霞．焦虑与反思：谁是新闻传播娱乐化、低俗化的操盘手[M]//武汉大学新闻与传播学院．新闻与传播评论（2006—2007 年卷）．武汉：武汉大学出版社，2007.

83. 梁博祥．我国晚报事业发展概况[M]//中国社会科学院新闻研究所．中国新闻年鉴．北京：中国社会科学出版社，1987.

84. 刘娜．传媒的权力——兼论若干西方著名学者关于"权力"的思考[M]//武汉大学新闻与传播学院．新闻与传播评论（2006—2007 年卷）．武汉：武汉大学出版社，2007.

85. 罗以澄．新闻改革 30 年研究书系·序[M]//李良荣，等．历史的选择．武汉：武汉大学出版社，2009.

86. 李良荣．中国新闻改革 30 年[M]//李良荣，等．历史的选择．武汉：武汉大学出版社，2009.

87. 江泽民．高举邓小平理论伟大旗帜，把建设有中国特色社会主义事业全面推向二十一世纪——在中国共产党第十五次全国代表大会上的报告[M].北京：人民出版社，1997.

二、文章

1. 毛泽东. 事情正在起变化[N]. 人民日报,1957 - 05 - 15.

2. 毛泽东.《文汇报》在一个时期内的资产阶级方向[N]. 人民日报,1957 - 06 - 14.

3. 潘忠党. 新闻改革与新闻体制的改造[J]. 新闻与传播研究,1997:(3).

4. 潘忠党. 有限创新与媒介变迁:改革中的中国新闻业[J]. 该文系潘忠党根据自己的英文原作改写,原作的简缩版发表于 BROMLEY, RO-MANO. Journalism and Democracy in Asia[J]. London:Routledge.

5.《解放日报》社论. 致读者[N]. 1942 - 04 - 01.

6. 劳动周刊·发刊词. 1921 - 08.

7. 芮必峰. 现代社会与现代传媒——从汶川地震中我国传媒的表现看[J]. 新闻与传播研究,2008(4).

8. 潘忠党. 中国大陆新闻改革过程中象征资源之替换形态[J]. 新闻学研究(台北),1997(54).

9. 陆晔. 权力与新闻生产过程[J]. 二十一世纪,2003(6).

10. 赵月枝. 公众利益、民主与欧美广播电视市场化[J]. 新闻与传播研究,1998(2).

11. 刘微. 变革中的新闻内涵[J]. 国际新闻界,1999(5).

12. 林晖. 市场经济与新闻娱乐化[J]. 新闻与传播研究,2001(2).

13. 吴飞,沈荟. 现代传媒、后现代生活与新闻娱乐化[J]. 浙江大学学报(人文社会科学版),2002(5).

14. 闵阳. 新闻娱乐化现象成因探析[J]. 黑龙江社会科学,2006(3).

15. 赵华. 新闻娱乐化的是是非非[J]. 视听界,2005(4).

16. 牟婕. 谈新闻娱乐化[J]. 山东视听,2005(1).

17. 章旭清. 浅谈新闻娱乐化现象[J]. 新闻爱好者,2004(2).

18. 韩蓓. 解析新闻娱乐化现象[J]. 新闻实践,2005(6).

19. 黄和节,陈荣美. 新闻娱乐化:形式与功能的错位——对当前新闻娱乐化倾向的新探索[J]. 当代传播,2002(5).

20. 肖云. 新闻娱乐化的辨证批判[J]. 云南民族大学学报(人文社科版),2005(5).

21. 杨金鹏. 新闻娱乐化与传媒责任[J]. 青年记者,2004(9).

22. 熊慧. 走出新闻娱乐化研究的误区——对当前电视新闻娱乐化研究的几点不同意见[J]. 新闻记者,2007(9).

23. 陆晔,俞卫东. 社会转型过程中传媒人职业状况——2002 年上海新闻从业者调查报告之一[J]. 新闻记者,2003(1).

24. 刘用亚. 一份受欢迎的周报——《周末》[J]. 新闻战线,1983(12).

25. 李良荣. 15 年来新闻改革的回顾与展望[J]. 新闻大学,1995(1).

26. 黄旦. 党组织办报与"手工业"工作方式——"全党办报"的历史学诠释[J]. 新闻大学,2004(3).

27. 宋木文. 出版单位主办主管制度的由来与调整的探索[J]. 出版科学,2003(4).

28. 中央报刊治理协调领导小组办公室就有关问题答记者问[Z],2006－12－29.

29. 新闻出版总署报刊司司长刘波. 在全国都市类报纸座谈会上的讲话[C],2001－04.

30. 童兵. 试论中国都市报的第二次创业[J]. 新闻记者,2005(4).

31. 刘根社. 在流浪中追寻理想[J]. 今传媒,2005(5).

32. 闵大洪. 草根媒体:传播格局中的新力量[J]. 青年记者,2008(15).

33. 杨保军. 简论新闻源主体[J]. 国际新闻界,2006(6).

34. 曾庆香,刘自雄. 论新闻源与新闻的话语主体[J]. 国际新闻界,2006(1).

35. 张洪忠,何艳,许航. 社会转型时期我国新闻从业者的价值取向[J]. 国际新闻界,2006(10).

36. 王长庚. 媒介整合的背景及应对举措——李良荣教授在暨南大学的专题演讲述评[J]. 当代传播,2002(3).

37. 潘忠党,陈韬文. 中国改革过程中新闻工作者的职业评价和工作满意度:两城市的新闻从业者问卷调查[EB/OL]. http://www.66wen.com.

38. 陆晔,潘忠党. 成名的想象:中国社会转型过程中新闻从业者的专业主义[J]. 新闻学研究(台北),2002(71).

39. 陆晔. 社会控制与自主性——新闻从业者工作满意度与角色冲突分析[J]. 现代传播,2004(6).

40. 王学成. "现实"与"理念"的分裂——重思西方新闻专业主义[J]. 新闻与传播研究,2007(1).

41. 吴飞,吴风. 新闻专业主义理念的建构[J]. 中国人民大学学报,2004(6).

42. 张志安,陆晔. 记者"权力寻租"中的社会资本转换及其伦理边界[J]. 国际新闻界,2008(10).

43. 谢静. 20 世纪初美国的媒介批判与新闻专业主义确立[J]. 新闻与传播研究,2004(2).

44. 胡锦涛. 在人民日报社考察工作时的讲话[EB/OL]. (2008－06－20). http://www.people.com.cn.

45. 刘建明. 新闻生产的媒介产业地位[J]. 今传媒,2005(10).

46. 陈健强. 媒介生产的社会学思考[J]. 国际新闻界,2006(2).

47. 陈阳. 我国新闻生产的影响机制研究:以妇女新闻为个案[J]. 新闻与传播研究,2006(2).

48. 洪兵. 转型社会中的新闻生产——《南方周末》个案研究（1983年—2001年）[D]. 上海：复旦大学，2004.

49. 张志安. 编辑部场域中的新闻生产：以《南方都市报》为个案[D]. 上海：复旦大学，2006.

50. 中宣部新闻局王娟执笔. 加强和改进典型宣传、切实提高典型宣传水平——许振超典型宣传综述[J]. 新闻战线，2004(6).

51. EVETTS. The sociological analysis of professionalism：occupational change in the modern world[J]. International Sociology，2003，18(2).

52. 刘朝霞. 新闻娱乐化与受众需求的错位——报纸内容分析及大学生新闻需求调查[J]. 新闻记者，2006(8).

53. 陆晔，俞卫东. 社会转型过程中新闻生产的影响因素——2002上海新闻从业者调查报告之三[J]. 新闻记者，2003(3).

54. 陆晔，俞卫东. 传媒人的职业理想——2002上海新闻从业者调查报告之二[J]. 新闻记者，2003(2).

55. 杨击. 穷人、富人和传媒正义——解读新闻生产中的平民主义策略[J]. 国际新闻界，2006(2).

56. 王斌. 灰色间与传媒产制的集聚[J]. 国际新闻界，2007(9).

57. 陈怀林，黄煜. 中国大陆大众传媒商业化非均衡发展：以报业为案例[J]. 新闻学研究(台北)，1996(53).

58. 郭镇之. 舆论监督与西方新闻工作者的专业主义[J]. 国际新闻界，1999(5).

59. 喻国明. 关于传媒影响力的诠释——对传媒产业本质的一种探讨[J]. 国际新闻界，2003(2).

60. 胡正荣，李继东. 我国媒介规制变迁的制度困境及其意识形态根源[J]. 新闻大学，2005(1).

附　录

芮必峰教授当年博士论文答辩风云录

[按语]这是在网上看到的一篇安徽大学新闻与传播学院原院长芮必峰教授多年前在复旦大学新闻学院博士毕业时的论文答辩记录。当年这篇文字流传很广，但在信息过载的时代，这篇文章却也沉睡于网底而知之者不多了。今天想起这篇文章，特从网上找了出来，重新贴在这里。因为，我觉得这内容录得不错，对参加论文答辩的学子们有一些参考意义。

那场答辩我和吴予敏教授也在现场，我和吴老师本来也想去参与一下，最后发现整场答辩观点交锋激烈，答辩精彩纷呈，所以就都选择做了旁观者。那一场答辩虽然过去多年，但今天仍然记忆犹新。在我自己的经历中，如此激烈的答辩，大概只有我自己当年在复旦大学时的博士论文答辩可以与之一比吧。

芮兄之善辩，我是远不及的。他在答辩时，有深度的学术交流与碰撞，也有一些有效的推拿功夫，真可谓"兵来将挡，用词自如，大将风度也"。

而我的答辩却是自己将局面弄得过于紧张，因为在我同样面对答辩老师猛烈的批评时，没有任何修辞的考量。从答辩技巧的角度看，我在答辩过程中，也没有芮兄那么好的临场发挥——说或者不说，如何说，都显得那么水到渠成。

事实证明，答辩没有什么道不得的"潜规则"，参加我的答辩委员会的老师们都虚怀若谷，对我答辩时的不太谦虚并时有顶撞的态度并未予以计较,反而都在认真地辩论。他们也确实看出我的文章中很多不足之处,对我的学术思考是有很大帮助的。

那就是我期望的学术论争的样子,通过论争,让我知道了自己思考中的不足,也同样让我对学术研究增强了信心。因为,我喜欢学术场域这种"较真"的味儿。尽管我当时的答辩委员会主席、时任上海市社科联主席的王邦佐先生离席时,小声问我:"吴飞,你没有得罪谁吧?"我听了一惊,但他立即安慰我说:"你的文章写得不错,回答得也很好。"我紧张的心,才算慢慢落下来。

我欣赏在这场答辩中潘忠党教授对待学问的态度,他追求真相,探究学问。他和芮必峰老师是老朋友,熟人朋友之间,一样在学术面前平等交流,潘老师一直是我学习的榜样。只是无论是天赋,还是认真为学的态度,我皮毛都没有学到。

2014年10月22日,芮必峰教授在南京大学与学生们谈起他在复旦大学读博士期间的学习生活时说道:"做学问就要认认真真地读书,不但要读书,还要读好书,还要会读书。我在复旦大学读博士期间,不夸张地说,每天的读书时间在12个小时以上。复旦大学读博的三年,我好好啃了许多以往没读透的书,像《西方的没落》,我读了四遍,默顿的《社会理论和社会结构》,800多页,我仔细读了很多遍,读书卡片就做了上千张。

谈到"江湖"上关于芮必峰教授博士论文答辩盛行的"传奇",芮必峰教授笑言:"我必须一再澄清,我和潘忠党那是非常非常要好的朋友,我们在学术问题上也是彼此认同的,至于'江湖'上传言的答辩论争,不妨看作是'戏说',其实我那场博士论文答辩,一开始就有点打'表演赛'的意思,也是为了将来其他博士答辩时,大家能够多一些观点的碰撞,产生一些思想的火花。"

吴　飞

答辩委员会成员：

主席：丁淦林

成员：童兵 黄旦 潘忠党 戴元光

时间：2009 年 5 月 30 日 9：45——11：15

地点：复旦大学新闻学院 201 教室

记录：阴良

旁听人数：41

题目：政府、市场、媒体及其他——试论新闻生产中的社会权力

芮必峰（陈述）：

谢谢大家。大家上午好。

下面我分五个部分，对我的论文做简单陈述。

一、论题的由来

我原先的论题：从事实到报道，关于新闻生产的一项社会学研究。开题以及以后，征求老师、朋友们的意见，发现当初的题目有些问题。

童兵老师：题目可以做，但是不精彩。

芮必峰：的确，按照原先的论题，（论文）充其量是西方新闻生产的中国版，目的性也不很明确。不仅无法发现、揭示中国语境下新闻生产的结构和建构之谜，充其量也只是西方新闻生产研究的中国版！实证研究是我的弱项，于是有了现在的题目。

二、问题

新闻生产受制于框架，媒介的现实是建构。

我的论文就是建立在这个基础上，不过那又怎样？

我们无法逃脱通过媒介的建构来了解现实的宿命。我想把新闻生产放在更大的社会背景下来研究，集中于研究新闻生产者和生产机构与一些主要社会力量的关系。考虑各种主要的影响和制约因素，考察产生影响的主要社会力量。然后再在考察的基础上，进一步探究适合中国国情的制度生产空间。

这是我试图提出和解决的问题。

三、主要依据、思路、框架

基本理论依据：

一是知识社会学，不问知识的真假、价值，只问在什么条件下，什么情况下，怎么生产的；二是吉登斯的结构化理论，或者建构理论；三是现代权力观念，不过这里讲的权力区别于马克思的权力观念。马克思所说的权力基本上是指在阶级利益的基础上的压迫性权力，而现代权力观念认为权力是社会行动者的选择和转化能力，更多的是一种建设性的权力，我阐述了福柯、布尔迪厄、吉登斯的一些思想，但不是从法权、政治意义上进行阐述的。

论文思路主要是在特定的语境（中国语境）下展开，任何理论都离不开一定的时空环境，没有放之四海而皆准的东西。这是从制度和观念层面上的一些想法。

语境是在变化当中的相互作用的产物，与过去的传统发生了碰撞，也是新闻生产关系的再生产。政党、市场、媒体自身力量是三个部分，最后还有个其他，这个其他也就是设想的另外的公共权力，以及知识界、公共组织等在道德上的优越感。

四、努力和尝试

新闻生产的职业自治权，是与公共权力组成的生产的权力的合力场。新闻专业主义在中国目前还不具备描述意义，很可能将来也不具有规范意义。与其把新闻专业主义描述、规范为理论，不如将其看作职业权力的修辞学。

从视角方面来说，在谈市场这部分的时候，论文以马克思主义论述人类历史三大形态的方式来论述，限制"异化"的程度和范围。在既往的历史中，媒介的市场化是媒介发展中难以逾越的障碍。这完全是根据马克思三大社会形态理论演绎出来的东西，没有太多的实证性。

从领域方面来说，统治技术和个人技术的相互作用是本论文的研究重点之一。我对"学习运动"、宣传通知、命题作文进行了分析。之前这个领域还没有人做，我想尝试着在观点、视角、领域方面有所创新。

五、论文存在的最主要的问题

对四种权力关系的理论依据缺乏深入思考和理论归纳。

潘忠党：

我是觉得我们这个形式不大好。我喜欢坐下来，边喝酒、喝茶，边对话。

（黄旦：你们美国是这样的？）

论文答辩是对话，现在一问一答。

芮的论文体现了他一贯的风格。抽象层次比较高，思辨能力强，表达流畅,气势很强。

另一个风格,很多地方,似是而非。

一、你如何概括你自己这篇论文,是纯粹理论的思辨、建构,还是说是一篇从中观着眼的、经验的论文。如果是前者,问题是:你自己的理论建树是什么? 如果是后者,问题是:你自己掌握、分析的第一手资料是什么?

二、如同所有的大理论家一样,帕森斯、布尔迪厄都被人认为是建立在前人的理论基础上的,通过对前人的批判,建构自己的理论。但是,他们对前人的批评,往往是稻草人,先曲解,再推向一个极端进行批判,从而建构自己的理论。这是一个策略,没有问题。哈贝马斯,就是曲解别人理论的大师。在这篇论文里面,也有对别人曲解之后再批判的,但问题在于你自己的理论建树是什么?

如新闻专业主义,我是其(研究者)中之一,我没有把新闻专业主义作为现成的理论框架,放在中国的现成的场景中。中国的从业者如何建立身份认同,理解、认识自己的工作? 如何建立符合专业主义理念的话语资源? 你的这些研究,首先,在评价方面就出了问题。

再者,你引用了我的一段话。我讲了"边缘突破",你说,不是,我是假设了一种现成的结构。你更愿意说,改革之前,没有边缘可说,这是强词夺理。你自己就说,两个同心圆,有圆心,就有边缘。比如我在一篇文章里面,有个注释具体解释了这个边缘的意义,阐述了各部分与中心的关系,引用了帕森斯和吉登斯的理论。你引述了我另一篇文章里面对操作化的定义,哪些是中心的,哪些是边缘的。你这么说,这种边缘是不对的,(你认为它)是改革的结果,不是起始条件。(这种看法)也对,也不对。理论的中心边缘,你没有关注。

三、还有个很大的问题。你刚才已经讲到知识社会学和吉登斯的结构化理论,我从你的论文当中,可以感受出来,无论你个人如何定义你的身份,你的思路是社会结构建构主义的,吸收了很多象征互动理论。

你不是决定论者,但是你的一些思路是决定论的。你引述了马克思的三大演进规律及他的历史唯物主义,就是线性的演进。你从理论上就是自相矛盾的,你如何解答这样的问题。那些理论都是建构在西方的基础上的,不适用于中国,此外,你又大量的、不假思索地引用马克思、吉登斯等建立在西方的经验基础上的说法,这在方法论上是矛盾的,你如何回答?

戴元光:

我没有需要你回答的问题。我有些感觉、想法。

第一,我觉得题目特别大,特别宏观。什么问题都有,政府、市场、媒体,特别有难度,难把握。试论,这个试,是否合适,值得质疑,过于宏观、大。

第二,你确实读了很多的书,资料丰厚。所以你的论文在不同的理论中奔走,在不同的理论中客串,使得你的论文的中心点、核心的问题被淹没了。不知道你想讲什么核心问题,核心观点是什么。所以导致你对此研究重要的贡献是什么,大家也不知道。因此,你论文的绝大部分内容在对中国国情进行叙述,没有对你的核心问题展开进行论述。

第三,我觉得你的核心问题并不太明确,你要解决的问题,没有找到,就是这样。这是我的一个看法。

童兵:

选题我很喜欢,这篇论文我读得很早,4月份就读到了,最近又看了一遍。论文中的大致观点还是能够成立的。

但是这次读论文,我明显感到一个不足。你是讲新闻生产。作为一种观念形态的生产,马克思有个重要论点,生产者,在生产客体的同时,也在生产主体。记者在生产报纸的同时,也在生产读者。从这个角度切入,更顺一些。将这个群体引导到什么方向，你应该有很崇高的责任感。政府对媒体的管理，科学的，服从；不科学的，抗争。市场也是如此。如果从这个角度切入，哪怕只有一章，都会有更好的色彩。这是个遗憾。

有个问题，论文中没有牵涉到，就是 4 月 6 号，新闻出版总署公布了改革总的意见，国外对此反响挺大。允许海外、私人资本进入。牵涉到你的其中一章，准入制度。花个 5 分钟，讲一下。这个新的规定，说明中国会走得很快。现在可能有点影响，但是到年底之前，中国在准入方面会有突破。比如出版社，绝大部分都会变成企业。关于这一点能否在论文中做点补充。

黄旦：

从开题到预答辩，交谈。我充满希望，这不是对一般的博士生的要求。根据你的基础，完全可以写出一篇在博士论文中顶尖的东西，而不是担心你连一篇博士论文也写不出。所以在这个基点上，论文当中有些东西是蛮有趣的，李东生关于政治家办报的解读。潘老师说你是"似是而非"，我不敢用这么重的词，我用的词是"暧昧不清"。

在节骨眼上，我要看你对政治家办报的解读，但你的话题转化了，对此观点犹疑不清，是不是你对新闻专业主义的理解有些问题。

通过你关于生产互动的描述，你告诉了我们现在是个什么状况。陈述互动、结构关系的时候，你恰恰表现比较多的是实用主义的层面，也没有固定的认定，也没有固定的理论脉络，碰到这个打这个，碰到那个打那个。比如，你用新闻专业主义打新闻专业主义，还有你引用新闻出版总署的一个人的话，但是他是用在出版上的，而出版和报刊不是一码事。你出于自己的需要，对一些观点进行修订，但恰恰缺乏对尺度的把握，在细节上不够严谨。比如，第 40 页中所讲"晚报打破……"这些你都没有对此进一步说明，拿来就用。互动、结构关系，也不等于你没有自己的立场。

像这些问题在论文中出现得非常多,其实用主义问题明显,对此,我有两个问题。你的论文,究竟在什么地方有突破? 这是第一个问题。第二个问题,现有的思维和逻辑是如何连接的,整个互动是在框架中自然形成的,还是拿来分析的,若是拿来分析的,你的理论依据又如何? 后面的框架和内容与前面的是如何连接起来的,你如果是自己的观察,又如何观察出来的? 或者说,未来,(你的论文)在这个框架之内会慢慢形成?

丁淦林:

论文有对话的条件,说明有人读得很透,进入了论文。

我说一点我的感想。

我觉得无论从理论上来看,还是从实践上来看,这篇论文的内容、内涵都是很庞大的。能够认真看懂,发现问题,很不简单。我只有一个想法,这篇论文中很多理论出自西方名家,但最后还是要落实到分析、解决中国问题上来。过去的中国学者,包括在座的童兵。对于新闻生产的问题,有过一些自己的论述、看法。比如,王中、甘惜分就曾经对这个问题进行过分析。如:王中的读者需要论、甘惜分的分类问题等。在实践方面,储安平也提出了报纸的功能是揭发问题等,这些都牵涉到新闻生产的问题。不知道对于中国的实际问题,你有什么想法。在这些方面,你可以做些历史的概述综述,因为中国的问题还是需要中国人来解决。

潘忠党补充问题:

我补充一个。你在最后一章中说,本节根据媒介互动论的观点,视为职业权力的话语策略,这是这篇论文的理论建树之一。但没有新东西啊,我和陆晔的文章中就是这么说的,我们引述的塔奇曼的 strategic ritual。我和陆晔论述三角的框架,新闻专业主义作为专业的权力,需要大力提倡,使之能够抗衡政治的压力,political agenda 是有,媒体也要媒体化。

而你这样一改变，是要坚持党对媒体的领导。那么我们要做这篇论文干什么？

［黄旦：这是他（芮必峰）和你（潘忠党）的分歧，只有这样，才符合中国语境。］

（丁淦林：张志安、洪兵的博士论文做得很好，内容涉及面很广阔。与王中的理论成熟不同，他们可以领出一个新的东西来，以集中的观点，把需要讲的实际问题讲清楚。）

芮必峰（答辩）：

非常感谢各位答辩委员提出的既尖锐，又富有建设性的问题。我认为答辩是难得的提升自己的机会，否则五位大教授哪里有闲工夫看我这篇论文。

论文答辩就应该有答有辩。

我分两个层次回答各位答辩委员的问题。如果有不恭或失敬的地方，还请各位原谅。这个过程是在求知嘛，我们都在求知。

第一个层次，五位老师提出的问题，建设性的意见，我表态。

童老师、丁老师的问题，我归为一类回答。

童老师说，生产客体的同时，也在生产自身。似乎我也隐隐约约贯穿了一些这个观点，但不是我重点来考虑的问题，所以我压根儿也没有作为独立章节来探讨。陈力丹当时读了除了吹捧的话，也给了我一些中肯的意见，我心悦诚服。他说，你讲的是马克思的物质生产，但是精神生产的东西，你没有讲。而且他很严谨，给出了《马克思恩格斯全集》的具体页码，对此，我五体投地。我感谢童老师的指点。我从 1983 年就接受童老师的教育，一直到现在。至于 4 月 6 号您提出的意见，其实在写作当中，我已经知道了新闻出版总署公布的改革总的意见。我是 20 号完稿的，但是我不知道自己理解的对不对，我所说的准入制度，在根本上没有突破。

还是限制在发行、出版、卫星落地等方方面面,而在私人办报、办台方面没有任何突破。在我这个年龄,已经不是玩理论游戏的年龄了,理论游戏好玩,但是没用,我是要用理论关注现实了。还有丁老师给出的高屋建瓴的建议,我觉得非常好,我以后注意。

这其实是我的优势,如果按您说的这样的话,我的论文还可以扩充。王中的观点我基本上能背诵,也耳熟能详;甘老师给我们上过课。我不仅仅关注于后来的这帮新秀。这是我以后需要修改的问题,感谢两位老教授的指点。

元光教授没有提出问题,我就不回答了,因为这是他的感觉,每个人都有自己的感觉。

第二个层次,具体问题。

潘教授的问题比较有杀伤力,我就往后放一放。

黄教授提出的论述、表述问题,细节问题,我进一步推敲、修改。

对政治家办报的印象就不谈了,暧昧、不明朗。认真想想,同年龄层次,能理解。

撇开西方的观点,针对现成的新闻生产研究成果,我的创新在哪里。我大致上想的是这样的:第一,现有生产是以媒介为中心的,以具体生产者为中心的,而我的研究,是以社会权力、互动运动为中心的,放在各种背景下研究新闻生产。第二,现在的研究多是实证的,而我的研究是思辨的,在具体上也有实证的。第三,现在的研究多注重当下、现实,我在此基础上还注重了未来,并且我朝这个方面努力了。第四,现在多是研究具体的机制,而我是研究主要的关系、权力力量的关系。这是我的努力突破方向,也许非常不够,但是心向往之。

另外,黄老师问道,我最后形成的四方框架和前面的逻辑关系。其实笼统地讲,前面是分论,后面是总括起来。应该说后面,以及潘教授提出来的问题,应该由第六章概括起来。现在这种论文结构是偷懒的产物,草草收兵，都容纳了。其实第四章既是分论，又是对四方权力关系的一个小结，显得不伦不类。但是，逻辑关系就是这样一个关系，其形式上就不平衡，再一个也展不开。

（潘忠党：你少了其实是两章，一个是四方图，一个是总论。）

我想到了，此外还有个技术，技术改变权力关系。我已经收集了很多东西了，可以再写一万字。

潘教授的第一个问题，到底是纯思辨的，还是中观的、经验的。这是我和潘教授在理论研究当中的根本分歧之一。主要原因可能是我们的教育背景不一样。潘教授是西方的现代性的教育，总认为，在思辨和经验当中有个泾渭分明的界限，而在我看来，这个界限怎么都分不清楚。思辨要有经验做基础，经验要用思辨来驾驭。我这篇论文如果一定要我分清楚，其总体上是思辨的，但是论据是言之有理，言之有据，大量取自经验。这些材料是第一手还是第二手材料，全看论证问题的需要和适合程度。潘教授认为的许多第一手材料，其实可以说都是第二手材料。所以可以说，既是，也不是。材料是为研究的问题服务的，第几手在我这篇论文中并不重要。西方的训练，你要么是这样的，要么是那样的。我没接受过这种训练，对我来说到底是优势还是劣势，我也不敢说。童兵、李良荣等，我也说不清到底是思辨的，还是经验的。包括一些大思想家做的经验的，很多东西不能说不是人类的思想。

（潘：这是暧昧的优势。）

芮：朦胧的美。（笑场）

（丁：也有种说法，实践与理论相结合。）

芮：其实潘教授发给我的电子邮件内容更尖锐，弄得我两夜没睡着觉。他问我理论究竟是什么，理论本身是什么，我是无法回答的。我们只能看到理论的某个侧面。从描述意义上来说，理论学术共同体，共同的认识，是理论工作者对研究对象的系统描述、归纳和总结。在功能上，理论是秩序、指导、启示等。但理论本身究竟是什么，一下子把我难倒了，我很困惑。还有理论本身也有哲学的、科学的、艺术宗教的。哲学理论是对思的思，科学理论是对经验的思，艺术宗教理论是对超验的思，我半夜想这个问题想得睡不着。

怎么说呢，其实在我们私下聊天当中，我和潘教授在很多问题上有相似的看法，我非常敬佩潘教授，在经验和思辨领域，来回纵横驰骋，我对此望尘莫及。但是在研究理论问题的时候，在整个理论设计、框架当中，我们的侧重点不一样，但是就是那么一点点分歧，提醒我们看那个方向的东西。比如，对新闻专业主义来说，我们的不同观点是什么，我不赞成的是什么，这些都是原文，我都引用了。他们把新闻专业主义既当理论描述，又当理论规范。比如，第103页的第16个注释，完全用了他们的原话。我在最后一章，用了他们的研究。认为新闻专业主义在中国是似是而非的，说是也是，说不是也不是，我不赞成这种观点。还不如说在与专制主义抗衡中，我们的武器库中找不到武器了，从西方的武器库中找到了一件，修辞学而已。我是这样解读的，潘、陆、陈，都是把新闻专业主义当作规范、描述理论了，我不以为然。至于说我是不是像"文化大革命"那样，把别人脸上涂上墨，再批斗，我主观上并没有。（笑场）

社会研究，不仅要深入，还要深入对方的理论、实践。这好像很玄乎，但确实有必要，包括中心边缘的问题，我没有反对你的边缘突破。我说潘忠党是用边缘突破，他是这么看的，我说我将其看作中心扩散。我没说潘教授不对，只是角度问题。我是从这个角度看的，社会科学就是这样的。老师利用学术优势、话语霸权，说这样、那样，学生只能说，是是是。我没有说你的就是不对的，我的就是对的。

（潘：什么东西没有边缘，只有中心，那么中心从何而来？）

芮：这是一个形式逻辑问题，但是在辩证逻辑中，有中心未必有边缘。

（潘：那我看，你的辩证逻辑是狡辩。）（笑场）

芮:辩证逻辑就是部分狡辩。(笑场)我补充了潘教授的问题,我是从这个角度来看,同你是从那个角度来看。同一个面,你摸到了大象肚子,而我摸到了大象腿。

我把第三、第四个问题合起来回答。

首先,我不认为马克思是个决定论者,这是西方对马克思的妖魔化。他是实践、辩证、历史唯物主义者,他绝不是一个决定论者,你读他的著作,他在说这个问题的一面,一定涉及另一面。其实在吉登斯的著作中,也大段引用了马克思的观点。马克思似乎争取了一个逻辑基础,这个东西就牵涉一个非决定论的,这是一个互动的、辩证的、结构化的。这是我对马克思的看法,这是我和长期接受西方教育的学者的区别。

(潘:打断。你提出市场化是媒介发展的必经阶段,这是很决定主义的一种论断。)

芮:你完整地读,我写作的时候,语言还是很讲究的,我一定用了也许。

(潘:你的原话,"媒介历史……市场化,或许……"仅仅一个或许,不过是把一个百分百的决定主义,转化到一个概率上的决定主义,你还是决定主义!)

芮:如果从改进实践是人类演进的精髓这个层面,我是个决定论者。你要看在什么层面上,唯物、唯心也是这样的。

(潘:你的引用,说三个阶段……)

芮:潘老师,我们说两大逻辑,一个是归纳,一个是演绎。

(潘:你又似是而非了,波普说,归纳是有缺陷的,总体是演绎。)

芮:不是的,大都是归纳的。

(潘:这就是似是而非了,实证,就是先经验,再归纳。)

芮:非也。

(潘:逻辑思维就是这样的思维。如果有什么问题,具体再讨论。一方面,对一些问题,不加分析地加以引用,直接引述……)(略去精彩部分没记上说得太快了。)

芮:说不加分析地引用,说一些理论是西方化的,西方语境的。我刚才讲了,所谓理论,是学术共同体共同认可的一些学术理论家们的系统描述、归纳和总结,那种理性的作品,或者说他对研究对象的系统的描述、归纳。我的态度是不论西方、东方,则其善者而从之,凡是我引用的,我认为是相对真理;凡是我批判的,就不大具有逻辑价值。不是说一家的对,就西方永远是对的;一家的理论不对,就所有西方的理论都不用,永远用另一方的。

(潘:但是你不是这样的,比如,新闻专业主义,你说,塔奇曼……)(省去部分原文的朗读。)

芮:我给你说,这就牵涉宏观、中观、微观理论的问题了。倘若宏观理论的话,不存在这个问题,塔奇曼研究的都是中观偏微观的问题,我是这么想的。这种经验材料,如果是取自西方的,一定会有局限,这是我的一个基本观点。

芮:最后还有个问题,不能做详细回答。如果新闻专业主义作为话语策略,没有新意,一定要坚持党的领导,那么这篇文章还有什么新意,做它干什么。

这个问题我刚才已经说了,从不同侧面进行了回答。学友们,我们反复说,中国新闻学界看到的新闻专业主义,只能听到一片叫好声。仿佛计算机上的驱动程序,把它装进来以后,中国的新闻专业主义仿佛就会给新闻改革带来好的东西,现在大多数的论文是这样的。我现在强调的恰恰是问题的另外一个方面,在这样一个时空下,强调的侧重点不一样。对我这个理论水平和这个层面的理论工作者来说,已经算做得不错了,我对自己的要求不高。原理论的建树,只是第一流的大家,据我所知,恕我直言,在世界新闻传播领域,没有这样的学者。不知道同意不同意这样的观点,全世界都没有。

（潘：承认的。）

芮：我们只能在一丁点上面，他强调这面，我强调这面，哎，搞不好对我们这个实践更有帮助，更应该值得关注，这个已经非常了不起了。

关于坚持党的领导，干嘛预设这个前提，我和黄老师私下也讲了。我是滑头、我是党员，我的论文要挂在网上，我一定要这么说，不这么说不行。（笑场）其实并不仅仅是这样的，我觉得，我是党员，我认为唯有中共能领导、驾驭媒体，唯有中共能给予我们更大的希望和未来，在我心底深处，我也是拥护中国共产党领导的。一方面是策略，另一方面也是我的信仰。这是我的回答。

在电视台方面，比尔·莫耶斯在评论 CBS 撤掉有关香烟的报道时说，越来越没有新闻感觉了，一些越来越对新闻不感兴趣的公司正在支配着过去是新闻出口的东西。

我认为，现在高校的传播学院或者新闻学院可以做的最好的事情就是，无论如何也要赋予年轻人坚定的独立决心，使其成为反潮流的人，成为灵活战斗的新闻记者，准备一生过冲锋陷阵的生活。

（原文来源：http://www.wenku1.com/news/FFDED81BAA842EAC.html。）

后 记

在紧紧张张、反反复复、多少次欲进不行、欲罢不能中，本书总算完成了。"文章千古事，得失寸心知"，无论拿出的文字留下了多少遗憾，写作中的酸甜苦辣想来每个经历过的人都会有深切体会，那是一种值得珍藏并细细品尝的滋味。对于我来说，这种品尝除了能加强对学问的尊敬，还能加深对自己的认识，进而促进对别人的理解。

2006 年入学时我曾戏联：20 年后又入师门亦师亦友终为恩师，50 岁时再结同窗非父非子竟是同学。感谢李良荣老师对我的悉心指导，虽然我早已折服于他的睿智和洞察力，但经过 3 年的近距离接触，我进一步发现了他一系列充满"洞见"的学术成果背后的辛勤。他日常生活中勤于阅读、善于思考的习惯，他论述中一语中的、一针见血的功力和风格，以及他为人的真诚、率性同时又豁达、宽容，永远值得我学习。感谢童兵老师对我的厚爱和鼓励，没有他的赏识我会错失这 3 年宝贵的学习时光，对此我将铭记在心。也感谢我所有的"小同学"们对我这个"老同学"的接纳、理解、信任和尊重。

在本书的写作过程中，潘忠党、黄旦、刘海贵、黄瑚、孙玮、殷晓蓉、陆晔等教授提出了许多非常宝贵的意见；张志安、洪兵、张涛甫、章平、董媛媛、吴辉、樊昌志、邓惟佳、侯微、金萍华等朋友、同学提供了无私的帮助；我的学生李小军、王夏露、付亮、鲍励、鲍亮亮、李嘉树、王翠、徐雁等帮助搜集整理了不少资料。在此一并致以深深的谢意。

感谢安徽大学的领导对我学业的支持；也感谢我院其他领导的支持，

在我学习期间他们分担了我的所有工作。

　　最后，特别要感谢我的妻子罗瑶，她的勤劳、朴实、善良和对我的理解一直支持并促使我不断进取。在我学习和本书写作期间，她更是默默承担起全部家务。也感谢女儿芮嘉对我的支持。没有她们以及上述所有人的理解、支持和帮助，我不可能如此安心而顺利地完成学业和本书的写作。

　　　　　　　　　　　　　　　　　　　　　芮必峰